CAPTIVATE

吸引

[美] 瓦妮莎·范·爱德华兹◎著

李佳蔚◎译

与人成功交流的科学

The Science of Succeeding with People

湖南文艺出版社
HUNAN LITERATURE AND ART PUBLISHING HOUSE

博集天卷
CS-BOOKY

只要掌握正确的方法，

与他人交谈甚欢并不是什么难事。

序言

| PREFACE |

嘿，我叫瓦妮莎，是一个正在康复中的社交焦虑患者。

在学校的舞会上，我宁愿去做看酒水的工作人员。成长过程里，要是和坏孩子不小心相撞，我都会不由自主地打嗝。家里刚接上网络的时候，我第一个即时通信的好友是学校的护士。在二年级的时候，我还想着以更年期不适的理由申请永久不上体育课。那时我想，我要是只靠谷歌搜索引擎过活，该多好。

要是不信，我可以证明给你看，当时的我面对社交焦虑有多么痛苦。这是我在 1993 年前后拍的一张照片。

正如你看到的，我剪了一个"头盔式发型"，但我并没有参加什么真正需要戴上头盔的运动——或者，老实说我没参加任何运动。我固执地相信没有什么比运动背心更能搭配身上这件宽大的 T 恤了，还是件格纹背心，毕竟在运动商店里没什么可挑的。

在社交焦虑特别严重的日子里，走进校门前我就会长满荨麻疹，于是我不得不穿上长袖长裤来掩盖住四肢红肿发痒的皮肤。你大概也猜到了，遍布脸和头皮的荨麻疹并没有影响我的人气排名。

大约 1993 年的我

不过，我的世界也没那么灰暗。至少在情人节那天，我还收到了老师给我的慰问卡片呢。

与人相处的应对技巧

要是说我没有与生俱来的社交技能的话，那就太低调了。我必须刻苦地攻克这些难题，才能在这里用轻松的方法教会你们。艰难的过程是这样的：早些时候，我就知道人类行为知识就像数学或外语一样，可以通过学习获得。我制作过面部表情卡片，寻找闲聊的模式，还试图挖掘老师隐藏的情绪——虽然最后一个做法有时会惹来不少麻烦！

我学习了所有能搜寻到的人类行为知识，包括心理学教材、社会学研究，以及出版的所有人类行为书籍。最终，我开始建立自己的测试和实验。在一个小实验里，我设计了一套基于多巴胺研究的开场白卡片，把它放在我的钱包里。通过与陌生人的实验互动，分类搜集这些陌生人的反应。另外一个实验里，我学着用猩猩的肢体语言做出类似动作，观察是否有人会学我的动作（并没有）。还有一个实验，我在一个商业提案竞赛中运用说服技巧，看我这方法能不能在这个游戏规则里奏效。

一时兴起，我把自己作为实验对象的经历都放在博客"人际科学"（scienceofpeople.com）上。出乎意料，我发现自己并不是唯一一个有人际交往困扰的人。我们的文章开始出现在各大网站上，视频也开始被疯传。就连美国全国公共广播电台（NPR）、*Inc.*（美国杂志）和《福布斯》杂志也报道了我这种独特的研究方法。也是在这时，我决定把实验规模扩大，将博客"人际科学"变为一个人类行为实验室。

在实验室里，我们力求将最新的科研结果转变为真实生活中的人际实验与策略。然后把研究成果分享给读者和学生，并让他们做测试。因此，书中的每项技能都已经被成千上万的学生在现实生活中检验过，并通过反馈和修改达到完善。

这种方法就是我们的秘诀：

步骤 1：找出大家感兴趣的研究。

步骤 2：结合研究设计现实生活中可行的策略。

步骤 3：测试、调整和完善。

重复以上 3 步。

我把我们的方法称为人际"秘诀"。在过去的 8 年里，我已经发展出了与各类人相处的捷径、套路和蓝图。我们独特的方法已通过在线课程和工作坊的形式，影响了数百万学生。我帮助财富 500 强企业的工作团队提升成员的人际交往能力，协助单身男女在速配讲习班里找到另一半，提点企业家利用科学的应对技巧赢得商业比赛。全世界希望改善人际关系的人都能在《赫芬顿邮报》《福布斯》和美国有线电视新闻网（CNN）看到我的专栏或访谈。

我们把所有研究成果都精简为一个通用框架，最终写成了这本书。书中的章节会依次为你呈现 14 个人际秘诀。这些方法非常简单，却效果奇佳，你可以用来提升你的职业生涯，改善人际关系，增加你的收入。

你可以学到什么

这本书将告诉你人类是如何行动的。如果你确切地知道人类行为的原理，你就可以优化你的行为、与人的互动和人际关系。与人相处，要是毫无章法、套路，就像盲目地脱离方程来解决数学问题。我知道盲目的探索让人际问题如同登天，你也必定在这过程中遭了不少的罪。这本书会告诉你学校里从没教过你的人际交往技巧。

尽管表面看起来千人千面，但其实人类的内部运作方式即便不能精确预测，其中套路也是非常相似的。人类的行为有一些隐藏的规则，我们要做的只是找到这些规则。

书中的第 1 部分会帮你掌握任何互动的前 5 分钟——开始交谈、建立好感。"第一印象"是我能教你的最基本原理。

第 2 部分，我会教你一些技巧，在任何互动的前 5 小时里好好认识眼前人。不管是在约会场合，还是会议场合，我的"快速阅人"和"行为解码"技巧都能给你提供帮助。我将之称为人的"矩阵"——它与《黑客帝国》里的基努·里维斯无关，但也很酷。这就是你想在非正式关系中与人更深入交流时，所发生的事。

第 3 部分涉及与人交往的前 5 天。为在更深层次上了解他人，你必须学会如何影响别人，领导团队，并在互动中提升你的存在感。这是与人连接的最高水平，也是与人互动的最后一步，也是最先进的一步。

你也可以在章节中穿插的"小事实盒子"中了解我在推特（Twitter）的投票或网上调查的结果，就像这样：

（推特上发起的民意调查）

你也会看到我们提供的电子附录，包含章节里相应的视频、图片和练习，来帮助你学习。你可以在以下网址找到所有的资源：

www.scienceofpeople .com/toolbox。

相信我：学习人际交往技能可以改变你的一生。开发你的人际智商就像是在你酝酿成功之时添加的催化剂。看完这本书，你就能跟任何一个人开展令人难忘的对谈。你会知道如何给客户、同事和朋友留下良好而持久的第一印象。在你的所有人际互动中，你会变得更自信、更有掌控力和魅力。

- 研究表明，高人际智商的人比处于平均水平的人每年多赚 29,000 美元。
- 90% 的顶级商业人士都有较高的人际智商。
- 人际沟通能力强的人，他们的快乐指数比能力一般的人高出 42%，他们的生活更快乐、更充实。

人际交往是生活中的润滑剂。当你了解了人类行为的法则时，你会发现一切都变得顺利许多：

在职场上，你将知道如何与老板谈涨薪，与同事拉近关系，在社交场合建立融洽关系，做一场精彩的电梯演讲。

在社交上，你会给人留下难忘的第一印象，减少摩擦，拥有更深厚和相互支持的友谊，能和每一个人愉快相处。

在情感上，你可在约会中给对方留下良好印象，加深你们的关系，表达真情实感，避免和爱人在沟通上的误解。

因此，如何赢得朋友好感、对他人产生影响，目前已有科学方法供你学习。要是你愿意学习，你的互动方式将会得到巨大改变。

那就让我们开始进入人际探索当中吧！

测试你的人际智商

在每一项必须要做的工作里，有它有趣的一部分。你得找到其中的乐趣，工作本应是一场游戏。

——电影《欢乐满人间》

我设计了一套小测试来检验你的人际交往技能，或叫作人际智商。这个测试将帮助你评估你目前的人际智商水平。好消息是：人际智商能得到改进、延展和应对练习。无论你目前的水平在哪里，这本书里的每一个技巧都能帮你提升人际智商。

在本书结尾，你可以再做一次这个测试，我的目标是帮助你把分数提高至少 50 分。

准备好了吗？我们这就开始。

人际智商测试

1. 哪位的微笑是真实的笑？

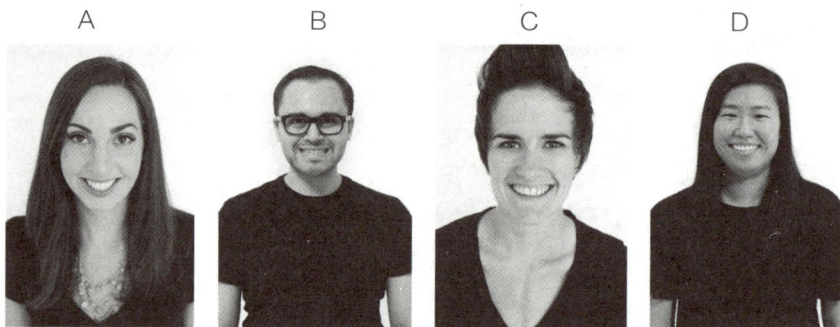

A   B   C   D

2. 在社交活动场所里，哪里是最有利的位置？

A. 活动会场的入口

B. 可以坐下来和人交流的餐桌附近

C. 出口位置

D. 和认识的人待在一起

3. 这张脸代表什么表情?

A. 快乐的
B. 悲伤的
C. 无聊的
D. 鄙视的

4. 以下哪种说法最正确?

A. "异性相吸"
B. "物以类聚，人以群分"
C. "一颗老鼠屎，坏了一锅粥"
D. "不要恩将仇报"

5. 我们的性格有多少取决于基因?

A. 很少，我们的性格主要取决于抚养方式
B. 35% 到 50%
C. 55% 至 75%
D. 很多，性格主要由基因和 DNA 决定

6.　表达你的关心的最好方式是：

A. 想方设法告诉他们很棒

B. 给他们送礼物

C. 将与他们相关的事放进待办事项里

D. 以上皆是

E. 方法因人而异

7. 以下哪个描述最符合这个面部表情？

A. 这里闻起来有点不对劲

B. 这让我很生气

C. 我很困惑

D. 我很害怕

8. 哪个表情插画能代表这张照片的脸？

9. 假设图片中的男人走进你的办公室，你猜猜他是什么性格的人？
（下列只有一个性格是最符合他的）

A. 他是个内向的人

B. 他是个外向的人

C. 他是个放松自然的人

D. 他是个安静的人

10. 当我们在谈论什么的时候，脑部最为活跃？

A. 迷恋对象

B. 最新的八卦

C. 我们自身

D. 最新的惊悚片

11. 这张脸表现了什么？

A. 兴奋

B. 轻率

C. 很感兴趣

D. 惊讶

12. 在一般谈话里，人们保持眼神交流的时间一般占谈话时间多久？

A. 31%

B. 51%

C. 61%

D. 91%

13. 让他人与你在谈话中保持相同步调的最好方法是哪个？

A. 给对方讲个故事

B. 称赞对方

C. 嘲笑对方

D. 说些能引起别人惊讶的事

14. 这张脸代表什么？

A. 惊讶

B. 憎恨

C. 害怕

D. 困惑

15. 哪些小习惯最让人讨厌？

A. 太过健谈

B. 太过沉默

C. 虚伪

D. 炫耀

16. 人们在什么地方会花更多钱？

A. 他们朋友也买的东西

B. 医生建议的东西

C. 符合他们个性的东西

D. 定制的东西

17. 当你第一次遇见某人，最难猜到的是哪个？

A. 他的外向程度

B. 他的焦虑程度

C. 他对新事物的开放程度

D. 他的智商

E. 他是否有条理

18. 判断你同事的神经质程度最快捷的方式是哪个？

A. 张贴励志海报

B. 上班第一天的每一场会议都提早到场

C. 见面时立刻先介绍自己

D. 等你自我介绍，再介绍自己

19. 这张脸的表情代表什么？

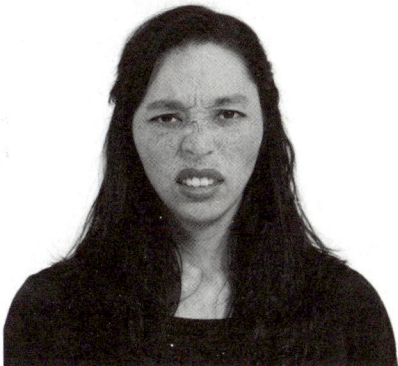

A. 尴尬的

B. 困惑的

C. 愤怒的

D. 厌恶的

20. 什么感受是让人心情变好的最佳方法？

A. 被夸耀奉承

B. 充满魅力

C. 受到重视

D. 充满力量

答案：

好了！现在你终于可以为自己评分了。以下是这套题的标准答案，请在每一题前写下分数。回答与标准答案相符，给 10 分；反之，给 0 分。

1. C ＿＿＿＿ 分（第六章）

2. C ＿＿＿＿ 分（第一章）

3. D ＿＿＿＿ 分（第六章）

4. B ＿＿＿＿ 分（第五章）

5. B ＿＿＿＿ 分（第七章）

6. E ＿＿＿＿ 分（第八章）

7. B ＿＿＿＿ 分（第六章）

8. D ＿＿＿＿ 分（第六章）

9. B ＿＿＿＿ 分（第七章）

10. C ＿＿＿＿ 分（第四章）

11. D ＿＿＿＿ 分（第六章）

12. C ＿＿＿＿ 分（第二章）

13. A ＿＿＿＿ 分（第十章）

14. C ＿＿＿＿ 分（第六章）

15. C ＿＿＿＿ 分（第一章）

16. D ＿＿＿＿ 分（第十一章）

17. B ＿＿＿＿ 分（第七章）

18. A ＿＿＿＿ 分（第七章）

19. D ＿＿＿＿ 分（第六章）

20. C ＿＿＿＿ 分（第九章）

把分数加起来，

最后你的人际智商是＿＿＿＿＿＿＿

把这个分数记下来，看完这本书，你就会远远超过这个分数。

●**0 ～ 50分**

我很高兴地告诉你，这也是我最初的分数等级。鉴于我的经历，我很高兴能带领你进行这次的探索。请你准备好，你会有非常大的改变。

● 51 ~ 100 分

事实上，你所在的分数等级也是大多数人的平均水平。但你和我都知道你不是普通人。你是杰出的，是时候把潜力展现出来了。

● 101 ~ 150 分

你已经拥有很好的人际交往能力了，但没有最好，只有更好。让我们把它变得更好吧。

● 151 ~ 200 分

好吧好吧，算你厉害！你具备与生俱来的人际交往天赋。如果你已经可以和人相处得这么好，让我们想象一下这本书能给你什么新启发。来，跟我一起喊出来：举世无双！

你会不会对有些答案感到不可思议？那太正常了！

因为我们还没有学过许多驱动人类行为的基本知识，但别担心，我将在后面的每一章里逐个解释这些非常棒的研究。

目　录
| CONTENTS |

Part 3　最初 5 天

Part

1

最初 5 分钟

无论是参加新家开伙宴、拓展人脉的活动，还是第一次约会，你都会面临最初的相同挑战：

- 我怎样才能给别人留下良好的第一印象？
- 我应该和谁说话？
- 我该怎么说？

　　第 1 部分讲述互动头 5 分钟发生的事。你要如何建立你的第一印象、搭讪和做自我介绍呢？这里的 5 招都是为了引发他人的兴趣，这样你就能成为这个房间里最令人难忘的人。

第一章

把控社交场所
如何在社交游戏中取得成功

很久很久以前，有一个叫哈里的男孩子，因为戴着厚厚的眼镜，身穿浓厚书呆子气息的条纹衫而被众人戏谑嘲笑。当他该申请上大学的时候，他去找铁路建设公司的计时员工作或药店货架除尘的工作，以养家糊口。没人想过某一天，害羞的男孩会成为美国第 33 任总统。

哈里·S. 杜鲁门是匹黑马，因为他的个性并不符合当时大众眼中总统的典型个性。在 1944 年 7 月 19 日这天，问题来了，杜鲁门正面临他职业生涯中重大的机遇——在民主党全国代表大会中争夺副总统提名，但他的胜算不大。当时的总统富兰克林·D. 罗斯福已经公开支持他的竞争者亨利·华莱士，华莱士可是一位天才演说家，而且是现任副总统。

杜鲁门知道自己没有公共演说天赋。于是他的团队打算转移竞争阵地，主打杜鲁门的优势：建立一对一关系。在这一整天里，他们把党代表请到演讲台下的私人空调会议室里（在下文中，这个房间叫作会议室 H）。当时会议大厅里闷热得很，所以代表们身处这样舒适的环境，能呼吸到新鲜的空气，慢慢凉快下来，就能好好听杜鲁门的方针了。然后，他花费几小时站在走廊的尽头，与通过的党代表们一一握手。杜鲁门没有待在酒店房间里等待结果（这是亨利·华莱士和大多数候选人的做法），而是买了一根热狗，和他的妻子坐在观众席上。

第一轮投票中，华莱士获得了 429.5 票，杜鲁门获得了 319.5 票。随之而来第二轮投票开始了。杜鲁门必须拉拢党代表成为朋友，并且这件事必须得快。杜鲁门团队决定不做大型演讲，而是找到党内领头人、代表和意见领袖，一个一个地攻破。这样，杜鲁门与关键人物建立了牢固的联系，让他们帮他说服下面的人。

晚上 8 点 14 分，结果公布了。杜鲁门以 1,031 票对华莱士 105 票。他在几小时内就获得了 712 张选票。几分钟后，杜鲁门发表了历史上最简短的提名演讲。他耐心地站在麦克风前，等待观众平静下来，说："现在，请给我一个机会。"①

杜鲁门明白他的长处，并懂得取长补短。他通过优化一对一互动取得成功，你也可以。

假装的科学

假设你的梦想是打 NBA（美国职业篮球赛）。你速度很快，有很好的控球能力。身高 183 厘米的你有两种选择，你可以当中锋，但 NBA 中锋的平均身高是 186 厘米。如果你真的去当中锋了，你就得穿上增高垫让你在比赛中显得高一些，你还得花额外非常多的时间训练，以跳跃能力补足身高缺陷。或者，你也可以当控卫，控卫的平均身高是 183 厘米。这样的话，你无须把精力放在弥补身高缺陷上，专注打篮球就好了。

内向者假装外向就像穿着增高垫当中锋。你可以继续假装成外向者进行社交，但终有一天你会发现这会消耗你太多额外的努力和能量，而结果一点用也没有。并且，装出来的样子总会给人一种不真实之感。

在我们的网站"人际科学"上，我们找了 1,036 位读者做了一个小调查：

---

① 你可以在 scienceofpeople.com/toolbox 中观看杜鲁门 1944 年的入职演讲。

哪些小习惯最让人讨厌？

A. 太过健谈

B. 太过沉默

C. 虚伪

D. 炫耀

哪个选项是最令人讨厌的呢？投票中"C. 虚伪"以 63% 占比遥遥领先。相比看来，"D. 炫耀"落后第一名许多（22%）。

假装不仅仅是努力成为其他人时才会出现，类似情况还有许多，比如你不喜欢某人的时候，人们能感觉到。如果你在某项活动里感到不开心，周围的人也能察觉出来。强迫自己去假装，希望这样能奏效，其实根本不奏效。

芭芭拉·怀尔德博士和她的同事发现，我们的情绪是有传染性的。首先，她给参加实验的人展示快乐或悲伤的表情图片，随后让他们做一套情绪测试。他们发现每张表情图片都能感染实验参与者的情绪。很简单，在看到一张快乐的脸后，参与者感觉更积极；在看了一张悲伤的脸后，参与者感觉更加消极。但最神奇的地方在这里：每张图片只闪现了 500 毫秒！只有 500 毫秒的时间，参与者甚至没有足够的时间去察觉他们看到了一张脸，但仍能捕捉到对应的情绪。

怀尔德博士甚至发现，我们有关微笑的肌肉会无意识地模仿周围环境中的微笑。我们在快乐的人身边感到更快乐，在充满活力的人身边变得更加有活力。当你强迫自己去参加那些你害怕的事情时，你不仅会痛苦，而且会把痛苦的情绪传染给别人。

要是你以为装着装着就能成功的话，那你还是有欠考虑的。人们在 1,000 米外就能察觉到你的假笑。有超过 4,361 人接受了我们的线上身体语言测验来观察他们的非语言能力。在其中一道题里，有一张真笑脸和三张假笑脸，超过 86.9% 的人都能识别出来。

芬兰大学的研究人员展示了一组假笑和另一组真笑的图片，就像下图：

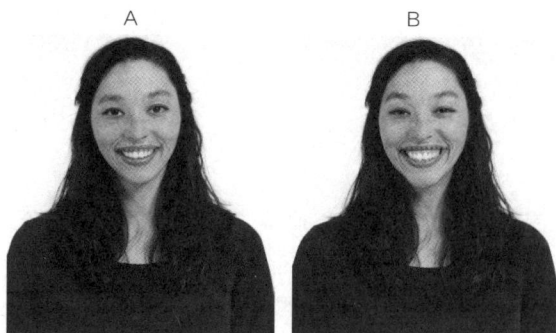

你能猜出来哪张是真笑哪张是假笑吗？图 A 是假笑，图 B 是真笑。

当实验参与者看到真实的笑容，他们的心情有了积极变化。反之看到虚假的笑容，他们的心情仍保持原状。（在第六章里，你能看到更多真笑和假笑的区别）

假装成功直到真正成功，这种努力并不如你所愿。快乐的人能让人感到快乐，但假装快乐的人似乎很容易被人忘却。赢得社交游戏的第一步是控制你所处的环境。只在你不需要假装的地方互动。不管你学习了多少行为技巧，假若让你去参加那些让你不开心的活动，那么想在这种场合里提高存在感，是非常非常困难的。

当你感觉良好时，其他人会感受到这份好心情并参与进来。当你把自己强制拉到一个活动上，仅仅因为你觉得自己"应该"出现时，你就是扫兴的人。然后你就会让整场活动都弥漫着扫兴的味道。

这就是为什么你需要制订一个社交作战计划。

自信会传染，而缺乏自信也是如此，旁人对于两者都能轻易察觉。

——文斯·隆巴迪

你的社交作战计划

目前为止我听到的最糟糕的建议就是：对每件事都说"好"。你对每一场社交活动、与陌生人喝咖啡和随便一场会议都来者不拒，那是因为你不知道在这些活动中能遇到什么机会。科学证明，这就是胡扯。

不幸的是，我花了好几年时间才明白这一点。当我刚开始写博客文章的时候，我试图接受任何一份有报酬的写作工作。所以几乎每个工作日的晚上，我都身心疲惫地参加这些交流活动。我为这些社交活动做足了准备，就像要打仗一样。装好一大沓名片，一大把正经又庄重的笔，还有各种定制化名牌。我的打扮是一双得体的鞋、休闲的职业套装、香水和新闻主播式的微笑。

我克制住自己，为了吸引注意力，为了生意，也为了摆脱现在这样重复的无聊寒暄。这种毫无意义的活动持续了 3 年，最终我放弃了。我没有建立任何深刻的关系，也没有做成生意，重要的是我一点也不享受。

为什么？因为我并没有发挥自己的长处。和杜鲁门一样，我更擅长一对一交流。一群人的嘈杂空间会让我能量耗尽。想用假笑掩盖焦虑，这让我觉得自己很假——这就是问题所在。

我需要的是一个社交作战计划。

秘诀 1 社交作战 计划	掌控好你的社交互动，按照你的社交偏好行事。

是谁说你必须遵守别人的社交规则的？绝对不是我！我希望你能创造自己的社交规则。

你的社交作战计划能帮你找到最适合你的位置：在这里，你能发挥出最好的状态，感觉良好，在这种环境里，你能取得最大的成功。

技巧 1：在属于你的位置上发挥

大多社交技能书籍都只教你成功的唯一道路——你要成为活泼好动的外向者。他们教你怎样假装，直到你能成功。他们希望你每时每刻面对每个人都火力全开予以应对，这怎么可能呢？

你可以学着跟任何人都能好好相处，但不必和每个人都好好相处。这套社交作战计划将不仅仅展现你的策略，它还强调应在你的社交强项上用力，懂得把力施在对的地方，才能达到四两拨千斤的效果。运动员不需要在团队中扮演所有角色，所以你也无须考虑所有社交角色各自要考虑的事。站稳最适合你的位置，你就能更轻松地运用接下来的社交应对技巧。

在我们的人类行为实验室里，有个测试叫作"社交精力测试"，测试人们最喜欢的社交场所。你可以先填好你的答案，再看看大家的结果。

从这些场景里挑选出你最喜欢的社交地点，你也可以在下面补充这里没有的选项。这些地点，就是你社交精力最旺盛的场所：

☐ 酒吧　　　　　　　☐ 大自然

☐ 夜总会　　　　　　☐ 泳池派对

☐ 餐馆　　　　　　　☐ 晚宴

☐ 家庭聚会　　　　　☐ 电影之夜

☐ 小餐馆　　　　　　☐ 赌场

☐ 董事会　　　　　　☐ 音乐会

☐ 健身房　　　　　　☐ 正式场合

☐ 办公室会议　　　　☐ 鸡尾酒会

☐ 研讨会　　　　　　☐ 后院烧烤会

☐ 咖啡厅　　　　　　☐ 主题公园

☐ 打电话   ☐ 节日
☐ 查阅电子邮件   ☐ 峰会等交流活动
☐ 视频聊天   ☐ 体育比赛
☐ 即时通信

　　请在同样的选项里找到你最不喜欢面对他人的地方，请同样在末尾补上列表中没有的选项。这些地点，是你保守求生的场所：

☐ 酒吧   ☐ 大自然
☐ 夜总会   ☐ 泳池派对
☐ 餐馆   ☐ 晚宴
☐ 家庭聚会   ☐ 电影之夜
☐ 小餐馆   ☐ 赌场
☐ 董事会   ☐ 音乐会
☐ 健身房   ☐ 正式场合
☐ 办公室会议   ☐ 鸡尾酒会
☐ 研讨会   ☐ 后院烧烤会
☐ 咖啡厅   ☐ 主题公园
☐ 打电话   ☐ 节日
☐ 查阅电子邮件   ☐ 峰会等交流活动
☐ 视频聊天   ☐ 体育比赛
☐ 即时通信

　　你知道哪个场所是最受欢迎的吗？

　　这样问很狡猾哦！其实没有哪个是最多人选的选项。我们在结果数据上找不到显著的模式，因为这些场景被选中的概率都很平均。每个人在不同场所里都有或好或坏的表现。这就是为什么你不喜欢参加派对，却又想让派对热闹起来会那么难。假设研讨会环境让你感到紧张，那么学习"如何在研讨会上赢得大家好评"这件事就有点犯傻了。球星乔伊·哈特曾说过，四分卫也应掌握踢球人和后卫的技能。也许他可以，但这并不会让我们在比赛中表现得非常出色。

让我们来找到你社交精力旺盛的场所和保守求生的场所：

● 旺盛：看看你在第一组列表里勾选的场所。选出最能发挥你表现的前 3 ~ 5 个场所作为"我最适合发挥的场所"。在这里，你非常想去这类活动，并且身处这里，你最能做好自己。

● 中立：在这里，你在某项社会活动中的表现取决于心情，或你跟谁在一起。你不会非常喜欢这些环境，但不至于害怕。找到你在两个清单里都没有勾选的选项，并从中选出你常去的几个，把它们放在"我的中立场所"。

● 求生：看完以上两类场所，剩下的就是一些总是让你不舒服、无聊或不开心的场所。把你在第二个清单里勾选出的 3 ~ 5 个场所，写在"我的求生场所"里。

最适合我发挥的场所：_____

我的中立场所：_____

我的求生场所：_____

找到这些场所以后，你就能判断哪一种邀请可以接受，哪些是可以婉拒的。选择好社交场合，就能在到达之前取得策略上的成功。

如果你在你的成长环境中去尝试，你会更有可能成功运用你学到的行为技巧。如果你必须参加一个中立或求生环境下的活动，不要担心，接下来的两项技能可以帮你应对。

技巧 2：把握社交空间

在你参加活动之前，想象一下你社交互动的活动轨迹，从你进门后到你第一次谈话的地点，再到你活动结束时身处的位置。我们许多人一次次走着同样的路线，却对此没有察觉。

我们曾与活动组织者合作，在活动场所中录像并追踪人们在场馆里的运动轨迹。在每一个活动中，我们为每一位出席者编上号码，然后观察他或她的社交活动轨迹。晚上结束的时候，我们会计算他们结识了多少位朋友，问他们收到了多少张名片，再看看他们在领英（LinkedIn）上的人脉数。我们发现，最成功的人脉者都会采取特定的轨迹模式。换句话说，他们的社交地图可以被学习和运用。

这是一张非常典型的社交活动地图：

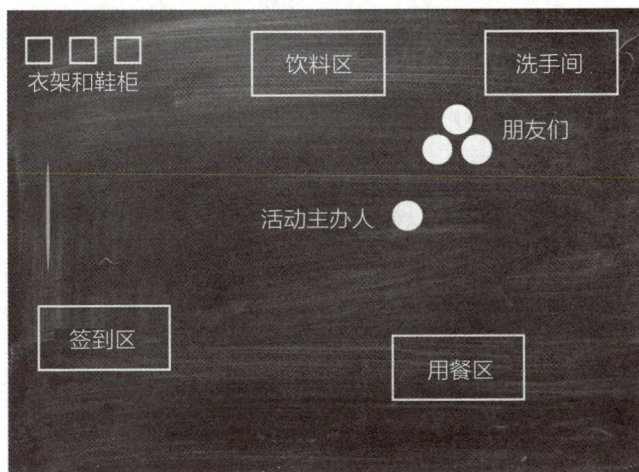

不管你在交流活动、节日聚会、婚礼、朋友家里的晚餐还是在会议室里，大多数活动都有这样的基本布局。有一个签到区或用来放礼物的桌子。你很容易就能看到洗手间、饮料区或用餐区。通常会有一些你认识的人——也许是同事、朋友或点头之交聚集在一起，大家开始攀谈上了。当然，活动的主人或控场者正在房间里转悠。

让我们重新想象一下杜鲁门在 1944 年大会上的社交地图：

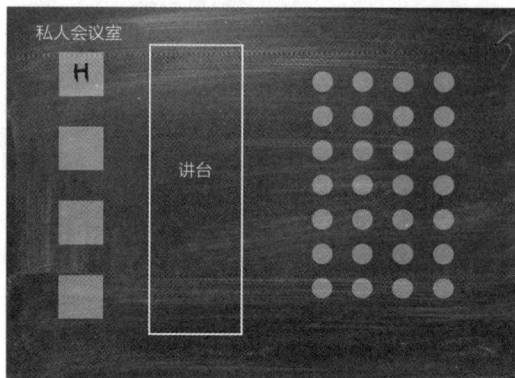

观众坐在一个大讲台前，私人会议室在讲台后面。

大多数的候选人都把精力投入到台上的表现，然后在观众席里进行义务性的闲谈。他们的轨迹地图是这样的：

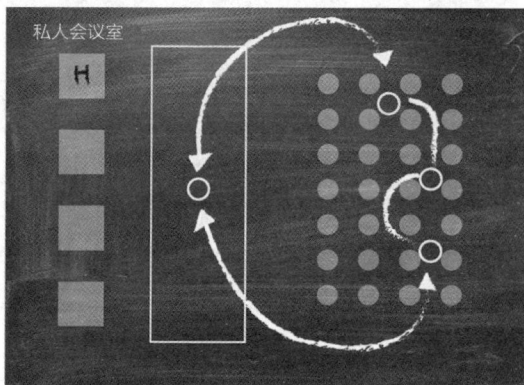

为了能有效准备，赢得选票，害羞的杜鲁门不仅要回避一般的社交穿

梭轨迹，也要避免他自己的性格陷阱。画"×"的地方就是容易让他陷入困境的地方。

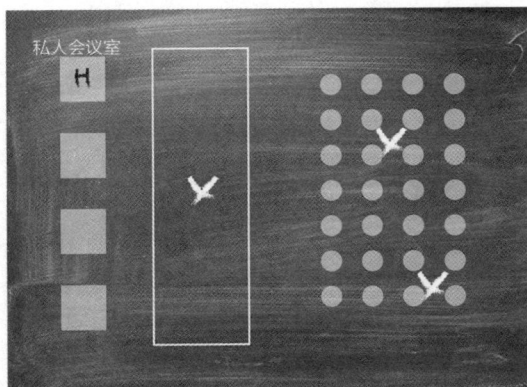

杜鲁门把他的社交活动重点放在侧边走廊的尽头和会议室 H 里。我索性把可以让我们强项发挥出来的社交地点叫作"社交甜点"。在下一张图里，你看到画星星的位置，就是杜鲁门的"社交甜点"。

杜鲁门所要做的事就是跟随这些"甜点"，在这个空间里按照自己的喜好，让自己的策略奏效。

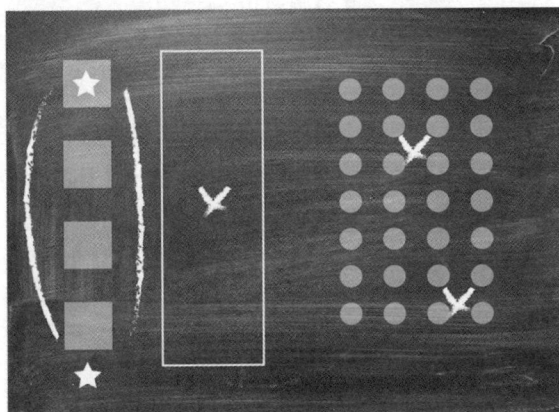

我只希望你做同样的事。让我们重新进入那张典型的社交活动地图。我把每项活动事件都归为这 3 类基本空间区域：预备区域、社交区域和边缘区域。

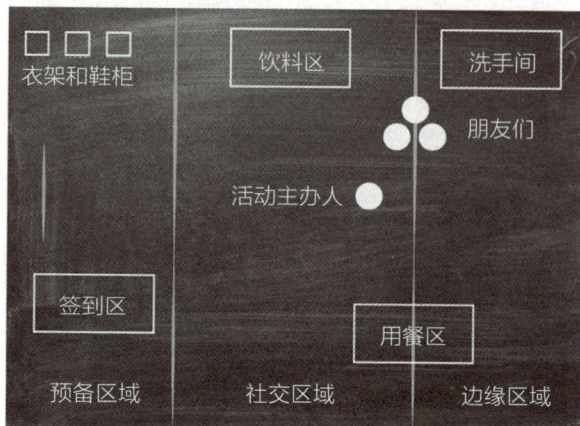

预备区域：这是所有活动的起点区域。从情感上来说，在这个区域里，我们的神经是最高度紧张的。当人们来到这里，脑子里必定想着许多事。他们来得有点晚，忙着签到，脱外套，目光开始扫射房间，看看有没有他们认识的人，或者寻思着如何维持良好的第一印象，把手机调为静音，跑进洗手间，或者企盼自己能在这里玩得开心。

我观察到许多人常犯的错误就是在预备区域徘徊，这是一个社交陷阱。在这里，人们的自信程度是最低的。那些收集了最少的名片的人，往往在这个区域就试图与人攀谈起来。可他们没注意到，这些刚来的人还没做好社交的准备。

人们还没有搞清楚状况就被你搭讪，他们不仅在你们的交谈中显得心不在焉，还会朝你后面的大会场张望，搜寻着自己的熟人——这样你们就很难进行眼神交流了。他们也更有可能找借口去喝饮料，拿些食物，跟主人打招呼，或者去洗手间——总之认真听你说话的可能性很小。

边缘区域：这里同样充满了人们容易中招的不为人知的陷阱，我把它称为边缘区域。因为我发现，当人们身处这块区域时，他们开始显得如在局外，不会去认识新的朋友。在边缘区域里第一个不能忽略的地方就是洗手间。你可以去洗手间，但别在洗手间门口试图与人攀谈，这显得很奇怪。

第二个陷阱，是径直走向用餐区，然后整晚只在用餐区附近徘徊。这倒不是什么非常严重的陷阱，只是用餐区并不是一个让你好好发挥的地方。你不仅会吃太多，还妨碍其他人拿取食物。在人们往盘子里装菜的时候，你是很难和他们开始一段交流的。并且，你们没有空出的手来握手，更别说满嘴食物时交谈的那种尴尬了。

第三个陷阱就是立马投向你熟悉的人的怀抱。一旦你和同事、朋友或熟人攀谈上了，你就很难再有机会认识其他人了。最好的方法，是在你到达的时候给朋友一个拥抱，然后跟他们说回头找他们聊。当活动接近尾声客人渐渐离开的时候，你可以去找他们。但在活动刚开始的时候，你还是先鼓起干劲直冲社交区域吧。

这些是你需要避免的陷阱：

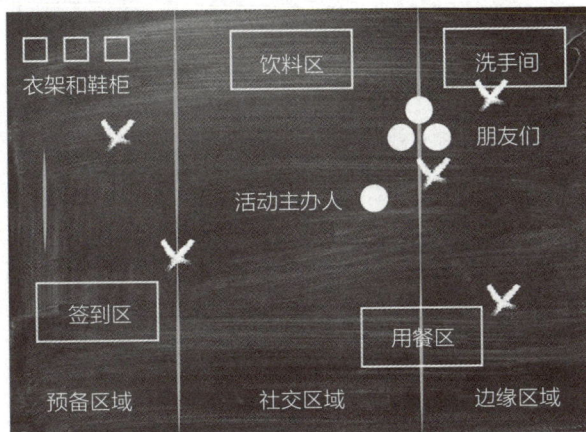

社交区域：这是个神奇的区域。为什么呢？首先，开始一段社交的最佳地点就是饮料区的出口了。拿着饮料走到这里，在预备区域时的担忧和高度焦虑都不复存在了。人们手端着饮料，要不是极度渴望与人交谈，至少也做好了与人交流的准备。而你要做的，就是把他们从独饮的尴尬中解救出来。

在饮料区两端都有两个"社交甜点"（还记得杜鲁门的"社交甜点"吗）。在我所观察到的社交活动里，那些收到最多名片、在领英上关系触点最多的一帮人一直都待在这两个"甜点"里（他们可交谈的人也来来去去从未中断过）。在这里，你的开场白可以结合这时的情景："你喜欢今晚的酒吗？"，或者"嘿，干个杯吧，我的名字叫瓦妮莎……"

社交区域里的另一个"社交甜点"在主人附近。拿完饮料，你就可以走到主人跟前打个简短的招呼表示感谢。你也可以在他继续和人打招呼之前请他介绍一下周围。你可以说："谢谢你邀请我！看来今天的来宾都很不错，有谁我可以去认识一下的吗？"

在他介绍了你之后，就让他继续做主人该做的事吧。如果可能的话，你大可待在主人的视线之内。我在一场没认识多少人的聚会里就是这么做的，因为主人在对来宾问候的时候更容易看到我，然后会和朋友说："嘿，来认识认识我朋友瓦妮莎！瓦妮莎，过来一下！"完美！

尽管我不太看好用餐区，但这儿有个不为人知的"甜点"，就在沙发或吧台边，人们放好食物开始吃东西的地方。他们通常希望有人像你一样把餐盘放在他们旁边，说些"你好呀，我能坐在这儿和你一起吃吗？"之类的话。

加分项：如果你是个内向的人，不喜欢大场面，我强烈建议你"少吃多餐"。与其径直走到自助餐那里猛吃一通，不如先吃开胃菜，再吃主菜，过一会儿再吃甜点。为什么呢？这样你比较容易在交谈空隙中休息一下，然后转向新的一对一交谈。

　　我自己就喜欢少吃多餐。如果我需要更长的休息时间，就跑去洗手间，之后再去给杯子续满饮料。有意识地节省自己的社交能量可让我在一晚进行多次高质量的社交。

　　综上所述，通过触碰"社交甜点"、回避社交陷阱，你就能在这个房间里建立良好的社交。这张地图能优化你在聚会里的社交活动。

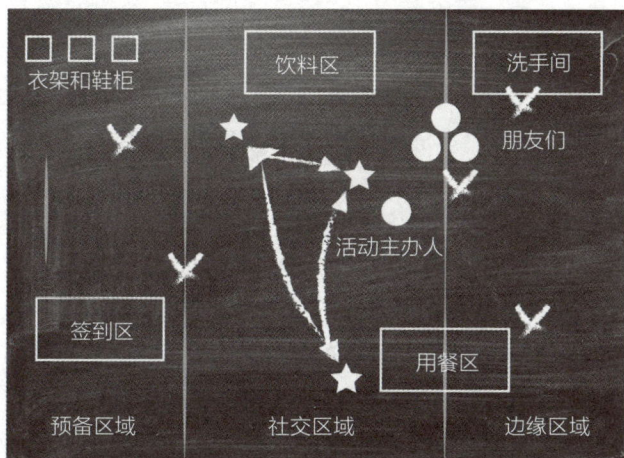

　　如果你不相信，下次参加活动的时候，你就当作我们人类行为科学观察队的一员，通过观察你会发现人们在这些"甜点"和陷阱里进进出出的表现：

来和我聊天！（社交甜点）	不要和我聊天！（社交陷阱）
我刚刚挑好了食物。	我只和熟悉的人交谈。
我和主人在一起。	我才来呢。
我刚续上了满满的饮料。	洗手间在哪儿？

你可能会找到更致命的社交陷阱或更好的"社交甜点"，你可以根据社交目标和已掌握的社交技巧不断修改你的社交地图。我非常推崇这一做法。

技巧3：了解你的战略团队

我的"身体语言"网络课程刚进行了两周左右，我就收到了一封陌生人的邮件，声称想主动给我一些建议。他以不太好的语气跟我说，我应该在课堂上穿职业装（我在网课上通常会穿休闲衬衫或裙子）。他觉得我穿成那样"不够专业"，还说"职业装能吸引更多学生来就读"。他还认为我交谈中讲笑话并不可取，因为"笑话会分散人们的注意力"。

我有点慌，立刻开始考虑重拍一期更显正式的课程录像。我需要重新拍摄吗？还是把已拍好的视频重新剪辑？我慌乱而不知所措，于是跑去求助我的几位导师。

一听到这件事，其中一位导师脱口而出："瓦妮莎，为什么你要听他说的？你确定他是你的目标人群吗？"

我不知道导师说的"目标人群"具体指什么，于是他解释："你开课的目标不是让所有人都来听，而是让目标人群来听。如果这个男人会被你穿什么衣服分心的话，那么他就不是目标人群。"

这件事成了我事业的转折点。从此以后，我开始不断精准定义自己的目标学员。通过问卷和调查我得知，报名参加学习的学生都是各领域水平中上的人物。他们都是出色的人才，有着过人的心智和充实的工作日程。我的目标很简单，就是帮助尽可能多的这类人。我的课程不再普遍适用于所有类型的学生，我把注意力集中在目标学员身上。

心中有了这帮目标学员，我开始录制一些视频课程，这些课程短小、易吸收、内涵丰富并带有可行动指南。如果这段视频没有充实价值的内核，或太过啰唆冗长，我会果断放弃它。在几个月内，这个项目开始滚雪球式开展。我们在视频网站YouTube上的订阅频道播放量激增至

9,000,000 次。推特账号的粉丝增长了 12 倍。截至我写书的时候，我们已经有超过 132,000 个线上课程学员和超过 104,000 个网络社区学员。这巨大的增长主要归功于我锁定了目标人群，并且现在我已经找到了他们。

无论你是在寻找客户，还是理想搭档，或者是那些能激发你展现出最好一面的朋友，你都得确保这个人是对的人。你可以学超人单打独斗的方法，自己偷偷避免尴尬场面，独自优化与人的互动。你也可以寻找搭档，就像蝙蝠侠有罗宾，钢铁侠有贾维斯，芝麻街里的伯特有厄尼。又或者更好的做法是，你可以加入复仇者联盟，找一个战略团队来支持你。

非洲有一句谚语是这样的：

如果你想走得快，那就自己走。
如果你想走得远，那就一起走。

现在我需要你思考的问题是：哪些人能组成你的战略团队？你可以利用别人的力量来加快学习进度。在生活中，我们都需要支持者。所以，让我们来评估一下谁是你的支持者吧。看看下面的指示，写下你脑海中立刻能想到的人。

你喜欢与谁相处？
谁能逗你笑？
谁让你觉得自己备受珍视？
当你筹划一件大事的时候，你会去找谁帮你想办法？
你最期待看到谁？
在危险的时候，你会打电话给谁？
是谁让你看到最好的自己？
你希望对谁有更深的了解？

花点时间寻找答案，来确定下面的团队角色。

你的搭档：在这堆问题里，有没有人多次浮现在你的脑海里？这个人能不能和你一起进行社交探险？当你不尝试新的社交技巧时，他是否能帮助你过得更舒适，并且同样渴望成长？我把这个角色定义为你的搭档。这个搭档并无性别要求，请把他的名字写在下面：

你的搭档：＿＿＿＿＿＿

你的提升者：你希望这份名单上出现哪个人？在生活中，我们都有想要帮助自己提升和拓展人脉的目标人选。他可能是办公室同事、新朋友，或是彻底改变你事业的潜在生意伙伴。请把接下来的 14 个社交技巧应用在这群人身上，让你们的关系上升到另一个境界。

你的提升者：＿＿＿＿＿＿

了解你最能发挥的场景，也就是你感到最舒服的地方，以及你信任的队友，这会节省你的精力和时间。充分利用你发挥良好的地点清单，你只需要做对你有利的社交决策。向真正支持你、让你觉得备受珍视的人伸出友谊之手，并把他们当成依靠。

所以，你无须喜欢每个人。如果某地让你感到紧张或不适，在那儿与人应酬或尝试新的社交技巧就需要额外花费很多精力。把控社交地点、社交方式以及社交对象，你就更有机会成功。

我开始学会了说"不"。我不要。我不想。我不想拍这些照片。我不要参加这个活动。我不支持那项主张，因为那不代表我的立场。渐渐地，我开始记得我是谁。这个过程虽缓慢、却逐渐清晰。然后你就可以回家照着镜子，对自己说："是的，我能接受你，我会和你一起生活下去。"
因为我认识这个人。这个人有坚持自己的胆量，有正直的品格，有自己
的立场。

——女神卡卡（Lady Gaga）

开始掌控你的社交

无论你是安静的沉思者还是狂野的派对动物，你都可以通过发挥你的
优势来获得成功。

例如，当杜鲁门还是一个小参议员时，他想出了一条巧妙的晋升路径。
一般的策略是在参议院发言，但杜鲁门更喜欢埋头研究，而不是夸夸其谈，
于是他选择发挥自己的长处。他在自己的回忆录中写道："坐在这儿当听证
会委员，是一件枯燥而乏味的事，这需要耐心和恒心。因此我沿着这条道
路，很快就晋升成富有耐心和恒心的'小组委员会成员'。"

他用的是双管齐下的社交作战计划。一方面，他投身研究他熟悉和
富有经验的主题：交通运输。然后他花了不少时间在国会图书馆学习每
一个晦涩难懂的细节。另一方面，他与有相似兴趣和目标的人建立关系。
他的提升者是参议员伯顿·k.惠勒，当时的州际商务委员会主席。杜鲁
门一方面在委员会上展示交通运输的知识和经验，另一方面开始与惠勒
拉近关系。最终，在杜鲁门尽职地参加了众多会议以后，惠勒指定杜鲁
门成为正式的小组委员会成员。不久之后，惠勒就把他提拔为委员会副
主席。其他议员也注意到了杜鲁门的工作态度和与人打交道的独特方式，
正是这些特点，让他一路走进白宫。虽然杜鲁门可能不是传统意义上的
魅力领袖，但他懂得优化自己的技能，明确目标，与正确的人产生合作
关系。

成功与人打交道的实质在于管理社交，只做真正对你有效的事。

尝试这些挑战 ☑

01	敢于向你害怕的社交环境说不。	
02	在你下一个活动中，使用社交作战计划找出至少两个"社交甜点"。	
03	确定你想要和他加深关系的人——你的提升者。在接下来的 13 个技巧的学习中，请时刻想着如何运用在他们身上。	
04	附加挑战：物色你的搭档，让他成为你社交探索路上的支持者。邀请他们读这本书，让他们加入你的学习团队。	

章节回顾

      魅力没有唯一定义，提升社会影响力的方式非常多元，这是一件好事。假如每个人都生来外向，那这个世界就会变得很无聊（而且很吵闹）。我们需要你。你要好好利用你的社交作战计划，展现你的长处，和有意义的人互动。这样，你的自信才会在身上蔓延开来。

- 不要强迫自己用筋疲力尽的方式与人互动。
- 去你的社交活跃场所，而不是保守求生的场所进行互动。
- 懂得拒绝邀请，这样你才有精力去接受合适的邀请。

      我在这章最大的收获是：＿＿＿＿＿＿＿＿

第二章

抓住他人眼球

如何留下让人眼前一亮的第一印象

一场音乐会要开始了，观众们满怀期待。世界顶级的匹兹堡交响乐团在舞台上准备就绪，乐手们满心期待地调试着乐器。座无虚席的亨氏海因茨大厅挤满了 2,676 名观众。大家就等着指挥欧里德·雷梅莱特出场了。

但问题是，今晚演出的指挥原不是雷梅莱特。观众知道这一点，管弦乐队也知道，而雷梅莱特当然也知道。演出指挥本为著名的德国指挥家克里斯托夫·冯·多纳伊。演出前几天他生病无法参加演奏，匹兹堡交响乐团不得不立马找人替代，他们想到了雷梅莱特。

接受任务后，这个神采奕奕的挪威指挥家必须想办法学习和指挥多纳伊的整个项目，他以前从来没和这个乐团合作过。项目计划要表演的 3 首曲目中，雷梅莱特只在音乐会中指挥过一首。

我采访雷梅莱特时，他坦言道："上台之前，我非常紧张，为了准备这场演出我几乎没合过眼。"压力不仅来自陌生环境，还有业界的专业评论。《纽约时报》的评论员詹姆斯·R.厄斯特赖希也来观看演出了。

最终，雷梅莱特走上了舞台，观众们不禁屏住呼吸。他只有几秒钟时间给人留下深刻的第一印象。对雷梅莱特来说，重点在于"寻找一种方法与人建立信任"。他必须说服观众，这将是一场精彩的表演，同时要说服匹兹堡交响乐团，他是值得跟随的指挥家。

"他像一个羞怯的小男孩一样走上指挥台。但一到指挥台上，他就表现出了无比的自信，手势清晰而丰富多样。"评论员厄斯特赖希捕捉到了这一细微的变化。

雷梅莱特带领乐团演奏瓦格纳的《齐格弗里德牧歌》，惊艳全场，接着是激情洋溢的《舒曼第四交响曲》，勃拉姆斯的《第二钢琴协奏曲》，最后是一首肖邦的华尔兹舞曲。全场兴奋不已。

"曲终之后，观众们的谈资似乎都集中在了雷梅莱特先生身上。"评论员厄斯特赖希是这样报道的，"部分观众认为，雷梅莱特在整个演奏中洋溢出极具感染力的喜悦激情。他稚嫩的相貌、富有表现力的台风和低调的魅力也被赞扬。并且观众们注意到的，还有他作为指挥和乐队之间超乎寻常的融洽关系。"

雷梅莱特的魅力演出被传开了。他很快被匹兹堡交响乐团再次雇用，之后又出席巴尔的摩交响乐团、米兰的费德里奥乐团、慕尼黑爱乐乐团和维也纳交响乐团的加场演出。

"音乐家们在 5 分钟内就知道一个新的指挥是好是坏。"雷梅莱特事后表示。那他在前 5 分钟到底做了什么？

第一印象的科学

你有没有遇到第一眼就觉得很投缘的人？或者是从一开始就让你不舒服的人？你不知道为什么，但他们身上的某些特质就是让你烦心。

不管我们是否愿意承认，我们决定去喜欢某人，去信任某人，决定和某人建立关系，这个决定过程往往都在见面的头几秒钟完成了。然而，我们很少注意到第一印象效应的影响。即使有所留意，也不太确定怎样更好地利用它。所以我们练习说话，准备风趣诙谐的笑话，希望在相见的最初时刻能好好发挥。

哈佛大学的研究人员那丽妮·阿姆巴迪和罗伯特·罗森塔尔想要测试人们的瞬间判断能力。他们决定研究学生对老师的评价。我们对老师的判断只能基于他们的实际教学内容，而不是他们的样貌、行为或气质风度。然而，这不是我们想要做的评价实验。

在实验中，阿姆巴迪和罗森塔尔给外部的实验参与者看一些老师的静音教学视频片段，要他们在 15 个维度上给老师打分，包括亲切程度、乐观程度和专业程度。评价者必须完全根据他们看到的非语言信息做出判断。

看到结果后，阿姆巴迪和罗森塔尔猜想，要是把关于老师的视频缩短，人们对老师的评价是否会有改变？于是他们把 10 秒视频删减至前 5 秒，老师的评分排名没有变化；再从 5 秒剪至 2 秒，排名仍没有变化。因此他们得出了结论：人们在初次见面 2 秒内就给对方快速的印象评价，即使在后来对这人有更多的了解，这最初的印象评价也基本不会被动摇。有时未闻其声，我们就已经决定是否相信他、是否对他有好感、他是否值得信任。

想象一下你刚遇见一位素未谋面的人，在 2 秒内你能对他的品质做出什么判断？你能猜到他是否诚实守信，平易近人，是否愿意支持你？在这 2 秒里你几乎没有得到任何实质性的信息，可你在心里已经迅速地做了上述问题的自问自答。很难想象吧？但你最初的这些判断，往往都非常准确。

阿姆巴迪和罗森塔尔研究里最有趣的事情就在这儿了：现在他们手中有人们对老师上述视频的等级评定，以及学生们对这位老师整学期的教学质量评分。经过对比，两个评定排名竟惊人地相近：在 2 秒视频里被判低分的老师，也在教了整个学期课程后，收到了这门课学生的低分评价。

不难想象，老师们为了提高教学质量，不计时间成本呕心沥血地设计课程、改善教学技巧，花时间和学生们在课前课后打成一片。但从阿姆巴迪和罗森塔尔的实验结果看来，老师们的努力对结果并没有多大用处。学生们在老师走进教室几秒钟内，就能判断他教得好不好。这和指挥家雷梅莱特走上台，以及你走进房间被大家看到的那几秒钟，道理是一样的。

看完阿姆巴迪和罗森塔尔的研究，你是不是觉得如坐针毡，大有一失足成千古恨之感？大可不必害怕，了解第一印象效应是件好事。如果能让人在几秒钟之内就相信你可以聊得来，何不在这几秒之内优化自己的表现呢？你完全可以利用第一印象控制你和他人整个互动过程。

成为朋友需经过层层信任拷问

第一印象是一种十分有用的求生机制。初次见面，你要快速决定是否要他参与到你的生活之中。听过心理学中的"战斗或逃跑反应"吗？面对外界突发应急事件，是跑是留，这就是你机体自身出于本能快速做出的决定。因此，第一印象反应通常迅速而果决。

在与人初次互动的短暂时间里，人们不自觉地在对方身上搜寻三个问题的答案，这些答案犹如层层关卡，决定了此人是否可以继续深交下去。

第一关：你是敌还是友？这是潜意识里的安全确认。你会想："兄弟，我必须和你确认一下，我到底是继续和你聊下去，还是尽早走开？"

第二关：你是赢家还是输家？在见此人第一眼时，我们很自然地为对方的自信进行评价——这个人是领头羊还是跟屁虫？

第三关：你会成为我的盟友还是死对头？这也是一种判断对方是否存在威胁的方式，只不过这是在确认对方能成为队友的情况下提出的问题。你的大脑又在试图回答：我们两个人的关系是否能达到相互扶持、结成联盟的地步？

当此人成功地通过了你这三个问题之后，你们的关系也进入相互信任的下一阶段。把陌生人升级为熟人、把熟人提升为朋友、让潜在客户成为真正的合作者。不要忘了，在你评估他人的同时，你也是对方的评估对象。

那么在演讲者面对一群听众的演讲场景当中，比如 TED 演讲，这种第一印象效应又会不会发生呢？

作为 TED 的狂热粉丝，我通常会用有趣和充满洞察的 TED 演讲视频作为三明治午餐的伴侣。我在 TED 的搜索栏里输入关键词"领导力"，有两个视频映入眼帘：一个是西蒙·斯涅克的《伟大的领导者如何激励行动》，另一个是菲尔德·维克·缪琳主讲的《从缺失的领导力手册中学习》。

两场演讲都发生于 2009 年 9 月，时长均为 18 分钟，演讲者均为各领域中富有见地且受人尊敬的领袖。但这两场演讲的区别在于（非常大的区别）斯涅克的演讲播放量高达 24,905,052 次，而维克·缪琳只有 725,633 次。播放量差距为什么会如此巨大呢？ TED 以短小精悍的演讲为人周知，可见为了保持风格统一，演讲长度和演讲者资质都被严格把关。作为被选入 TED 大会的演讲者，在演讲形式上，他们的演讲稿都经过主办方预先审查；而在演讲内容上，他们的观点都富有哲思。他俩的差距是什么？ [1] 为了查明原因，我在实验室设计了一场实验。

我想知道阿姆巴迪和罗森塔尔的研究结论可否应用在 TED 演讲环境上。我们首先请来一组实验者观看一场完整的 TED 演讲，让他们对演讲者的可信度、魅力、智慧和整场演讲效果打分。为了不影响他们的主观评分，视频播放量和大众评分都被隐去。经过确认，所有参加实验的人之前都没看过这场演讲。

接下来我们让另一组实验者观看同一场演讲视频，只是这场演讲只留下开头前 7 秒。这两组人对视频的评分竟然相差不大。

我们有没有可能在初次见面前 7 秒，就能对 TED 演讲者判断好恶？而那些最热门的 TED 演讲者，是怎样在短短 7 秒内成功赢得观众们的芳心的？

为了找到答案，我们对几百分钟的 TED 演讲进行了编码分析，尝试发

---

[1] 你可以在我们的电子资料里观看斯涅克和维克·缪琳的演讲。

现高播放量和低播放量视频的演讲之间的差别。我们研究了演讲者的手势，声音的抑扬顿挫，笑容和肢体动作，发现他们有固定的模式。第一印象效应并不作用在人们"说什么"，而在于"他是怎么说出来的"。

最热门的 TED 演讲者在呈现他独到见解前，就已经获得观众们的芳心了。而他们的秘诀就是我所说的：

秘诀 2 三重攻势	通过非语言策略，全线攻破三级信任拷问。

在娱乐节目里，演员在台上的动作、歌声和舞姿就像对观众的三重攻势。在人们的第一印象里，你的手势、姿势和眼神交流也如三重攻势，这就是攻破三级信任关卡的三个非语言武器。这是雷梅莱特走上台时的惯用套路，也是热门 TED 演讲者上台时身披的"魔毯"。这些技巧，你在与人交往的任何时候，都能用上。

技巧 1：用好你的手势

最热门的 TED 演讲者都有一套特定方式能在短时间里与观众建立信任：手势。

- 最不受欢迎的TED演讲者平均一场演讲做了272个手势——是的，编码分析师已把演讲者每一个手势都纳进分析里了。
- 最受欢迎的TED演讲者平均使用了465个手势——几乎差了2倍！
- 演讲者坦普尔·格兰丁、西蒙·斯涅克和简·麦戈尼加使用的手势最多，在短短 18 分钟内，他们的手势就足有 600 多个。

　　这种影响不仅仅在 TED 演讲中发生。心理学家罗伯特·吉福德、吴焯方博士和玛格丽特·威尔金森发现，在面试中使用了较多手势的求职者，被录用的机会更大。为什么手部动作带来的影响会这么大呢？因为手暴露了你的动机。

　　回想一下穴居人的生活。当有陌生人靠近我们的祖先穴居人时，如要判断此人是好是坏，最好的方式即看他的手。他手里有没有握着石头或长矛？当这位陌生人做自我介绍的时候，我们的祖先会看着他的手势，以防他伸手做出攻击或偷取贵重物品的行为。虽然在现代，我们并不容易受到人身攻击，但这种生存机制仍保留着。这就是为什么在大多数文化场景下，我们以握手表示问候。这也是为什么警察对罪犯喊的第一句话往往是"举起手来！"。

小事实盒子

　　大多数人认为第一次见面我们会关注对方的眼睛或笑容。其实我们并没有意识到手部动作的重要性。

当你第一次见到某人时，你第一眼最关注的身体部位是？
（单选）

1052个回答

A	眼睛——51%	
B	微笑——31%	
C	腿——1%	
D	手——4%	
E	胸部——2%	
F	臀部——3%	
G	头发——7%	

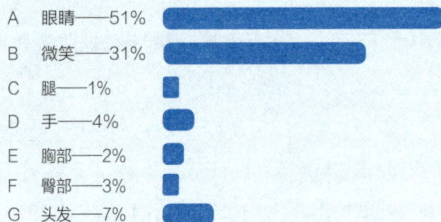

　　要是对方能看见你的手，他们会感到更加自在，也更愿意和你做朋友。这个诀窍并不难。只要在走进房间或等待见某人的时候，别把手放进裤袋里就好。

当然我知道，把手放进裤袋里更舒服嘛！随性又帅气！我不想言重，但口袋可以说是扼杀关系的凶手。是的，就是凶手。要想给人良好的第一印象，最简单的方法就是让手放在能被看见的地方。每当你不自觉把手放进裤袋里的时候，请记得用在脑海里大喊"凶手！"这个方法提醒自己。

不仅仅是口袋，还有桌子、钱包或笔记本电脑，不要让它们挡住你用来交朋友的手。请在任何可能的时机，把手放在会议室的桌子上，咖啡厅的桌子上。还请你切记在进行社交活动的时候，把手从皮包里拿出来。

握手是获取信任的一种方式。你首先要做的就是展露你的手，接下来就能争取与人进行一次完美的握手了。

如何进行一次完美的握手

你是朋友还是敌人？一次握手能获取陌生人手心贴手心的信任。但并非所有的握手都能达到相同的效果。以下是一些重要事项，是你学习完美握手必须先知道的东西。

保持干燥：没有什么比握到黏糊糊的手更恶心的了。如果你真的感到紧张，手心出汗，可以试试我最爱的这招——"纸巾裹水杯"。参加活动的时候，在点好的饮料杯外面包层纸巾。握手前先握握杯子，手上的汗就能被纸巾吸干。

保持垂直：始终保持手部垂直，让拇指朝向天空。手心若是朝上，这从非语言角度来说代表着顺从或软弱的姿态；而把手心压低，迫使对方手心朝上，就有点跋扈和控制欲强的意味了。

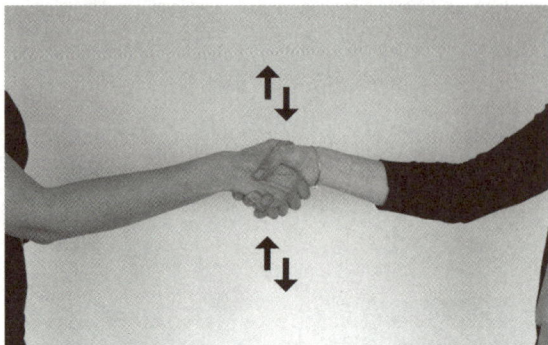

坚定有力：你在挑选水蜜桃的时候，有没有试过把桃子紧握在手心，看看桃子是否熟了？握手的时候也要达到这种效果。因为每个人对握紧双手有不同的理解，我只好拿桃子作为标准。你只要握住桃子，感受到细微的阻力存在即可。假如桃子熟透了，你很快就能感受到细微的阻力，于是不再施力了；如果桃子还未成熟，你可以使劲握但不弄坏它。握手的道理类似，一直施力直到你感觉到对方的肌肉开始收紧，你就可以停止了。我衷心地告诫你，千万不要出现握手太紧导致对方失去力气的情况（又名"握死鱼"）——这对你们的关系来说是致命的。[1]

永远不要跳过握手这一环节，也不要用这些互动来代替握手：如招手、击掌或像兄弟般用拳头相碰（千万不要）。为什么呢？当我们与对方肌肤相互接触的时候，身体会分泌催产素这种东西。催产素是一种使人相互产生

---

[1] 想得到更多的握手指南吗？比如遇到这些情况该怎么办：对方握手太用力，自己并不想有肢体接触，或者不知如何应对他人双手而握的热情。你可以在 www.scienceofpeople.com/ toolbox 中找到这些视频资料。

联结的激素。研究者保罗·扎克发现了催产素的强大力量，并将之称为促进信任的"道德分子"。这就是为什么它在判断"是敌是友"时显得如此重要了。

目前，已有 200 万人看过保罗·扎克的 TED 演讲。在演讲里，他给我们描述了催产素的实验。仅仅通过注射一剂激素，他就能操纵实验参与者对别人的信任。

握手的时候，身体会产生足够的激素来建立信任，然后创造更深层次的联系。

因此，展露你的双手吧，任何时候都不要跳过握手这一环节。

技巧 2：表现得像个赢家

请回答以下问题：

对想要赢得潜在客户信任的专业人士来说，最具影响力的因素是什么？

A. 成为公认的专家

B. 有很高的自信

C. 在他们关心的领域展示先进的专业知识

D. 拥有受人尊敬的名声

你猜答案是什么？如果你的选择是"B. 有很高的自信"，那就对了！卡耐基梅隆大学所做的一项重要研究显示，专业人士的自信程度甚至比他的专业声望、技能或经验更加重要！

为什么自信如此重要？大概是作为人类，我们一直都在寻觅赢家吧。

赢家：名词。胜利者；一个很有可能成功的人。

　　我们希望能和赢家结为一队，也希望和赢家扯上关系，希望被赢家所领导。不管我们是否愿意，在初次见面那几秒钟之内，人们潜意识里就在判断眼前的谈话者更像个成功者还是失败者。那么问题来了：赢家长什么样？

　　研究人员杰西卡·特蕾西和大卫·松本想探寻是否有共通的赢家和输家行为。具体来说，他们就是研究人类如何应对成功和失败的。为了达到实验目的，他们对比了奥运健儿们在得知比赛输赢后的行为。为了排除运动员们向他人习得动作的机会，研究人员找来了视力程度不同的运动员。视力良好的运动员、失明的运动员和先天失明（自出生即失明）的运动员，在得知比赛结果后都会有同样形式的自豪感或羞耻感吗？的确是的——在跨文化研究当中，不同文化下的运动员在面对输赢时的行为几乎相同。

　　甚至先天失明的运动员们，他们从未见过同行赢得比赛或遭受惨败的样子，却也不知为何与其他运动员的动作非常类似。

　　赢家典型的行为就是尽可能用身体占据更多空间，这常被人叫作"权势姿势"。在这些时候我们趋向于高举双手、昂首挺胸。

　　输掉比赛的运动员则尽可能缩小自己所占的空间，这也被称为"弱势姿势"。他们通常会低着头，肩膀下垂，手臂紧紧地贴在身体两侧。

　　运动员们本能地使用相同的肢体语言，这一事实向我们展示了早已存在人类基因里的设定：人们会用非语言途径表现胜利或失败。但为什么会有这种先天设定呢？特蕾西和松本提出，社交信号中的自豪感和羞耻感是非常重要的因素，为我们判断自己和他人提供了丰富信息。

　　就像运动员一样，我们感到骄傲的时候希望别人注意到我们，所以无意识地霸占了更多空间。当失意时，我们就想尽可能减少占据空间来避开他人的注意。

　　尽管我想让你表现得像个赢家，但传统意义上赢家的姿势在日常互动中就显得有点过了。如果你用冲过终点线时那种充满力量和嚣张的气焰去面对一场会议或约会，会不会觉得有点奇怪呢？这种气势足矣，但又有点强势了。

　　相反，我会用所谓的"开放性姿态"来展现自信。这是一种略微收敛版本的成功者姿态。当你跟别人交谈的时候，就用开放性姿态来面对吧。

- 肩膀自然下垂并往后挺。
- 让你的下巴、胸部和额头都朝向前方，下巴可以略微抬起。
- 确保手臂和身体之间留有小空间。
- 保持双手暴露在外。

　　肢体语言是你向人展示自信的最快捷方式，也是赢得良好第一印象的捷径。

　　特别注意：低头玩手机时，我们不知不觉就陷入了失败者的姿态当中。你可以想一想：低着头，双手抱胸，两臂紧紧贴在身体两旁，肩膀无精打采地收缩，这不就是"弱势姿势"吗？大多时候，我们在等客户或开会前都在干什么呢？玩手机！这种失败者的恶性循环是时候停止了！

　　如果情况允许，你可以选择和同事聊天，在等候室里平静地观察周围，或者在重要的约谈之前看看报纸。如果你真的想玩手机，就像一个赢家那样做，把手机往外、向上伸展，以配合你的开放性姿态。

　　因此，你得站得像个赢家、看起来像个赢家、与人互动起来也要像个赢家。

技巧 3 ： 用眼神保持交流

　　一旦我们认为眼前的人既值得信任，又是一个赢家，接下来我们想知道他是否能加入我们的团队。这是区别良好第一印象和绝佳第一印象的重要之处。具体来说，我们寻找的是结盟的指标。他喜欢我吗？他会尊重我的意见吗？他会接纳我吗？诚然，我们喜欢那些值得信赖并充满自信的人，但如果认定了对方不会尊重自己，那他绝对闯不过你信任关卡的第三关。

大多数 TED 演讲者只通过前两个关卡。他们懂得运用手势来赢得信任、用开放性的站姿来展现信心。但大多数演讲者并没有让每位听众都感受到他的关心。演讲者们对着镜头说话、对着幻灯片说话，但都没有对着你说话。

你会怎样表达想与对方结盟的意愿？请你想象一下午后休息时间，你在公园里的长凳上品着咖啡，附近坐着一位母亲和她的孩子。母亲身披毛毯，正在看书。孩子看到一只鸭子，抬头看着他母亲说："看，鸭子！"母亲没听见，孩子拉着她的手大声叫："妈妈快看！我看见一只鸭子了！"这一次，母亲回应了孩子的话，低声呢喃："嗯嗯，好的，亲爱的。"但孩子没有被母亲敷衍过去，因为母亲没有真正在听孩子说话。于是他跳着，拽着母亲的胳膊，不断念着："妈妈，妈妈，妈妈，妈妈，妈妈！"最后，就在孩子快要哭出来的时候，母亲放下书，看着她的儿子说："这是什么？"孩子伸手指着鸭子。"噢！"她看起来非常惊喜，然后同孩子一起研究这只鸭子。她微笑着转向孩子，对他说："太好了！看来你很喜欢小鸭子。"孩子高兴地舒了口气，母子俩又恢复到最初放松的状态。

刚刚一幕发生了什么？那个学步的孩子只是想找个人分享他刚才的经历。像所有人一样，他想有个联盟者。最优秀的 TED 演讲者应该像一个溺爱孩子的母亲一样对待观众。他们对着台下一张张真实各异的面孔进行眼神交流，直接对着观众说话——让台下每个人都觉得自己真的很重要。

当你观看一场大受欢迎的 TED 演讲，体验者和演讲者一起研讨幻灯片所展示内容的时候，你就能感到这份凝聚力。大受欢迎的 TED 演讲者都是这样做的，他们在和你说话，而不是对你说话。

眼神交流最有力的例子，就是社会运动人士简·瓦斯特和她的团队在国际解放组织中拍摄的视频。他们的使命是："每个月都进行协调、记录和散布世界范围内的自由解放行动。"

他们的 YouTube 频道里都是些非常大胆的善举和独特的公共服务公告。其中一个视频里，解放者们带领澳大利亚地铁的乘客即兴演唱《飞越彩虹》。另一个视频里，一个被蒙住眼睛的女人仅身穿内衣站在大街上。她邀请人们用永久性记号笔在她身上画满心形，以提高人们对饮食失调的认识。[1]

他们最受欢迎的视频之一是"世界上最大的眼神交流实验"。在这段视频中，解放者们邀请 2 个陌生人进行 1 分钟的持续性眼神交流。"我们的确会很紧张，你需要巨大的勇气去面对陌生人的对视，以及暴露自己的脆弱面。"

结果这场活动大受欢迎。在全球 156 个城市中，超过 10 万人参与了实验。在仅仅进行了 1 分钟的目光接触后，陌生人以眼泪、拥抱和惊叹结束了他们的对视。正如瓦斯特总结的那样，"与人保持眼神交流可以唤起许多情感……因此，对视需具备信任对方的勇气。"

为什么目光接触有这么大的力量？因为它能产生催产素，这是产生信任的化学基础。眼神交流很自然被诠释为充满善意的非语言信号。当你对某人有好感的时候，你的目光会常常停留在他身上。作家艾伦·皮斯形容对视是这样的：

当 A 喜欢 B 时，A 会经常看着 B。这一举动让 B 觉得 A 喜欢他，因此 B 也报之以喜欢的态度。换句话说，在大多数文化环境里，想与他人建立良好的关系，你们的对视将要占据 60% 至 70% 的时间。这种对视会让他也开始喜欢上你。因此这样解释起来应该不难理解，那些紧张、羞怯的人与我们目光相遇不超过三分之一的时间，他将很难与我们产生相互的信任。

在对视的最初几秒，最重要的是你必须克服害羞，不要让目光不自觉闪躲。

---

[1] 你可以在 www.scienceofpeople .com/ toolbox 查看国际解放组织的活动视频。

你可能会担心你的目光接触太多了。那么理想的目光接触可以是多少？希望你还记得先前做的人际智商测试题：

12. 在一般谈话里，人们保持眼神交流的时间一般占谈话时间多久？

A. 31%

B. 51%

C. 61%

D. 91%

我问了几百个人这个问题，他们的答案都非常平均。这表明人们对目光接触的正常程度有着完全不同的看法。

英国社会心理学家迈克尔·阿吉尔博士发现，欧美人交谈时，他们眼神交流平均占据 61% 的时间（C 选项）。人们在说话时眼神交流占据 41% 的时间，而倾听时眼神交流占据了 75% 的时间。下次当你和别人说话的时候，试着客观地评估你倾向于哪个选项。另外，你还有一些事情需要记住：

- 注意对方瞳孔的颜色。
- 眼神不要越过他们的脑袋去观察后面的环境。
- 在交谈期间保持 60% 到 70% 的时间用于眼神交流。

总之，请用眼神交流建立信任，用注视与人产生联结。

三重攻势是一种社交法宝

制造一个绝美的第一印象并不代表一劳永逸地消除了社交焦虑。雷梅莱特登台之前也会感到非常紧张。著名的 TED 演讲者布勒内·布朗博士说过，去 TED 演讲简直是要命——但她的 TED 演讲视频播放量总是居高不下。

"在长滩做 TED 大会发言是我职业生涯里最焦虑烦躁的经历之一。除了要在满席成功人士的期待下做一场 18 分钟的演讲，我还得承受作为整场 TED 大会闭幕演讲者的巨大压力。"布朗回忆道。

然而，布朗的亮相就像个胜利者，她的肩膀直挺，双手露出，确保能与观众目光对视。布朗说："当我最终走上舞台的时候，我做的第一件事就是和观众席上的几个人进行眼神交流。我请舞台管理人员打开室内灯光，以便看到台下的观众。我需要和观众产生一种联结感。"

三重攻势是你在高度紧张之时可以运用的工具。它既能简化人们留下良好第一印象的过程——一旦你了解其中的科学，社交技巧就不再宏大而玄妙可怕了，还能让你活在此时此刻，变得更轻松。

除了最受欢迎的 TED 演讲者和雷梅莱特，你也可以用非语言的方式提前几秒钟表达自己："我值得信任，我有一个必胜的主意，我在这里是为了帮助你。"这些就是帮助我们留下深刻印象的法宝。

尝试这些挑战 ☑

01	不要去猜你刚才手握得对不对，你要得到对方的反馈。与一个值得信赖的朋友或同事进行一次握手，请求他们给你诚实的反馈，以确保你的握手是正确的。	
02	在下次互动时使用开放性姿态，感受一下有什么不一样。	
03	在互动过程中练习保持 60% ~ 70% 的时间用于目光接触。	

章节回顾

你只有几秒钟的时间给人留下绝佳的第一印象。

- 展露双手以表信任。
- 开放性姿态表现自信。
- 适度与人进行眼神交流。

我在这章最大的收获是：＿＿＿＿＿＿

第三章

擦出聊天火花

进行一场有闪光点的对话

哥伦比亚首都波哥大的中心地区，藏着许多珍宝。杰夫·卡里罗·托斯卡诺就是此次带领大家的寻宝人。哥伦比亚最古老的街区之一拉坎德拉里亚是一座由鹅卵石铺成的城镇。托斯卡诺带领着寻宝团在鹅卵石小巷中穿行。

"眼睛睁大一些，"领队指着西班牙殖民房屋顶和摇摇欲坠的巴洛克式阳台说，"那些珍宝可能藏在任何地方。"我们爬上一段狭窄的楼梯，几乎没吵到正在打盹的一窝小猫，蹒跚地看着我们发现的第一个珍宝。我们究竟在找什么呢？我们在寻找涂鸦。

这幅涂鸦就在两扇木窗之间，是我这辈子见过的最美佳作。一个土著妇女仰望天空，仿佛在祈祷或求雨。真是美到窒息。

穿街走巷，托斯卡诺带我们找到了许多画作，就在那些我们从来不会注意到的地方——下水道侧方的肖像，装饰艺术门扉角落里的蘑菇，庭院旁的一只蜂鸟。一边走一边讲解的时候，他会不断打探队员们的兴趣点在哪儿。他默默记下人们拍照的时间和地点，观察有谁发出"哇哦！"的惊叹、有谁在一旁感到无聊。

在前往下一条街的空当，他跟我们玩一种记忆游戏，把每个人的名字连接至对应的家乡——到最后他把所有 26 个人名都记住了。接着他又询问我们每个人的故事，他想知道每个人来参加涂鸦之旅的原因——毕竟这不是典型旅行团的路线。

知道这些故事以后，他在旅途过程中，一个接一个地找到了与我们每个人各自相关的东西。队员中有一名女士在保护南美洲雨林的国际非营利组织工作，托斯卡诺带她找到了一幅描绘哥伦比亚雨林的大型壁画，她为之欣喜不已。

接着，托斯卡诺知道我们中有一名美国记者。他在大街上寻觅，给这位记者展示了一幅画在水泥石板上的政治涂鸦。这是一幅爱德华·斯诺登的黑白照片，上面用大写字母写着"是英雄还是卖国贼？"。记者瞬间被惊艳住了，立马在笔记本上记下来，作为他下一篇报道的素材。

托斯卡诺可能不知道，他掌握了一项人类行为的基本法则。他为旅途创造出火花。他吸引人们眼球的能力，让他的旅行路线在"旅游攻略"上评分排名第二，更在《纽约时报》上被列为波哥大一日游必去景点。①

---

① 你可以在 www.scienceofpeople .com/ toolbox 上看到更多哥伦比亚街头涂鸦艺术的照片。

死气沉沉的寒暄

我童年时代最快活的日子可被概括为一个词：飞跃太空山。这是迪士尼乐园里一项刺激的游乐设施。每个夏天，我和家人都会去迪士尼乐园。这是我一年当中最精彩的时刻。我和哥哥、妹妹每天都在倒数和期待，直到我们尽情奔跑在被精心打理、散发着棉花糖香味的游乐园里为止。

但有一个问题，就是游乐园的年龄和身高限制。一开始我还不够高，不能选择最佳体验感的活动——特别是飞跃太空山。我眼巴巴地看着哥哥那卷曲的头发刚好触碰到了那令人讨厌的身高限制线，而我够不到。

既然如此，父母就让我照顾妹妹，他们丢下我和妹妹走进黑色隧道寻找刺激去了。我只能待在低龄儿童的提基神殿主题乐园。

待在这无聊的地方，一天最兴奋的时候也就是看着妹妹坐旋转茶杯游乐设施了，我打赌她坐旋转茶杯不敢松扶手，结果她坐在里面几乎要被离心力甩出来了（千万别被妈妈知道）。

终于在一个灿烂的夏天，我的辫子能顶到那条身高限制线了。我坐在飞跃太空山的火箭车上早早绑好安全带，汗湿的小手紧紧抓住安全杆。接下来的 2 分钟重新定义了所谓刺激的生活，飞跃太空山让我头脑空白。在这之前，我虽知道自己错过了一些事，但我真不知道自己错过的东西原来这么精彩。"小飞象丹波"小火车那缓慢而单调的起伏，完全不能和飞跃太空山令人疯狂的突然降落和旋转相比。我们在迪士尼铁路上经历的"高速"与鲁莽直冲的太空山的火箭车比起来，简直是笑话。就在那天，我和哥哥坐了一次又一次飞跃太空山。我发誓，我再也不去低龄儿童的游乐设施那里玩了。

人们之间的谈话也是这么回事。在生活的大部分时间里，我们的闲聊就像是儿童区游乐场。我们的对话并不难忘，因为儿童游乐设施一点都不刺激兴奋。在大多数寒暄中，我们的精神状态大概是这个样子的：

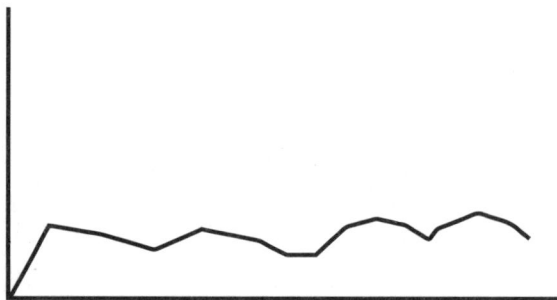

这就是寒暄。没有高潮，也没有精彩的话题。谈话左耳进、右耳出——我们甚至庆幸在这场谈话里竟能记住对方的名字，谈话内容就别提了。因此，我想介绍一下"高质量聊天"的概念。

高质量聊天就像是坐飞跃太空山的火箭车一样。首先，你勾起了对方对谈话的期待，让聊天顺利进行。你们笑着说出精彩的内容，让气氛越来越好。我们的精神状态就像这样：

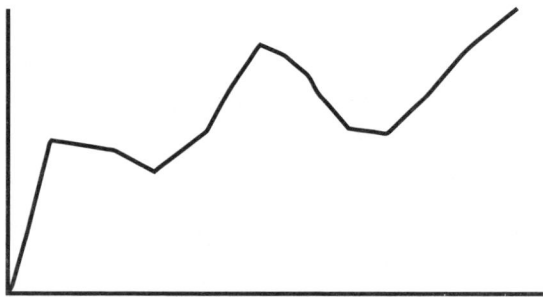

像过山车一样，精彩的对话让你既兴奋又不用担心跑回不咸不淡的寒暄里去。

现在，你那毫无生机的寒暄需要做出一些改变了。高质量聊天这个社交技巧和其他技巧一样，都是为了打破闲聊常规，挑战无聊的对话，远离既定的社交剧本。过山车需要制造一些高潮，高质量聊天也是如此。

聊天火花的科学

人们喜欢过山车，因为它有一个个达到高潮的顶峰。每次到达顶峰我们就知道随之而来的是急速下降和失重的快感。高质量聊天也会有类似的情绪高峰。最理想的对话都有特定的能量高峰和兴奋点——我把这些标有星星的时刻称为"聊天火花"。

秘诀 3 **制造聊天 火花**	用独特的话题来创造愉快而难忘的对话。

高质量聊天有很多制造聊天火花的机会，就是那些令人忘怀的小快乐。你可曾与人经历过一次精彩的聊天？聊天过后，你会不会饶有兴致地回味——不断地在脑海里回放聊天时的气氛制高点，又在幽默的话语里不断回旋？这是因为聊天中的火花让我们感觉非常良好。

在大脑中，火花的制造来自多巴胺。多巴胺是一种神经递质，由大脑中的杏仁体释放，负责让我们感受到快乐的情绪。当收到生日礼物、被老板表扬或是得到嘉奖时，多巴胺就会弥漫整个大脑。想象一下你走进商店，店员冲你喊"免费品尝！"时的兴奋心情，那就是纯正的多巴胺功效。

多巴胺的有趣之处在于：它能促进记忆。分子生物学家约翰·梅迪纳博士将多巴胺比作精神标记。他说："多巴胺对记忆和信息处理有极大帮助。你可以把它想象成一张化学便利贴，上面写着'别忘了哦'。如要在人的脑袋里贴上这个化学便利贴，那就意味着这件事会得到充分处理。"换句话说，想让经历沉淀下来，必须得到化学快感的刺激。当你在交谈中产生多巴胺的时候，你不仅给对方更多享受，你也被赋予了更重要的意义，这就增加了你被记住的机会。

现在问题是：怎样在对话里激发多巴胺呢？我倒是想让你在口袋里多放点随时送人的小礼物，就像生日突然变出的惊喜一样。但这不实用——商务套装没那么多大口袋。因此，你可以做的只有把这些小惊喜用语言表达出来。要知道，不只是精美礼盒才代表礼物，奖励也可以不包含金钱，满足感也不仅意味着生理愉悦。

这里有 3 种技巧可以让你的谈话变得愉快和难忘。让我们把寒暄升级为高质量的聊天吧！

步骤 1：寻找话题激发者

有一天，我正坐在演员休息室里紧张地等着晨间新闻出场。突然，伊丽莎白·吉尔伯特走了进来，她是我最喜欢的作家，畅销小说《一辈子做女孩》以及《大魔法》就是她写的。当时我吓了一跳，随即在脑海里寻找有趣的话来搭讪。我好想和她说话，但完全不知道她会对什么感兴趣。面对这位文学偶像、畅销书作家，或是我心目中的英雄，我说些什么好呢？我应该和她谈她的书？不行，太明显了。问她从哪儿来？不行，太无聊了。还是直接抒发我对她的书的爱？不行，这有点傻。

在我还没想好怎么办的时候，休息室里的另一位客人笑着对我们俩说：

"你们爱喝汤吗？"

好吧，这开场白我是无论如何也想不出来的，但我心存感激。我目瞪口呆地看着这位客人，惊异于她的勇气，又屏住呼吸一想——我们的吉尔伯特女士该是什么反应啊？结果她的反应也出乎意料。伊丽莎白·吉尔伯特道："叫我丽兹就好。"她兴致勃勃地拍起手，跟我们分享她最爱的冬日鲜汤食谱。我们一起缅怀外婆的炖汤手艺，笑着感叹旅游在外想吃得健康得冒多大风险。谁都不会想到，"你们爱喝汤吗？"这句开场白竟能点燃如此生动有趣的讨论。

后来我才知道，这位客人是一名厨师，刚出版了一本关于汤的烹饪书；丽兹正在西海岸做她的巡回售书讲座；我则正准备上台分享关于友谊的科学。大家在上台前都有 30 分钟无聊的等待时间，我们需要的只是一个开场白，就像打火机一样点燃话题，从而在聊天高潮时迸发出快乐的聊天火花。

但大多数你的开场白是这样的：

你感觉怎样？

啊，那挺好的。你从哪儿来？

哦……我没去过那里。那你为什么来这里啊？

噢，挺好的。我去倒点水喝……

这得多尴尬啊！如此寒暄就等同于坐在低龄儿童版过山车上，太不刺激，丝毫擦不着火花，更别说高潮了。过山车没开多久，几下吃力缓慢的起伏，接着就来到虎头蛇尾的月台了，你巴不得早点爬下车去干点别的。若每次聊天皆如此，不如现在开始，主动为自己建造一辆飞跃太空山版的过山车吧！

建造聊天过山车并不容易，我非常理解——有时我们很懒，或不敢去尝试新鲜话题。但每次聊天都遵循惯有的社交套路，这意义在哪里呢？每次和客户勉强尴尬地聊天过后，对方根本记不住你，这意义又在哪里？就像聊天机器一样与人互动，这意义究竟何在呢？

　　高质量聊天需要问些有新鲜感的问题，这样才能产生火花。聊天的火花需要一个引子，我把这些打火机似的引子称为话题的"点燃者"，而不仅仅是话题的"开场者"。这是因为它们点燃了新的想法，引导别人进入从未想过的话题，并激发了深入的讨论。

　　可是，为什么我们总会在新奇事物中找到快乐呢？

　　神经生物学家尼可·本扎克和爱姆华·杜塞博士进行了一项他们称为"古怪实验"的研究。在这个测试中，研究人员向参与者展示一系列图像，同时用功能磁共振扫描他们的大脑。大多数图像是同样的面孔和同样的场景。然而，参与者偶尔会看到一系列"古怪"的图像。

　　在实验参与者看图片的时候，研究人员会测量他们大脑中不同区域的血流量。他们发现，古怪的图片会激活人们大脑的"新奇中心"（黑质层和腹侧盖区）。接下来你就能知道，为什么新奇事物对我们来说很重要了。

- 奇怪的东西更能帮助记忆和学习：古怪的图像激活了受海马体影响的区域，海马体是大脑的学习和记忆中心。新鲜感使大脑活跃起来，集中注意力，就能更好地处理对话。如果你想让别人记住你的名字，试试想些激发好奇心和兴奋点的记法吧。

- 不寻常的事物带来乐趣：这个新奇的中心与杏仁体的多巴胺通路有关，杏仁状的神经元聚集在大脑的底部附近。新的想法和话题促使这个区域分泌更多的多巴胺，人也因此会更快乐。

- 新奇的东西激发兴趣：多巴胺还会促使人们寻求更多的快乐反馈。换句话说，一些新鲜的谈话不仅能让人想继续深入，还促使人们寻找更多的话题。杜塞博士解释说："当我们看到新事物的时候，人们会认为它能给我们带来些潜在的回报。新事物上的潜能激励着我们不断探索环境中的回馈。"

　　如果能放弃既有的社交用语，让自己创造一些聊天火花，我们将更容易享受与人互动的乐趣，也让人真正记住刚才聊天时你说的话。

　　2016 年，我们与国际美慈组织及（美国的）信息管理学会和女子协会合作，设计了一场快速社交实验。在这场实验里，他们将超过 300 名参与者随机搭配，进行一场聊天开场白的测试。他们的座位上放着 7 张卡片，每张卡片上都有一个开场白，以及给开场白打分的地方。

　　实验是这样的，当大家各就各位，就可以进行速配活动了。每轮对话持续 3 分钟，在 3 分钟结束的时候，我们敲响铃铛并让每个参与者对刚才的谈话进行评价，1 代表很无聊，5 代表很棒。整个活动一共有 7 轮。

　　这就是给大家准备的 7 个开场白卡片，你知道以下哪 3 个开场白评分较高吗？

　　_____ 说说你的故事吧？
　　_____ 你感觉如何？
　　_____ 今天发生的最开心的事是什么？
　　_____ 你的工作是什么？
　　_____ 最近有什么令你兴奋的事情发生吗？
　　_____ 你为什么来这里？
　　_____ 你在做什么充满个人热情的计划吗？

从结果看来，胜负非常明显。我按得分从高到低把它们排列了出来：

今天发生的最开心的事是什么？
你在做什么充满个人热情的计划吗？
最近有什么令你兴奋的事情发生吗？
说说你的故事吧？
你为什么来这里？

你的工作是什么？

你感觉如何？

我们也会让参与者自行挑选上述话题，并写下刚才用了哪个话题。其中最多人选的是"你在做什么充满个人热情的计划吗？"和"说说你的故事吧？"

发现问题了吗？我们最常使用的开场白——"你的工作是什么？"以及"你感觉如何？"被评为最无聊的对话。所以为什么还要继续用它呢？

人们习惯性停留在既有的社交用语里。我们对千篇一律的开场白百试不厌，因为这些用语都在我们的舒适区里。

但你知道吗，在舒适区里，你找不到任何能激发聊天火花的用语。如果你继续停留在既有的社交用语里，那你就永远只能停留在无聊的寒暄上了。

我希望你能进行一些小小的挑战，运用我们排名最高的激发聊天火花的话题点燃者。[1]

升级前	升级后
工作怎么样？	最近有没有在做什么有趣的项目？
你好吗？	你今天有没有发生什么开心的事？
你做什么工作？	你最近有没有什么个人计划？
家人都好吗？	你有没有打算去度假？
你是哪里人？	说说你的故事吧。
进展如何？	这个周末你有什么打算？
一直在忙吗？	你通常做什么来放松自己？

新奇的思维不仅能帮你应对人际交流，它还能为线上和线下交流增添有趣的火花。

---

[1] 我们时常会更新话题激发者的排名，可以在 www.scienceofpeople.com/ toolbox 上查看最新榜单。

　　美国的丘比特爱网是一个拥有超过 350 万活跃用户的婚恋网站。为了寻找配对成功的模式，丘比特爱网做了大量的数据分析。据联合创始人山姆·亚甘说，男性在网上约会时开场白为"你好呀（howdy）"的约会成功率会比"嘿"或者"嗨"要高 40%。人们聊天问候，越独特越好。

　　最典型的"哈啰""嗨"和"嘿"在一对一短信场景下只能得到冷淡回复。"你好呀"、西班牙问候语"你好（hola）"，甚至"哟（yo）"的开场白评分排名会更高些。那些最受欢迎的问候，比如"进展如何？"和"最近过得怎样？"这类问题式开场白，尽管不是很正式的问候，也会有不少人用，因为这样能点燃话题的火花。

发信息问候说"你好"

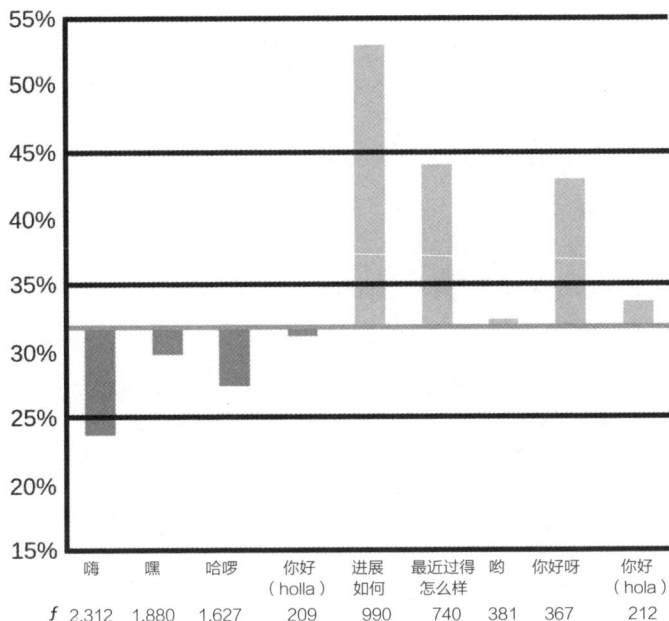

	嗨	嘿	哈啰	你好 （holla）	进展 如何	最近过得 怎么样	哟	你好呀	你好 （hola）
ƒ	2,312	1,880	1,627	209	990	740	381	367	212

ƒ= 每 10,000 条信息中出现的频率。柱形条是其获得回复的成功率，选出所含关键词频率最高的 7 个。

丘比特爱网的大数据告诉我们，别再问那些老掉牙的无聊问题了。寻找让人们兴奋的话题，提起人们的兴趣，就能创造聊天的火花。

还有一个诀窍，有时我会因为紧张而不敢说出刚想出来的话题。于是我就和周围的人说："我在练习怎么聊天，我想到了一个很好的话题，我们试着谈谈这个好吗？"只要说出这个问题就能释放出让人快乐的多巴胺了！每当我以这句话作为聊天开头，我都能得到积极的回应。对方总会前倾身子，饶有兴致地睁大眼睛，大声说："好啊！什么事这么有趣！"

步骤 2：投其所好

制造聊天高潮的其中一种方法，就是寻找对方感兴趣的话题。这种主题、兴趣或者活动能提起对方的兴趣。当你看到对方这样反应的时候，你就知道自己抓住他们感兴趣的点了：

- 点点头，好像在说"对啊"。
- 低声地发出"嗯嗯"的声音表示同意。
- 靠过来想听得更清楚。
- 回复一封比平常写得更长的邮件。
- 惊喜地大叫"哈"或"哇"。
- 跟你说"太神了""好玩"或"快告诉我"。
- 抬起眉毛，这是人们因为好奇都会做的动作。
- 说"噢噢噢噢"或者"啊哈"。
- 笑着做出更多兴致勃勃的动作。

当出现这些信号，你就知道刚才你触发了对方的兴趣，并促使多巴胺的生成。

这就是涂鸦旅行中杰夫·卡里罗·托斯卡诺在他做导游时所做的事。

在提起一个话题或讲故事的时候，他会观察他所说的是否触发了某个人的兴趣。如果是，他就去挖掘更多可以点燃的兴趣点。

你可以顺着对方的兴趣来寻找。先前谈到的丘比特爱网数据分析发现，聊天信息中包含特定的兴趣领域信息也对约会成功有所帮助。聊天若是空泛的内容那即是无聊的。你聊得越具体，就越有可能在其中找到他们感兴趣的话题。

得到回复的信息中，所含关键词热度较高的有"金属""素食主义"，还有"僵尸"。为什么都是这么具体的词呢？因为这些词很有可能触发对方的兴趣，即使没有切中，至少你们是有话可聊的。

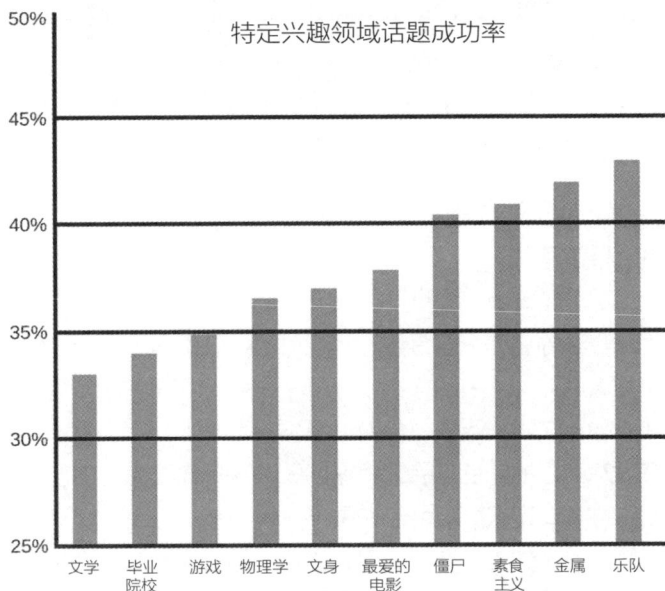

特定兴趣领域话题成功率

文学　毕业院校　游戏　物理学　文身　最爱的电影　僵尸　素食主义　金属　乐队

成功约会的用户，实际上是知道怎么去寻找感兴趣的话题。他们会去翻看对方的个人资料，猜测有什么能有效激发他们多巴胺的话题。比如"你提及的……""有品位！"或"我发现你……"都是高回复率的好词。

找寻对方兴趣点的词语

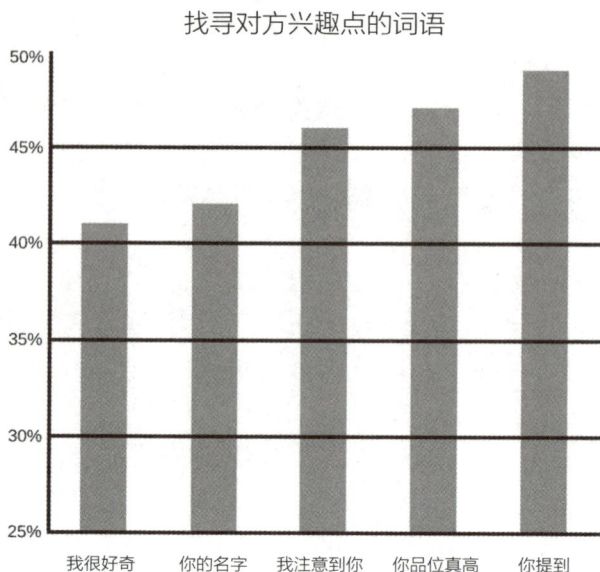

你完全可以在谈话内容中找到可能激发聊天兴趣的关键词，下述语句中即有突出的词组：

- 你曾提到你在"大哥哥青少年辅导组织"里当志愿者，你会常去做志愿者吗？
- 我看你点了阿根廷酒，你对酒很感兴趣吗？
- 我注意到你的钱包是手工编织的——这是你做的吗？
- 我对你的口音很好奇——你是本地人吗？
- 我刚刚看了你的书架上的书，你对书都有很好的品位！
- 你的名字很美，这是你的姓吗？
- 我看到你在脸书（Facebook）上发布了一些很棒的新来的狗狗的照片——你怎么会决定要养狗了呢？

当有人表情亮起来的时候，你就知道你已切中他的兴趣了。这个时候，你就可以请他继续详述这件事的背景、细节，问更深层次的问题。这不仅创造了一次绝妙的谈话，也会持续产生多巴胺，从而让双方都享受此次聊天，也能让你变得令人难忘。不管是当面交谈，还是通过电子邮件、电话，只要你找到人们的兴趣点，就能轻易地激发人们的聊天欲望。

步骤 3：唤醒人们的聊天欲

现在，你可以通过找到激发聊天的因素和投他人所好来唤醒人们交流的欲望了。

1994 年，3 名研究人员雇用演员在街上做了一次乞讨实验。他们尝试了 3 种说法：

尝试 1：你能施舍些零钱吗？
尝试 2：你能给我个 25 美分硬币吗？
尝试 3：你能施舍给我 37 美分吗？

你能猜到哪个问题得到最多回应吗？对的，面对第 3 个尝试，有最多人答应给予施舍。

尝试 1：你能施舍些零钱吗？（44% 的人答应施舍）
尝试 2：你能给我个 25 美分硬币吗？（67% 的人答应施舍）
尝试 3：你能施舍给我 37 美分吗？（75% 的人答应施舍）

研究人员发现，一些有点小特别或不按常规来的请求最能提起人们的兴趣。就像咖啡因之于大脑一样，独特的问题、出人意料的故事、不寻常的事物都能让我们保持精神集中。也可以这么说：聊天中不按寻常套路出牌，最能唤醒人们交流的欲望。

如果你打算和众人一样，那你做出来的事就会很无聊；如果你向常规靠拢，你就容易让人忘记；如果你想成为"正常人"，你会变得乏味。其实，你只要做自己就好了，因为没有人会跟你完全一样。如果你担心自己有点怪异，那就让它怪下去吧，因为总会有人恰好喜欢你的怪异特质。

说来容易做来难。保持自身那点独特是不容易的。在此之前，我在自己的网站上做了些特别的实验。比如，大多网站上的点击按键都会写"点击这里"或"在这里注册"或者"访问这个链接"。我决定反其道而行之，把引导进入的按键放在附栏当中，并写上"别点进来"。

> 别点进来

由于写了这句不寻常的话，我这一页面的点击量名列前茅。顺带一提：我给点进来看的人们回馈了一段可爱的小动物视频。

有一天，不知哪儿来的勇气，我开始研究自己是否可以在电梯演讲里添加些有趣的聊天火花，让它变得更加精彩。我之前的自我推销词是这样的：

"我是一名作家。"

这陈述很无聊，就相当于流浪汉请你随便给点施舍一样——你听了，但没听进去。于是我决定做一场自己的"乞讨施舍实验"。我想出了 3 个版本的自我介绍，分别发给不同的邮箱地址。

- 我是一个作家。
- 我专门写人的故事。
- 我是一名专业的人类行为观察者。

在接下来的几周里，当有人问到"你是做什么的？"时，我会以不同的版本回答他们。甚至他们在问我要名片的时候，我也会根据我回答的版本来提供相应名片。我统计出所派名片的数目，还统计了先前以这 3 个版本

瓦妮莎·范·爱德华兹
作家、人类行为观察者

所发出邮件的联系率。

结果如我预料。当人们听到"我是一个作家"的介绍时，没有一个人问我要名片，也没有人在会后与我联系；而"我是一名专业的人类行为观察者"却能引来会心一笑，人们也会因为这个介绍主动问我要名片。我还尝试过在名片上放些独特的图片和内容，这类型的名片总会给我带来良性反馈和更多生意。

既然聊天火花能在我身上起作用，那这一成果肯定也能复制到其他人身上。我非常喜欢电视台播出的真人秀节目《鲨鱼坦克》，节目中青年企业家通过说服 5 位被称为"鲨鱼"的投资者评委获得启动资金，让梦想成真。为了探究其中的推销模式，我们办了一场规模不小的"鲨鱼坦克实验"，深入研究了每一位参赛者的推销方式和其推销结果。

截至 2016 年 1 月，有 495 名企业家在《鲨鱼坦克》上推销了自己的生意，其中 253 名夺得了启动资金，而另外 242 名没有获得资金。这中间的区别在哪里？在逐个分析了每一位企业家及其推销演讲后，我们发现了成功者和失败者之间非常明显的差异。其中最明显的问题，是成功的选手使用了话题激发者以及投其所好的方法。那些在推销中向人们提出独特请求、做了些不一样的事情，或添加了互动环节的选手，获得启动资金的可能性更大。

大多数（63%）成功获得资金的选手都用独特的推销方式取得了成功。一些人给自己设计了吉祥物，就像甜点店"托德先生的果派工厂"那只吉祥物一样。有些寻找明星代言，就像找美剧《黑道家族》里的文森特·帕斯托代言菠菜卷广告。还有专为情侣接吻而设计的唇膏品牌 Kisstixx，他们甚至让坐在下面的投资者评委凯文·欧莱利和芭芭拉·柯克兰两人当众亲吻，来体验他们的唇膏。

　　这就是企业家选手们通过制造聊天火花将气氛推向高潮的推销方式。《鲨鱼坦克》投资者评委们每一季都听了无数场推销演讲，因此，要突出重围，选手必须唤起评委们的多巴胺分泌，让他们从千篇一律的推销内容中振奋起来，为此与众不同的事情必不可少。[1]

　　聊天火花能给任何互动增添燃料。"制造惊喜"是我爱用的一招，这样总能提起人们的兴趣。我经常派发这种附带我名片的棒棒糖，上面写着双关语"Learn how not to suck"，意为"试着别用吸的方式吃这根棒棒糖"，又意为"学着如何不逊地活着"。

当有人来办公室拜访的时候，我给他们的不是咖啡，而是热可可；展会摊位上，我在台面放着的不是薄荷糖，而是跳跳糖；在我家客人用的洗

---

[1] 在 www.scienceofpeople.com/toolbox 的电子资料里，我们总结了 10 个《鲨鱼坦克》里的推销套路，如果感兴趣可以去看看。

手间里，我放了一个《星球大战》中 R2D2 机器人造型的玩具糖果盒，还为好奇打开我家药箱的客人准备了一本书作为礼物；我送人的不是花，而是空气植物。此外，我还在我的网站里藏着复活节彩蛋链接。（一旦找到这些隐藏的链接，人们就能看到我的搞笑视频。）

请你思考一下，如何让你的生活处处充满新奇事物，这些新鲜感能为你的聊天伙伴带来无数多巴胺，让你们有一段快乐聊天时光。我说过，这需要一点点勇气，但能让你的谈话、推销、会议、派对和你的社交平台变得有点与众不同。以下是制造聊天火花的另外几个方法：

- 优化你的工作头衔。快速贷款公司有一个"杂事副总裁"，通过一点点报酬，帮你完成任何事。霍顿·米夫林·哈考特称其接待员为"第一印象主管"，因为他们就是对外的门面。

- 社交平台拒绝千篇一律。Instagram（国外的朋友圈）上不要再发无聊的食物或落日的照片了，发一些别人没看过的东西吧。比如一位新晋妈妈，同时也是摄影师的劳拉·伊祖克瓦娃在朋友圈上传她新生宝宝熟睡的照片。她趁宝宝熟睡时将宝宝装扮成不同的名人，比如《权力游戏》中的琼恩·雪诺、皮卡丘和碧昂斯。我在写这本书的时候，她已有超过 40 万粉丝，其账号在《赫芬顿邮报》、*BuzzFeed*（美国的新闻聚合网站）和 *Inside Edition*（美国电视节目）上都有报道。

- 在电子邮件中写上独特签名。电子邮件和分析软件的创始人诺亚·卡根在他所有的电子邮件中都有一个有趣的结尾："PS：为什么你还不（Y u NO）安装免费的 sumome.com 来获得更多的订阅资讯？"有目的性地拼错单词，妙用时下热点，让人看了他独特的广告就非常想点进去。

- 别再用咖啡接待客人了，用香草茶、柠檬水或蛋糕。当我入住圣地亚哥著名的高级酒店——勒奥伯奇德尔马酒店时，工作人员给我一把房间钥匙和一个纸杯蛋糕——看看人家的见面礼吧！这让我从进酒店一直到上电梯，心里都甜甜的。

● **不要再把炖菜列进聚餐菜单里了**。找一个大家都没试过的菜谱吧。美图网站品趣志（Pinterest）是一个没有止境的灵感集合地，里面有彩虹纸杯蛋糕、米酥冰激凌或者泡菜味炸薯片的做法。

● **相比送表示感谢的卡片，不如做个感谢贴纸——或感谢别针、感谢棒棒糖、感谢爆米花**。在一场专业婚礼顾问座谈会上，主办方给参与者准备了填色游戏书和彩色铅笔，人们在会议期间画的作品还能带回家。这种活动非常受欢迎，很多人会后在社交媒体上分享他们的作品，还会主动打上这个活动的话题标签。

请不要害怕，尝试讲个新笑话，或是愚蠢的故事，或是向对方询问一个不常见的问题作为聊天的"打火机"。这能让你在今晚的活动中变得更有情趣，也给别人展示才华的机会，从而留下难忘的聊天经历。

客户没有义务记住你，这应是你的责任和义务。你应该做出努力，确保让他们没办法忘记你。

——演说专家派翠西亚·傅立普

额外诀窍：说出对方的名字

你可能听说过，如果你在谈话中轻轻说出对方的名字，你的魅力值会增加。不管是你、我，还是我们每一个人，都爱听到自己的名字。

心理学家丹尼斯·卡莫迪和迈克·路易斯发现，相比听到其他人名，当听到自己名字的时候，我们大脑中额和颞上皮层会更加活跃——这也是杏仁体和海马体所在的位置。

这就是为什么涂鸦之旅的导游托斯卡诺能和他的旅行团相处得很好，

因为他很快地记住了在场所有团员的名字。

　　说到这儿，你会不会觉得记下所有人的名字很困难？不用担心。我有一套"三步记名游戏"，你可以在认识新朋友的时候使用这招。

　　1. 听见名字，重复念：你听到对方的自我介绍，请大声地把对方名字读出来作为回应，"见到你真高兴，伊莉莎！"或者"伊莉莎，这是我的同事詹娜。"这样能通过声音刺激你的记忆，让你的大脑"听见"由你发出的声音。同时，给予回应也能刺激对方分泌多巴胺。

　　2. 想想名字怎么写：读出来是给大脑听觉上的刺激，现在则是视觉上的刺激。美国加州大学洛杉矶分校的心理行为学教授加里·思茅是研究记忆力的专家。他鼓励人们，若要记住对方名字，你可以把名字在脑海里拼写出来，或是在脑海中想象出这个名字的画面。

　　3. 找到联想物：最后，把这个名字和你认识的人的名字联系起来，比如名人的名字。这样就可以把名字和你熟悉的人名绑定起来。例如，每当我认识一个马特的时候，我都会在脑海里把他的名字卡片加入"马特"卡片组里。

　　4. 额外提示：如果是一个从没见过的特别名字，你可以把它和最接近的字词联系起来。例如，我见到一个叫"赛德"（Syder，发音非常类似于苹果酒"cider"）的人，脑海里就呈现出一杯冒着气泡的苹果酒。我在认识他那晚就把他的名字记住的时候，他被我的记忆力所折服。

　　这个记忆方法需要一些练习，却是一个把记名字游戏化的好玩方法。我建议你向新朋友或同事推荐这个游戏，因为你们可以相互帮助，记住对方的名字。

　　私藏秘诀：如果你完全忘记了一个人的名字，就把他介绍给另一个朋友吧。认识一个新朋友的时候，自我介绍必不可少。比如，丈夫想拉着我去认识另一个人，他对这个人说："来让我介绍一下我妻子吧。"然而却没提及对方的名字，我就知道他应该是忘了人家的名字。我就很识相地说：

"很高兴认识你呀，请问怎么称呼你呢？"非常简单。

我能成为你的社交后盾

你是不是会担心在关键时刻想不到一些绝妙的话题？害怕在下次互动中舌头打结？你是不是希望在尴尬约会场合能有个人给你发短信？不用怕——你有我，瓦妮莎在！

任何时候只要你不知道该说什么，或是非常尴尬，假若你需要一点社交上的帮助，你都可以给我发短信，真的。[①]（当然，电信公司会扣取正常的短信费用）

- 发送"Tell me what to say"（告诉我该说什么），我就会给你一些开场白。
- 发送"Give me a pep talk"（请给我鼓励），我就会给你一句鼓励。
- 发送"Send me a joke"（给我发个笑话），我会给你发个笑话，逗你笑。
- 发送"Send me a tip"（给我一个提示），我会给你一个社交技能提示，帮助你提升。
- 附加功能：想要大冒险吗？发送"Give me a social dare"（给我一个社交大冒险），我会发给你一个超级有趣的挑战，让你看看你的极限！

找到你的聊天火花

如果你想要有次精彩绝妙的聊天体验，你完全可以主动制造聊天话题。

[①] 请在 www.scienceofpeople.com/toolbox 里找到我的联系方式。

你可以记下别人的名字，使用话题激发者，或者投他人所好来制造高潮。跳出你聊天时的惯用套路，摒弃社交套话。不再被动倾听，找到对方的兴趣，引导对方畅谈。通过制造聊天高潮来改善聊天质量。提高记忆力，真正把你的新朋友放在心上——从他们的名字到他们的爱好。不再闲聊，开始真正与人建立联系。

尝试这些挑战 ☑

01	在这周尝试一次寻找话题激发者，看它是如何颠覆你和人的互动的。	
02	试着在你的推销产品、电子邮件上签名或下次对话中添加一些迎合他人兴趣的元素。	
03	打开电视，找一个你从未看过的节目。每当一个新角色出现，试试我给你的"三步记名游戏"，这是一种低风险又悠闲的练习。	
04	额外挑战：给我发短信说"嘿"。如果你真的很勇敢，问我要一个社交大冒险吧。	

章节回顾

　　大家都不喜欢和无聊的人在一起，和他们的聊天并不享受，更别说记得他们了。想要打开双方的话匣子，创造令人难忘的联系，最好的方式就是点燃聊天的火花。那些戳中我们兴趣点、让我们保持思维敏捷、记住我们的名字的人，我们总会被他吸引。

- 摒弃社交套话，把闲聊转化为高质量聊天。
- 找到能打开话匣子的话题。
- 通过记住对方的名字、询问特别的问题、提出新奇的话题，点燃聊天的火花。

我在这章最大的收获是：_____

第四章

提亮他人优点

如何成为房间里最难忘的人

我发了一个誓，让自己沉默 7 天。不聊天、不写字、不在社交媒体上发东西、不回复邮件。

这 7 天是我最煎熬的一周，是自我反省做得最多的一周，也是最折磨心灵的一周。我在这期间都快发疯了。

这整件事源于朋友给我的一个令我震惊的忠告。这是一个非常难以接受却不乏建设性的反馈："你是一个爱打断别人说话的人。"

我吓坏了，还想弄清楚她说的意思："你的意思是……你觉得我常常在你说话时打断你？"

她很温和地说："对，还有……"——她又扔出了一个爆炸性事实——"我听说你对别人也这样。"

事实像炸弹一样"嘣"一声炸坏了我的脑袋。我感到震惊、窘迫。之后便有了一场自我探索：原来我很害怕聊天时的尴尬沉默。我很害怕一个人话音落下，无人接话的情形。为了逃避这种尴尬的沉默，我养成了打断别人说话的坏习惯。甚至，我还在别人话讲到一半的时候就开始计划应该怎么回应别人了。这种没有暂停的互动并不好——不真诚、不够尊重，并且让双方都感觉筋疲力尽。

我意识到，如果想迅速成为一个更好的倾听者，我应该放下已经冷却的话题。因此，就有了我沉默一周的誓言。2014 年 8 月 10 日，我做了一个承诺，跟我的所有读者和同事说明，这段时间我不再说话。当我不再对沉默那么恐惧的时候，我才开口说话。

但除了不说话以外，我还面临一个困难，如何在自己沉默的同时不妨碍自己听别人说话呢？于是我没有闭关在家读书，而是强迫自己参加所有日常会议、社交活动，比如像往常一样的晚餐聚会，只能听别人讲话，不能说话。照这样说来，我人必须在场，但不能去想些机智的应答、有趣的故事或及时追问，我的首要目标就是全神贯注地听他人说话。同时，我也不允许自己写东西，这样就不会强迫自己思考那些小聪明式的回答了。我手上只有4张事先做好的卡片，以供在和人互动时沟通。这4张卡片写着：

1."我承诺过我得保持沉默。我想成为一个更好的倾听者。"
2."我想多听听你的故事。"
3."我很抱歉。"
4."谢谢你不介意我的沉默。"

第一天是最难熬的。在做出承诺后的第一场社交活动里，我满头是汗、神经兮兮。人们看到我这样会吓坏吗？在这段恼人的沉默里我不能说话，能做什么？如果在社交活动里不社交，会被人赶出去吗？

这时，一位绅士走过来自我介绍，我惊慌失措。由于不能说话，我只能颤抖地掏出第一张卡片——"我承诺过我得保持沉默。我想成为一个更好的倾听者。"

看到卡片，他竟然笑了！还跟我说大学的时候他因为咽喉炎而失声，那是他最酷、也是一个疯狂至极的经历。接着他谈到几周后遇见了他的妻子，随后讲到对他孩子的种种期待，最后他要了我的名片。这期间我一句话也没说，因为我不需要，他只是想别人听他说话。

作为人类，我们渴望被倾听。在我沉默的这段时期，我学到的最重要的一件事就是，完美的谈话与你所说的无关，而与你所听到的有关。相比之前快节奏的行业会议，我在沉默期里获得了更好的商业联系。一位女士甚至在与我沉默对话的第二天给我发电子邮件说：

瓦妮莎你好！昨晚我们谈话后我想了很多。我刚报名了你的肢体语言课程，恨不得尽早开课。如果下周你有空的话，我想请你喝杯咖啡。

我真是受宠若惊了！和她谈话期间我一句话也没说，但不知何故，我们的"谈话"却能让人印象深刻，甚至给我带来商机。为什么呢？

沉默的科学

尽管不想承认，但人们确实喜欢谈论自己。事实上，我们有 30% 到 40% 的语言输出仅用于自我表露。这一数字在推特和脸书等社交媒体网站上达到了 80%。

哈佛大学的神经学家戴安娜·塔米尔（Diana Tamir）和杰森·米切尔发现，当谈论自己的时候，我们的大脑会发生一些变化。谈论自己时，中脑缘的多巴胺神经通路系统区域变得活跃起来。（关键词：多巴胺）这表明，谈论自己能让人快乐。

在一项实验中，参与者甚至愿意放弃金钱来满足自我表达的欲望。是的，人们愿意付钱来换取表达自己的特权。

这是戴尔·卡耐基名言背后的科学原理。他说："若想让他人对你感兴趣，先感兴趣于他人。"这也是为什么我的沉默如此奏效。

当你对他们感兴趣的时候，当你听别人说话的时候，当你请别人说话的时候，他们就会非常高兴。

在我发誓沉默之前，我的头脑总是在不停地想着接下来要说什么。我无法真正吸收人们说的话，因为我忙着去想诙谐的笑话、吸引人的故事和聪明的应答。这种互动真可怕：我分散了注意力，也影响了对方。神奇的是，我不说话时交到的朋友比说话时还要多，难道这意味着我们得永远在对话里保持沉默吗？当然不是。让自己对他人感兴趣只是第一步。

第一步：当你向对方询问一些能产生快乐激素多巴胺的话题，认真倾听他们的回应时，就能使人产生愉悦感。这一步就算成功了！但重要的，是下一个步骤。

第二步：你将如何看待他人对你说的话？你听他们说是为了什么？对于他们的自我表露，你该如何回应？精彩的互动绝对不是单向输出的。

重点在这里：沉默不仅让我学会如何避免打断别人，它还教会我一种新的倾听方式。

我在侃侃而谈的时候，从来学不到任何新东西。

——美国资深媒体人拉里·金

善于聆听的管理者
沉默斯隆的故事

当艾尔弗雷德·P.斯隆担任通用汽车业务的副总裁时，公司正值困境。1920 年通用汽车在美国的汽车销售中占 12% 份额，但斯隆有更大的野心。他想到解决他的行业竞争者（福特汽车）的最好方法，就是直接与经销商沟通帮助他们增长销量。斯隆开始亲自拜访每一位经销商，听取销售人员的意见。在这段时间里，斯隆的独特风格是前所未闻的——简直像个异类。正如《纽约时报》报道的那样：

"你可能会觉得奇怪，"他说，"从大西洋到太平洋，从加拿大到墨西哥，每个经销商我都亲自拜访。在这期间，我每天要拜访 5 ~ 10 家经销商。在他们工作的地方约见，在他们的办公桌前交谈。作为公司员工，向他们征求建议并接受批评。"

在与经销商见面时，斯隆并没有想着说服他们，也没有把他的想法强加于他们。他曾经说过："我更喜欢诉诸一个人的智慧，而非试图对他行使权力。"他被人们称为"沉默的斯隆",因为"当他在倾听时,他有着聋人努力听懂他人说话时的那种专注"。

1956 年以前,斯隆一直是通用汽车的掌舵人。在他任职期间,他给公司汽车技术方面带来了重大进展,包括四轮刹车、乙基汽油、曲轴箱通风和齐膝前弹簧技术。1956 年他离开通用时,通用汽车公司成为世界上最成功的企业之一,并声称拥有超过 52% 的市场份额(对他接手时的 12% 市场份额来说,这是一个飞跃)。

斯隆的朋友兼首席商业作家彼得·德鲁克并没有把斯隆的成功归功于大胆的愿景或有效的战术,而是归功于他以倾听为导向的领导风格。他是如何运用倾听的艺术的? 让我们从他的工作方式中一探究竟。

- 每周在会议上花费 6 天时间,其中 3 天是正式议程,3 天是解决日常出现的问题。
- 除了陈述会议目标,斯隆在会议中都会保持沉默。他几乎从不做笔记或说话,除非为了弄清某个问题而发问。德鲁克说,他只在会议结束后做简短的总结和感谢。
- 每次会议结束后,斯隆会挑选一名高管负责撰写一份简短的备忘录,对所述内容进行总结。下一步工作任务,以及完成工作的具体期限,以一份备忘录的形式发送给与会的每个人。

斯隆颠覆了从前大家认为的有效领导模式。1931 年,麻省理工学院开设了第一批高校领导力课程,就叫作"斯隆硕士课程"。在那以后,麻省理工斯隆管理学院于 1950 年成立了。

30 年来,沉默的斯隆一直以他所听到的来做事,而不是以他所说的做事。他全神贯注地听取有用之言,然后付出行动。我把这种做法叫作"强调"。

你通过吸取别人身上最好的东西，来展现自己最好的一面。

——美国年度最佳教育家吉恩·贝德雷

技巧 1：做一支强调他人长处的高光笔

我是一个轻度办公文具迷。我最爱时髦的钢笔、一堆小笔记本和五颜六色的便签。从我哥哥那里继承了第一支亮黄色的高光笔——说是继承，其实是从他的背包里偷来的。

它是扭转我学习成绩的神笔！那小小的亮点标记帮助我学得更快，记住更多，画出重点。良好的沟通者也在做同样的事情——他们充当对话中标记重点的角色。他们会倾听和了解谈话者的处境，记下对方说的话，然后找到需要采取行动的要点。

到目前为止，你已经设计了你的社交作战计划，运用三重攻势，并找到话题激发者点燃了话题。现在怎么办呢？现在是时候去学习倾听了，它是一门艺术——也是一门科学。你可以学习下面的做法，成为一支强调他人长处的高光笔。

秘诀 4 强调他人 的长处	通过找到他人的长处，让他们发挥最好的状态。

当你知道该听什么时，你就知道如何回应了。强调对方也是别具一格且真诚的互动练习。它不是虚假的夸奖，不是奉承，更不是拍马屁。它让你重视所听到的精华，让一段交流真正开始。

艾米丽·麦克道尔通过强调他人优点的方式说出真诚的话语，从而建立起她的事业。这项成功在所有人意料之外。2012 年，艾米丽做出了一种特别的情人节贺卡。她想帮助那些还在约会，但没确立正式恋爱关系的人。

　　因此，她用打印机打印出 100 份这样的情人节贺卡，并在 2013 年 1 月底放在手工艺品销售网站上。她称这些贺卡为"尴尬的约会贺卡"。

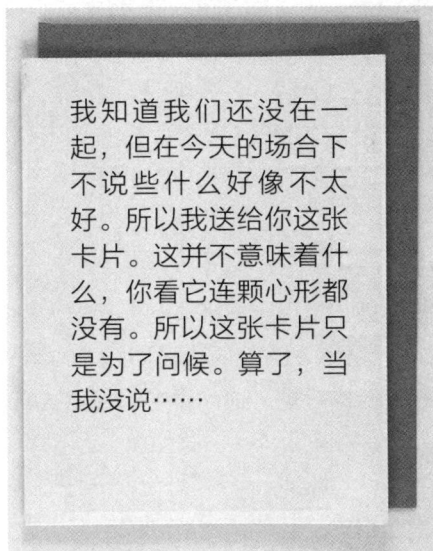

　　这就是激发话题的绝佳案例！艾米丽的卡片上那种大实话式的幽默在网络上火了起来。3 个月后，她得到了时尚品牌城市户外 96,000 张贺卡订单。于是她想出了更多态度诚恳的话语，制成海报、胸针、手提包和纸品，帮助人们强调收到礼物的人。

　　她的生日贺卡上写得足够坦率："我想起你，就像想到冰箱里还有一盒冰激凌那样开心。"

　　你可以买到写着"每日成就奖"的记事本，让朋友和同事填空，重视起最近完成的任务：

　　"谨此颁发给 _____，以表彰其完成了 _____ 这项朴素却艰巨的任务。特此嘉奖，以资鼓励。"

我从艾米丽强调他人的独特方法中得到启发。当有人递给我一张卡片，上面写着"我发现你好棒"的时候，我一整天都非常开心。后来我买下她一沓卡片发给周围的人，上面写着"我爱极了你"，还有"你一点都不逊"。

艾米丽的贺卡很有感染力，因为它们既能表达心意，又说出了真话。如果人们崇尚无趣，任何人都能成为一张空有祝福的贺曼卡片——上面写满空洞的赞美和无聊的陈词滥调。但强调他人优点给人的不仅仅是日常的赞美。就像艾米丽·麦克道尔的贺卡一样，它是对人真诚的祝愿，帮助每个人更好地表现和行动，并展现出最好、最真诚的自己。

皮格马利翁效应

有则著名的希腊神话。传说，皮格马利翁用一大块象牙雕刻了他心目中最完美的女人。雕像栩栩如生，他不禁爱上了它。没想到自己竟爱上一尊雕像，怀着窘迫和羞耻的心情，他向爱神阿佛洛狄忒祈祷。在爱神祭坛前，他默默地祝愿，希望能遇见"我心爱雕像的活化身"。

皮格马利翁回到家，在雕像上轻轻地吻了一下。神奇的事情发生了，象牙雕像的嘴唇竟是温暖的。当他再次吻它的时候，这座雕像开始活了过来。后来，皮格马利翁娶了这位他一手创造的女人。

皮格马利翁神话是关于期望的自我实现。皮格马利翁创造了一幅他想要的蓝图，于是这幅蓝图就能落地成真。换句话说，伟大的期望总会有伟大的成就。心理学家已经发现，这种想法并不是神话，他们把这一神奇的现象称为皮格马利翁效应。

当选民听说他们比同龄人"具有更高的政治活跃度"（即使这些人只是随机选择的），他们的投票率比对照组高 15%。

当捐赠者得知他们的捐赠高于平均水平（即使他们不是），他们会做出更大的贡献，成为真正高于平均水平的捐赠者。

当旅馆的服务员被告知他们正在做的是一份高强度、高燃脂的工作，结果他们在工作中燃烧了更多的卡路里。

当学生们看到由电脑发给他们的一句赞美时，这些学生在完成任务时有更好的表现——即使他们明知这些赞美之词是电脑自动发出的。

正面标签

人们喜欢被给予正面的标签。正面标签不仅能改善我们的形象，还能轻轻推动我们努力成为更好的自己。所以，正如当你在寻找聊天话题时，你猜不到对话会往哪个意想不到的方向发展，请用开放的心态，让对方也给你惊艳的机会吧。倾听他们论述中的想法，寻找方法突显他们的强项，为他们的兴奋时刻庆祝。

让我举一个《哈利·波特》分院帽的有趣例子。每学年开始的时候，霍格沃茨的新生们会被一顶懂得读心术的魔法帽分配至不同学院。魔法帽能读懂他们的思想，充分了解他们隐藏的技能。每个学院都以不同的优势而闻名，随着他们进入高年级，他们被定义的标签会变得越来越明显。斯莱特林的学生倾向于狡猾、聪明、对黑魔法感兴趣；赫奇帕奇的学生通常会从事照料型的魔法工作，比如药草学和魔法精灵的护理。不管这标签是好是坏，贴在我们身上的标签越明晰，我们就越可能让它实现。

下面是些你能用上的例子：

- "你谁都认识——你将来肯定是个人脉专家。"
- "我对你在这个机构所做的贡献感到惊讶——有你做员工是他们的福气。"
- "你在这领域里知道得真多——幸亏你在这儿帮我。"

让兴奋感成倍增长

还有另一个强调他人长处的方法，那就是庆祝他人的胜利，就像庆祝自己胜利一样。好心情在相遇时有加倍的效果，而在得不到回应的时候，快乐的感觉则会减少。

当你看到旁人感到自豪、兴奋或者充满激情时，请和他一样自豪、

兴奋或激情满满，匹配他们此刻快乐的心情，这样你就能感受到他们的
快乐。

你可以简单地说一句：

- "我真为你高兴！"
- "那一定很棒！"
- "这真是个好消息，恭喜恭喜！"

当我看到一些令人欣喜的事情，我总会抓住机会强调赞美。我和咖啡
师说他的拿铁手艺好棒。我滔滔不绝地谈论我朋友的新发型。我寄明信片
告诉人们"你是人生赢家"。是的，不信你看：

技巧 2：做一个懂得赞扬的介绍者

你知道社交场合中最容易错过机会的时刻在哪儿吗？介绍朋友的时候。
我每周都会收到这种邮件：

瓦妮莎你好，我想把戴夫介绍给你。戴夫，这就是你想认识的瓦妮莎，希望你们俩能常联系。

真无聊！我不知道他是谁，也不知道我为什么要认识他。在社交活动上、客户会议和座谈会上，诸如此类的问题比比皆是。我们几乎总是以无聊又笼统的方式向某人介绍：

瓦妮莎，来见见约翰；约翰，来见见瓦妮莎。

这就是在浪费机会！请抓住介绍这一赞扬他人的最好机会吧，即使你们只认识了几分钟，相信你也能找到一些值得称赞的东西。

- "瓦妮莎，来见见戴夫吧。他在软件行业是个大赢家，刚刚获得了一场成功的上市。"
- "乔，来看看苏，她是个优秀的画家，是我见过最有天赋的艺术家之一。"
- "柯克，让我把你介绍给安妮吧。我们刚刚相识，她正跟我讲她去南非旅行的最精彩的故事。"

你甚至也可以在介绍自己的时候这样做：

- "认识你真高兴！我听说你有一个很棒的博客，请告诉我你是怎么把它做得这么成功的。"
- "很高兴认识你，约翰的朋友就是我的朋友。他总认识许多有趣的人。"
- "很高兴和你相识！你的名片说你在肯斯烘焙店工作——我最爱吃的就是你们家的比萨！你一直都是比萨迷吗？"

为什么带有赞赏之词的介绍都如此精彩？首先，你一开始就给人贴上正面标签。其次，你为双方聊天提供了一个很好的讨论话题。最后，你给人们谈论自己的机会——他们是做什么的，他们是谁。这些都能产生快乐的多巴胺。是的，介绍语也是聊天火花的激发者。你看，这真是三赢局面呢。

技巧 3：避免戈莱姆效应

你知道皮格马利翁效应的对立面是什么吗？戈莱姆效应。

戈莱姆效应是一种低期望值效应。低期望值让我们有如期望般差劲的表现。

威尔伯恩·施兰克少校想测试一下戈莱姆效应对美国空军学院新生的影响。在美国空军学院预备学校，施兰克把不同标签随机分配给 100 名士兵。他们被赋予了 5 种编造出来的"能力水平"。美国军队都是以称谓、等级、职位说话，因此施兰克想知道这些标签对士兵们的成绩是否有影响。不出所料，从数据统计结果来看，被赋予最低能力等级标签的士兵表现最差。

戈莱姆效应会对全局造成毁灭性的影响。布莱恩·迈克纳特博士发现，在职场上，戈莱姆效应尤为普遍。想想那些偏心的老板，他们往往会这样做：

杰夫是老板。他从母校 XYZ 大学新招来了一名销售助理。他给予这名助理特殊照顾，不仅经常和她一起吃午饭，还给她最好的业务。毕竟，杰夫认为从他母校出来的人都受到了最好的教育，他希望他的校友能成功。这名助理就是从皮格马利翁效应中获益的人。杰夫希望她能做到最好，她也有机会表现得最好。其他员工看到了老板的偏袒，感觉自己被忽视了。特别是一个叫肯恩的经理，从 ABC 大学毕业，ABC 大学是 XYZ 大学的死对头。杰夫经常挖苦这位经理——当然，只是开开玩笑。老板周末邀请大家到家里看球赛，肯恩没有被邀请。杰夫取笑肯恩考不上 XYZ 大学——肯恩知道这是玩笑，但还是很受伤。

走廊里的闲聊和饮水机前的八卦影响深远。高期待不仅对新人重要，还能造就你身边已相识的人。想想看，你对你的同事都说些过什么？

强调他人是为了不断突显他人的优点。当你告诉别人他们很棒，他们就会变得更好。当你用心寻找优秀的人和事，你的感觉也会很好。

额外诀窍：让他们对你印象深刻

你可曾想过用自己的学识来惊艳四座？或是用你的经验，你的丰功伟绩？我认为，突出强调他人才是让自己给人们留下深刻印象的关键。

我的朋友特思迪·布莱姆是一个令人惊叹的"强调记号笔"。她经营着一家叫作"PyLadies"的俱乐部。这是一个由一群使用 Python 编程语言的女性程序员组成的圈子。她们每周进行多次社交和头脑风暴来解决编程问题。当特思迪和其他创始人在组建团体时，她们认为，组建一个能提供支持的有为女性团体非常重要。

特思迪想到了使用金色星星贴纸的主意，就是那种幼儿园老师给好孩子的奖励。不管多大，人们都很想得到这颗金色星星。所以在会议和活动中，特思迪会给那些贡献自己想法、帮助解决问题或纯粹表现杰出的女士奖励小星星。结果女士们都无不意外地很喜欢这种方式。得到越多奖励，她们的表现就越向获得奖励的水平靠拢。这逐渐成为一种向上发展的良性循环。

实际上你不必带着金色星星的贴纸来突出他人的优点——虽然这真是个有趣的实验。强调就是给予人们情感上的星星奖励，方式有很多，比如给他们贴上积极形象标签、最大化人们高兴的情绪、呼唤人们做出更好的行为。

给人难忘的印象并不是把你自己最好的一面表现出来，而是强调他人的表现。请不要想着给别人良好的印象，先让他们在你脑海中留下良好的印象吧。

真正倾听的技巧

我把沉默活动变为一年一度的传统。它提醒我停下来，不要打断他人，专心聆听。现在，成百上千的读者和我一起加入这安静的探索旅程，并打上话题标签"沉默的誓言"。我们退出社交软件、关闭邮箱，练习倾听。[①]

每次沉默期交流的时候，我都惊讶于有许多人对着我大喊大叫，好像我不说话的同时我的听力也会变差一样。还有，人们绞尽脑汁手舞足蹈给我打手势的时候，我也是吓坏了。沉默不代表听力有障碍。更重要的是，每次沉默期都在提醒我，倾听是让人们打开话匣子的工具，这只是第一步。真正的人与人的联系是建立在双方互动的基础上的。

我曾与一位前时装模特共进晚餐。吉纳维芙充满着魅力——她留着闪亮的赤褐色秀发，有着乳白色的皮肤、超长的美腿。吃饭的时候，她非常端庄、令人愉快、专心致志地倾听，但很少说话。当被问到一个问题时，她会笑着简短地回答问题，然后抿一口酒。当时我对这次相聚没想太多，但几周后发生的一些趣事才让我回想起这次晚餐。

记得当时我在派对上和几个朋友聊天，吉纳维芙出现了，她在附近闲逛。我转过身来，把她介绍给我的朋友——我尽我最大的努力去介绍她。虽然我们在一起度过了一个晚上，但我们没有建立太多实质性的联系。所以我就简单介绍了："各位，这位是可爱的吉纳维芙。我们在上个月 23 日

---

① 想加入沉默誓言的队伍吗？加入我们吧！当你在网站上报名后，我们会在下一次活动前提醒你。你可以在 www.scienceofpeople .com/ toolbox 注册。

一起在一家超棒的新意式餐厅共进晚餐。"

她和那群人握手，停留了几分钟，然后问我是否想再和她一起喝杯香槟。当我俩走开的时候，她有点生气。"唉！"她喊道，"我已经见过你的朋友克里斯至少十几次了。每次我见到他，他都不记得我。他有问题吗？"

这一点也不让我感到惊讶。事实是这样的：这不是克里斯的错，而是她的错。吉纳维芙没有给人们记住她的理由。成为一个出色的倾听者不仅仅是听到你所听到的，还有如何回应你所听到的。

在每一次谈话、每一次交流、每一次会议中，我们都想给人们一个记住我们的理由。吉纳维芙有着超模应有的外表和一种非常令人愉快的气质。但这不够！我忍不住把我和吉纳维芙来往的经历与我在健身房跟停车场服务员的日常互动进行了比较。

停车场服务员乔治指挥着当地健身房小停车场的交通，虽然人们整天向他抱怨，但他总是高高兴兴地向每个人打招呼，问人们同样的问题："想知道今天发生了什么趣事吗？"

他第一次问我这个问题时，我正开着车想着其他事，他的话让我从思绪中回过神来。"每日趣闻吗？"我很高兴，多巴胺给我带来精神上的一剂兴奋剂，"好啊！今天有什么趣闻呢？"

然后，他向我道出了当天的趣事——那总是一种撩人兴趣或好笑的事，比如"你知道苏格兰的国宝是什么吗？独角兽！"。

或者"你可以从猫头鹰的耳朵那里看到它的眼球"。

或者今天说的"俄罗斯领土面积比冥王星表面积还大"。

这不是最有趣的部分，你知道他从哪里来的这些有趣的事吗？我们！在他把趣事告诉我们的时候，他会问我们："你有没有什么趣事告诉我呢？"然后他就等着听别人告诉他各种各样的鲜为人知的趣闻——有些是真事，还有一些生活方面的有趣的事。他很好地运用了秘诀 3：制造聊天火花。

人们听了那些趣闻免不了会笑起来（然后用谷歌搜索一下以验真伪）。慢慢地，我悄悄地为了他而去收集趣闻，想着某一天他能选我说的那个趣闻告诉大家。

　　过去在停车场我总是有很大压力，因为车位难找。现在，我期待去停车场见到乔治。

尝试这些挑战 ☑

01	把你的同事或朋友介绍给另一个你觉得合适的人。练习给他们两个做出热烈赞扬的介绍词。	
02	谁让你印象最深？谁是你绝佳的朋友？你认识的人当中，谁是最厉害的人脉通？快去告诉他们吧。	
03	额外挑战：花一天的时间做沉默誓言，让自己成为更好的倾听者。	

章节回顾

　　让我们感觉良好的人总会被人记住，他们总会鼓励我们发现最好的自己。通过期待他人，你完全可以让互动达到想要的效果。有技巧地倾听、突出他人的优点和给予周围的人更高的期望，可以帮助你成为突出者。

- 有目的地倾听——总是寻找积极面。
- 通过给人们一个记住你的理由，来达到高水平的互动。
- 当你期望很低的时候，你得到的结果也会很低。

　　我在这章最大的收获是：_____

第五章

通过相似引发兴趣

如何让你变得讨喜

2007 年，路易斯·豪斯在比赛中名列前茅。作为一个身高 195 厘米的足球联盟的接球手和全美最佳十项全能运动员，豪斯正摩拳擦掌向美国橄榄球联盟进发。

豪斯的前程大好，可惜，一次橄榄球比赛中，他在飞扑防守时摔断了腕关节。他职业足球的梦想在摔倒在地时，也一并摔得粉碎。"当时我真的很颓废，正值 24 岁，前程无望，身无分文，只能在姐姐家的沙发上寄宿，胳膊夹着石膏，眼前只有堆积如山的信用卡欠款账单。"豪斯说道。

他不得不从头开始另谋生计，一次偶然的机会，他发现了一种与人联系的强大方式。当时是 2008 年，领英还是个只供商务人士使用的小型社交媒体网站。但身为前运动员的豪斯看到了把运动员联结在一起的机会——尽管他无法再参与比赛，他还是非常热爱体育事业的。

于是按着这个想法，他开始建立起他的人脉通信录。他一条条测试哪种类型的信息在"冷电"（译者注：冷电，联系不相识的潜在客户）上效果最好。豪斯解释他的操作："领英的一个优点在于，从收件箱里你很容易就看到发出去的信息有哪些得到了回复，哪些没有。"他发现，得到回复的信息至少提到了 3 个他与接收者的共同点。

他说："我会试着找出至少 3 件我们可以拉上关系的事——相互认识的人、共同关心的事，以及一个共同的团体，比如学校、联盟或运动队。"这些信息简短扼要。他向我解释，并用这个方法写了下面这个样本：

嘿，瓦妮莎！我叫路易斯·豪斯，我想认识你，因为我看到你也是尼克·奥肯的朋友，我和他曾在"铅笔的承诺"基金会一起合作过。我在洛杉矶，刚好看到你老家也在洛杉矶。你回来过吗？要是来洛杉矶，说不定我们可以见个面。

对于回复的信息，豪斯也制定了后续策略。他说："我告诉他们我非常热爱他们所在的领域，想向他们学习。我会非常直接地说'我的目标是跟你学习，向你看齐'。"他每次回复末尾都是些非常具体的可以回答的问题。

这种方法的效果令人惊喜，豪斯已经用这种方法一次又一次争取到了体育界大咖的联系方式，和他们一对一会面，甚至结为师徒。最精彩的一次"冷电"给他带来了和娱乐与体育节目电视网（ESPN）创始人比尔·拉斯穆森的会面机会。他回忆道："当时我只是个没有工作、没有钱的毛孩子，却能联系上比尔，还能跟他坐在一起采访他。"

一年以来，在向各界重要人士学习后，豪斯终于迎来了转折点。他意识到现在做得并不够。"走到这儿我发现，我不能只向人索取，也要懂得如何给予。但你面对着比尔·拉斯穆森，你有什么好给人家的呢？"

豪斯的通信录名单越来越长，终于他知道有什么可以回馈他人了：他的人脉网。豪斯说："我喜欢帮助别人，喜欢成为作家马尔科姆·格拉德威尔所说的'联结者'。"他问他的 VIP 客户有没有想认识的人，然后去帮他们牵线。

"我会问他们，'你现在面临的最大困难是什么？'然后找至少 3 个我认为可以帮助他的人选。"豪斯说，"我们真的会在咖啡厅里见面，打电话给客户想认识的人，然后把电话交给他们。"

豪斯自己也没意识到，他使用了三重攻势技巧，这让他魅力大增。他说："我会让对方知道自己正在认真听他们讲，只听他们讲。我看着他们的眼睛，把他们的注意力拉进对话里，全神贯注在当下的对话当中。"

到 2010 年 1 月，他的公司销售额超过 500 万美元。后来，他以 7 位数的价格卖掉了公司。现在，豪斯经营着一个倡导生活方式的博客和播客，名为"伟大的学校"，他采访了许多他的会员、专家和杰出人物，涵盖各式各样的主题。他运用人际网络资源找到最有趣、最精彩、最吸引人的采访——我应该知道，我也是这其中一员嘛！（此处插入自嘲的笑容）是的，他确实使用了上面的模板来联系我，邀请我上他的播客。

这一章会讲到一个强大的人类行为原则，解释了豪斯为什么会在社交上这么有吸引力。

相似相吸理论

一天晚上，我和几个朋友一起吃饭，有人从她的包里拿出一支百乐G-2签字笔来做笔记。我的朋友泰勒看到就问："你的百乐G-2的笔尖是不是0.7毫米的？"

对方看都不需要看就能回答："嗯，当然。"对百乐G-2签字笔来说，0.7毫米的笔芯是它唯一的卖点。

泰勒会意地笑了。"看来我们可以做朋友。"他轻描淡写地说。

我对签字笔没有研究，但按泰勒的说法，百乐G-2签字笔是最好的选择。事实上，泰勒不仅爱这支笔如命，生怕弄丢，还把它作为一种标志。他说："当我看到此人选择百乐G-2签字笔，我就知道我们会相处得很好。"

为什么一支百乐G-2签字笔能影响到朋友的选择？我们总在寻找与我们相似的人。"物以类聚，人以群分"是一句比"异性相吸"更为准确的老话。这就是所谓的相似相吸效应。它的意思是"人们容易被和自己相似的人吸引，而非相异的人"。

社会心理学家阿隆·贝尔沙伊德博士和伊莲·华斯特博士认为，我们喜欢和那些与自己相似的人待在一起，原因有很多：

- 与有共同话题和活动的人相处起来比较不费力。实验表明，相比随机配对的两人，配偶和朋友更多呈现的是相似的人格类型。
- 当自己的观点得到他人赞同时，我们对自己的立场更加自信，也不会感到孤独。
- 如果能和某人有强烈的相似联系，那就能更好地预测对方的行为、决策，让我们更有把控局面的安全感。
- 我们潜意识认为，如果双方相似，那么对方就更容易被自己吸引——爱慕能产生爱慕。

相似相吸效应也反映在社交网络上，比如脸书上的"赞"、Instagram上的"爱心"和推特上的"转推"都是人们在网上践行相似相吸理论的形式。当你给他人一个赞时，代表你对他说"我也喜欢这个"。这就是为什么我们常常沉迷于社交媒体——在社交网络上能找到很多和自己相似的人和相互喜欢的人。

也许你没有意识到这一点，我们常常会想着法子去感受或思考那些与我们同类的事物，寻找说出"我也一样"的快乐。在理想的约会中，你会听到很多类似的话：

- 哇！你喜欢看《女子监狱》？我最近也沉迷其中啊！
- 你也主张无麸质饮食？看来我们是同党！
- 噢！我也好喜欢泰国，说不定我们什么时候同时都身在泰国呢！
- 不会吧，我也是旧金山 49 人队的忠实粉丝呢！
- 你喜欢攀岩？我也是！

人们喜欢找机会寻求与自己相似的人与事，说明了差异不利于人们的相互联结。我常见人们无意中犯的最大错误，就是在试图寻找联结时强调了差异。每当你说出了任何版本的"我不一样"时，你就从一开始阻碍了你与他的联系。"我不一样"就如同以下类似的话：

- 你知道，我其实没有很喜欢《女子监狱》这部剧，我觉得它有点无聊。
- 你是无麸质主义者？你不觉得这只是人们在盲目跟风吗？
- 我不是旅游爱好者啦。
- 运动吗？算了吧谢谢，我宁愿在家看书或者看新闻。
- 你喜欢攀岩？哎呀不要！我恐高。

这类意味着"我和你不一样"的否定回答，往往会把人之间的距离拉远，同时也终结了一场对话。这样说来，难道就得盲目地同意所有人的观点？肯定不是的！只不过，你也有责任主动寻找你和他之间真正的共同语言和兴趣。

在社交网络上看到别人发与你无关的信息，你会很快地把信息划过去。我相信你不会专门自讨没趣地在下面评论"关我什么事"，你的一言一行总会暴露你的态度。所以，如果对方提及自己是私立学校的学生，你可不要说："啊！我很讨厌那些私立学校的有钱小孩。我可是优良的公立学校出身。"而是默默记下来，重新寻找你们的共同之处。你可以说"有意思！你爱运动吗"，或者"哇，我不太了解私立学校，跟我多说点吧"。

请不要往"我和你不一样"的社交陷阱走；相反，请多多寻找机会跟别人说"我也是"。

寻找机会说"我也是"

我的朋友阿隆·弗莱曼在体育赛事中为慈善机构出售彩票，他给我发了个有趣的问题：

嘿，瓦妮莎！我想知道你能不能用人类行为知识帮我解决一个问题？最近我一直在思考：我在会场卖彩票的时候，经常为了显得更专业而穿西装。但最近我觉得应该穿有他们球队颜色的衣服——也许可以改一改领带的颜色。你知道这里面有什么科学解释吗？如果你觉得我这点子可行，麻烦跟我说一声。

祝好，阿隆

阿隆的直觉完全正确。人们喜欢同类。还有一项研究发现，我们更愿意帮助穿得跟自己类似的人。穿休闲装的人更有可能在穿西装和穿休闲装的人之中，帮助穿休闲装那位。这是反直觉的：人们会认为穿西装能得到更多帮助，其实不是。

我建议阿隆不仅穿球队的颜色，还要穿成目标客户的样子——牛仔裤、球衣、运动鞋、帽子。你猜怎么着？自他换上这些衣服，他的彩票马上卖得更好了。阿隆就在践行相似相吸理论，将之应用到生意上。

我们不只是对外貌相似的人有好感，我们也会被观念相似的人吸引。

美国有档真人秀节目叫作《你是那个他吗？》，十男十女待在一个别墅中寻找自己的理想伴侣。这场配对有一个特别的地方，每个人都要做一系列由"爱情专家"设计的人格测试，测试结果将告诉他们谁是最适合自己的理想伴侣。而每个人的目标就是在这群人里找到自己的"理想伴侣"。

在第 3 季中，两个单身男女，康纳·史密斯和凯拉·布拉克特相互试探对方和自己的共同点。下面就是对话的内容（请注意他们不断寻找相似处的地方）：

凯拉：我想找一个与家人关系亲近的男人。
康纳：我是个标准妈宝男。但是你能抓住别人的注意力吗？
凯拉：开玩笑，这就是我风格啊。我喜欢让男人乖乖听我的话，这就是我的风格。

康纳：哈哈，我想知道的就是这个。

凯拉：我想找一个又高又强壮的人，因为我需要被保护的感觉。（康纳身高超过 195 厘米，自称温暖巨人）

康纳：我总是想睡在离门最近的那一边。

凯拉：哦，太好了，我喜欢靠近墙！

总结：你很像我。我爱你所爱。我喜欢你。

在不涉及爱情的领域里，我们也会做出康纳和凯拉的行为。在寻求潜在客户合作的时候，我们会寻找共同利益和工作方式；在结识新朋友的时候，我们会比较彼此的音乐品位和周末活动；我们甚至会和排在前面的陌生人寻找共同点——在这漫长的排队时光里我们同病相怜。

秘诀 5 线索理论	寻找与对方相似的线索，变得更有吸引力。

每段人际互动理应都是为了寻找共同点，每条相似的线索都会让双方拥有更多联结。掌握了越多与对方相似的线索，你的社交能力就越强。下面就是通过线索理论建立联结的方法：

步骤 1：寻找相似的线索

线索理论是开启任何对话的终极工具。无论你在打推销电话，还是给新联系人发送邮件，或与人首次见面，线索理论都能帮你顺利打开对话的大门。

想象一下，我们每个人都在世界上徘徊，手上拿着一个线团。线团上有着我们各自的思维、想法和观点。人们以为自己能把想法组织得很好，但现实中这些想法都是混乱的一团——在刚进入社交活动时更加混乱。我们可能会想着待办事项、停车场的按时计费、晚餐吃什么、房间里有位帅哥、今天脖子疼、脱下的外套该放哪里——你懂我的意思。所以，我们都带着一团混乱的思绪在活动场所游荡。

线索理论是一个非常简单的方法，让你打开会话，并且不愁没东西聊。当你第一次开始互动的时候，我想让你梳理一下你们分享过的想法。分享的相似线索越多，你们之间能说的就越多，你也能变得更讨人喜欢。

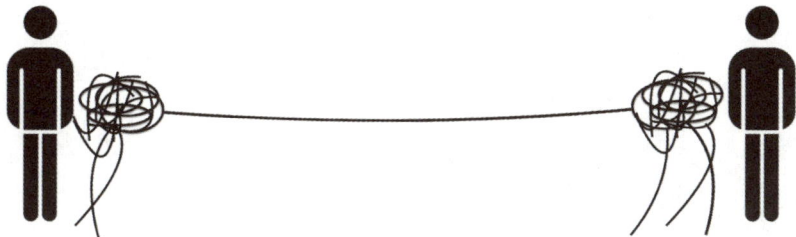

在任何时候，你都可以从以下 3 个主要类别中找到和对方的共同点：

- **都认识的人**：相互认识的人是找到相似线索的最好方法。你可以通过寻找共同的朋友来开启话题。

● 背景：担心没有相似点？想想你们俩为何都出现在这里。也许都在领英或都参加过某次会议。你只需要问这相关的东西，就能让对话的雪球越滚越大。

● 相同兴趣：若能找到相同兴趣，那就找到最佳线索了。因为在这条线索里，你们都对这个话题颇有研究，熟知这一领域的许多故事和有趣的谈资。

下面是几类话题的开场白，帮你找到对应的相似线索：

类别	话题开始语	可能的线索
人	你是怎么认识主人的？	你在＿＿＿地方工作，你认识＿＿＿吗？
	我看到我们俩是因为＿＿＿而能在这里相聚。	你在＿＿＿地方读书，你认识＿＿＿吗？
	我看见你在和＿＿＿说话，你们认识很久了吗？	你是新郎或新娘的朋友 / 室友 / 员工 / 老板吗？
背景	你加入这个圈子有多久了？	你会经常参加类似活动吗？
	场地挺好的，对吧？	你之前来过这个研讨会 / 餐厅 / 活动吗？
	你在这里住了多久了？	我看到你在领英的＿＿＿群里呢！
兴趣	好喜欢你的钢笔 / 钥匙链 / 汽车保险杠 / 贴纸 / 衬衫 / 帽子。我也是＿＿＿迷哦。	你是什么时候开始迷上这些东西的？
	我是＿＿＿的成员，你进入这个爱好领域有多久了？	这周末可有什么计划？
	我看到你也学习 / 参加了＿＿＿。	你不觉得那个主持人 / 演讲 / 抽奖活动很精彩吗？

　　这些问题可以在集体环境和新结识朋友的时候，甚至是发邮件或推销时使用。每当你发现一个共同的线索，它就能把你们俩联系在一起。

我们在同一个社群

我们都认识珍妮

　　你可能发现上述某些问题也是点燃聊天的"打火机"——这可不是巧合。只要你有技巧地提问、听取、回应时认真专注，简单的问题就能把你们引入到令人兴奋的话题里去。

　　如果你的提问并没有带来相似线索，没有关系。如果有人回应"哦，我不认识她"或"不，以前从没来过这里"，也不用灰心！用它作为另一个话题的开场。你可以说："这学校真大。我想她从前在这儿学的是政治。你学的是什么呢？""我也没来过！你在这儿有没有比较中意的小酒馆？"你听到的每个答案都可以进一步了解他们，也可以让交谈更进一步。不要让找不到相似线索这件事变成你的烦恼，应该让它成为你继续前进的垫脚石。

　　你也可以留意他们身上一些实体的相似性。比如你见到南加州大学的钥匙扣，你可以说："特洛伊人队，上！"（译者注：特洛伊人队是著名的南加大的排球队）如果有人开着你喜欢的车，你可以评论："我也考虑买这部车，你觉得这车怎样？"甚至可以简单地看某人在喝什么："这里的红酒不错吧？"

　　要知道，聊天从来没那么容易过。

小事实盒子

推特上的投票，83% 的人都觉得对自己该说什么想太多了——也许这节内容能给你一点帮助！

Vanessa Van Edwards
@vvanedwards

投票：我经常会过度思考我想说的话。

83% 是

17% 否

129 个有效投票

步骤 2：紧跟相似的线索

线索理论不是简单找到相似点，而是深挖它们。一旦你找到了一个相似线索，你就可以紧紧抓住它，让它变得越来越牢靠。

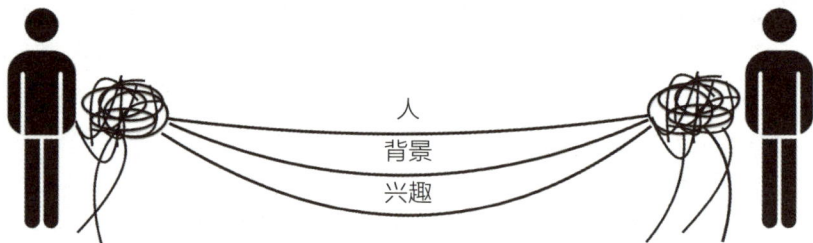

人
背景
兴趣

怎样才算抓住了一条相似线索呢？这很容易，去问"为什么"。

1937 年，日本发明家丰田喜一郎创立了丰田汽车公司。他还以创新管理技术而闻名，其中一个叫"5 问法"。

丰田员工用 5 问法来解决问题，挖掘问题的本质。这种技术现在被应用于各个行业，以快速有效地找到问题的根本原因和解决方案。你可以用

5 问法来查明为什么同事在一个项目上出现拖延。

　　1．为什么项目进程出现拖延？因为我总不能及时找到问题的答案。

　　2．为什么不能及时找到答案？因为当问题出现时，我不知道和谁反映这件事。

　　3．为什么不知道和谁反映？因为我没有和那个部门合作的经验。

　　4．为什么不知道谁是负责人？因为我做的工作通常要经过经理同意。

　　5．为什么要经过经理同意？因为跨部门合作只能通过经理来沟通，这就构成了项目快速推进的瓶颈。（根本原因）

　　当然，在日常的谈话中，你不能老是问别人为什么，但如果你带着 5 问法的观念与人交谈，你就能把对话挖掘更深，发展更快。

　　当你发现一种共性时，不要让它轻易过去，要问对方为什么如此重视这件事；当你俩碰见一个共同点时，不要跳到下一个话题，而是更进一步，找出这是如何开始的；如果你听到了他和你一样的爱好，不要让这个话题没有得到评论就被晾在一边，你可以再深挖一点。

　　比如，通过线索理论，你发现对方也是一位创业家，如果你能抓住这条线索，你们就能进入更深一层的互动关系。

　　你：为什么决定要创业呢？

　　对方：我一直想开创自己的事业。

　　你：有意思！为什么这件事会这么吸引你？

　　对方：我希望自己的工作时间灵活自由，而跟着老板打工是不可能实现的。

　　你：我也有同感！为什么你那么重视自由呢？

　　对方：噢，我喜欢旅行，所以我希望工作不受时间和地点束缚。

　　你：太好了，我也是个旅行爱好者，我刚从智利回来！你为什么喜欢旅游？

对方：我也很想去智利！你知道的，我很喜欢旅行，因为离开舒适区，向世界各地的人学习，这是非常重要的。

你：你说得太对了。我认识的那些有趣的人都是在旅途上遇见的。为什么你认为离开舒适区如此重要？

对方：嗯，这个问题问得好。我想因为真正的幸福源于多尝试、多开眼界、多体验。你呢？你认为快乐从何而来？

这是一个综合版的对话案例。当你挖掘更多"为什么"的时候，就能发生类似这样内涵丰富、深入的对话了。一句"为什么"可以把你带离闲聊状态，去探索各种动机、梦想和爱好。而每次询问都能帮你找到更多线索。

通过这种方式，线索理论确保你永远不会没有话聊，你也不必担心无话可说。你只用寻找共性，然后跟随相似线索去问"为什么"。

小事实盒子

有 1049 名参与者告诉我们他们与谁最难沟通。你可以看到，我们身边都有一个难以交流的人，结果就在这儿！你可以和他们使用线索理论来让沟通变得顺畅。谁是和你难以沟通的人？你会用什么方法来和他找到联结？

我和_____比较难以沟通（可多选）：

1049 个答复中

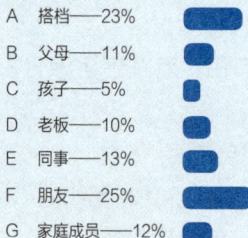

A 搭档——23%

B 父母——11%

C 孩子——5%

D 老板——10%

E 同事——13%

F 朋友——25%

G 家庭成员——12%

步骤 3：建立联结

　　线索理论的最后一步是可选的，并且只用于特殊角色间的互动。当你们之间聊得来，并且擦出了火花，你可以让你们的关系再更深一层，运用线索理论把你们绑得更紧。让我们看看路易斯·豪斯是怎么做到的。

　　在他寻找共性并跟踪已发现的相似线索之后，他问人们需要什么帮助，以及他能提供什么帮助。换言之，他将人们的需求和自己的能力联系起来。当你可以说出"你有问题，我能帮你解决"时，你就建立了终极的具有相似性的联结。

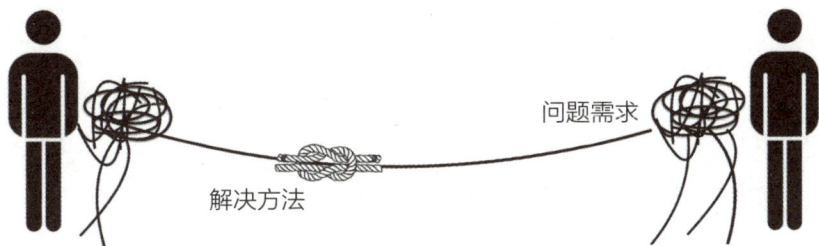

问题需求

解决方法

　　每当你提供帮助、支持和建议时，你就会与某人建立更深的联系，并形成长久的相似性联结。

　　大多数时候，帮他人解决问题的机会总是自然出现的。通常是你听到某人需要帮忙，而你恰好能帮上忙。下面就是生活中一些事例：

- 你刚来，我可以给你介绍我最喜欢的当地菜馆。
- 我知道有个人涉足这行业——你可以在领英上联系我，我帮你介绍。
- 我经常能得到多出来的比赛门票，下次有票，我就跟你说一声？
- 听起来这真是一个问题。我帮你提出咨询申请吧，看看我的公司能不能帮上忙。

● 是啊，成为素食主义者不容易，我有些菜谱可以发给你看看。

如果在谈话中确实没有什么好聊的，你也可以在结尾给双方建立联结的机会。我通常用这个问题结束我的大部分聊天：

有什么需要帮忙的吗？

这是我最喜欢的线索理论问题。它不仅给我创造与人联结的机会，而且我还能从他们口中知道更多东西。这是一个屡试不爽的小技巧。

事实上，线索理论的每一步都是以他人为导向的，它帮助人们整理自己的想法。例如，和朋友走 5 问法流程，能帮助他搞清工作上的问题。抓住和伴侣的相似线索，能解决掉周末一起去哪儿的问题。

请记住：线索理论的第 3 个步骤是可选的，当你真的有办法解决对方的问题时才能用它。不要提供你无法给予的帮助。

不要夸下海口，只与那些你真心想要建立关系的人建立联系。

额外诀窍：我不懂，教教我！

如果你找不到相似线索怎么办？如果你根本没有机会说"我也是"怎么办？

豪斯经常在他的播客上采访商业或生活新领域的专家，当他说不出"我也是"的时候，他会说："教教我。"这不仅给他的听众带来了精彩绝伦的内容，同时和这些专家建立了深厚的联系。如果有人提到你不知道或不熟悉的东西，那就向他征询更多相关知识。"教教我"也是一条重要的线索！

这里有一些方法可以让请教他人升级为一条线索：

● 我没听说过这本书——它写了些什么？

- 这个职业听起来很有趣——我之前没见过从事这一行的人。跟我介绍一下吧!
- 其实我还没出过国,但我很想日后多出去旅游。你可给我这个新手一些圈内人士的见解吗?

因此,"我也是"和"教教我"是两个最有效然而最容易被忽略的两个短语。一有机会,就抓紧去用吧!

尝试这些挑战 ☑

01	下次与人交流,请试着在前 3 分钟找到你们的 3 个共同点。	
02	练习 5 次以上询问"为什么",看看是否学到了新东西。	
03	问问你的同事是否有需要帮忙的地方,借此机会建立联系。	

章节回顾

你和别人的共同点越多，你就变得越讨喜。我们喜欢和我们相像的人。线索理论仅仅通过寻找共有的兴趣，询问为什么，然后提供帮助来提升个人吸引力，这是一个非常简单的方法。请时刻抓住机会说出任何形式的"我也是"。

- 不要踌躇于自己该说什么，寻找双方相似点就对了。
- 通过5问法来进入更深层关系。
- 通过帮助他人解决问题，建立牢固关系。

我在这个章节里最大的收获是：＿＿＿＿＿＿＿＿

Part
2

最初 5 小时

麦克·克鲁兹博士刚上任为曼哈顿地区基督教医院的负责人。他个性固执，直来直往，还有点严厉。

为了把所有医院改造成本地重点急救中心，他需要上下员工齐心协力。但由于动摇了原有医疗机构体系和行事规章，这已然掀起一场与老牌医护人员的全面斗争。

最后，一位对他心怀同情的护士佐伊走进他的办公室，带着一本粉红色笔记本。

"这有点像通行证，"她解释道，"上面是通往你手下人员的指引地图。"

克鲁兹博士有点怀疑，护士继续道："这里有他们的生日、纪念日、让他们难过的事和让他们开心的事。当抢救失败，有谁会痛哭流泪，有谁人前戏谑而人后流泪。这些都是你应该了解的事情。"

克鲁兹博士将信将疑地翻阅着这本笔记，最后他问道："为什么要给我这个？"

佐伊再次解释："你希望我们能做好我们的工作。我们也期望你能做好你的工作。"

这一幕出现在《护士当家》第 4 季第 10 集《处理你的丑闻》。在本书第 2 部分，你会得到一份类似佐伊护士给克鲁兹的指南——破译、理解和预测人们的行为。佐伊称为解读人类行为的通行证，而我将之称为"矩阵"。这部分能帮你解决诸如以下问题：

- 如何快速阅人？
- 如何预测某人的行为？
- 如何预防误解？

第 1 部分教你把握前 5 分钟的人际互动，这部分则教你让你和他人的关系走得更远。如何争取第 2 次约会？如何把握第 2 次面试？怎样在下次见面时建立更深层的联系？这部分能帮助你在人际互动的前 5 小时进行人际关系的探索。

第六章

微表情的奥秘

如何发现隐藏的情绪

我来跟你讲个悲伤的故事——别担心，它的结局是好的。

在 20 世纪 70 年代，有一位 42 岁的家庭主妇正受中年危机的困扰。为了保护她的身份，我们暂且叫她玛丽。在她快要过 40 岁生日的时候，玛丽发现自己大部分时候都是孤独的：她的孩子们长大都搬出去住了，丈夫忙于工作无暇顾及她。她晚上睡不着觉，白天越来越难以管理家务事。她整日以泪洗面，抱怨自己是个 "毫无用处的人"，最后甚至考虑自杀。

好在玛丽知道她需要帮助，她在家人的帮助下进入一家医院治疗，前 3 周的治疗效果良好——小组治疗搭配药物治疗的方式很成功。在与精神病医生的一次拍摄对谈中，玛丽坚持说她感觉好多了。考虑到她改善了心情，玛丽问，她可不可以在这周末去看看家人？在与咨询团队讨论研究过后，她的医生得出了初步结论：玛丽的病情有所改善。

幸运的是，玛丽在退房前跑过来澄清。她向医生坦白，她在接受采访时撒了谎，在小组治疗时也假装配合。事实上她仍然极度抑郁。在即将到来的周末，她打算做些极端的事来逃避住院。她此次的坦白让她的治疗有了真正的转机。经过几个月的治疗——其间有几次复发——玛丽和家人过上了正常的生活。

尽管这是个圆满结局，但玛丽假装配合治疗的事件让医疗团队感到恐慌。她是如何骗过医院里这么多医生和病友的？医院工作人员回放了玛丽的治疗采访录像——他们是否错过了什么？事实上，医疗欺骗是一个令人担忧的问题——病人经常对他们的医生撒谎，心理医生则担心被患者欺骗，他们隐藏了自己，也隐藏了真实的健康需求。

在许多经验丰富的心理学专家对玛丽的录像研究无果后，医疗团队决定从别处寻找帮助。他们找到了保罗·艾克曼博士，他曾在患者身上做过人体测谎实验。

艾克曼博士和他的团队花了几百小时回顾玛丽的镜头，但直到他把视频播放速度放慢以后，线索才开始浮出水面。当医生问玛丽周末的计划时，你能发现玛丽脸上浮现了一种害怕的情绪，而她这一情绪的发现需要一点技巧。

"我们在玛丽面部表情慢动作中看到转瞬即逝的一丝绝望，如此迅速，以致我们在最初几次看视频的时候都错过了。"艾克曼博士解释道。

这一闪而过的悲伤是艾克曼团队的重大突破。他们开始重新检查视频，寻找这些微动作。几轮之后，他们就发现这些动作的一致性——它们总在撒谎之前，并被虚假的微笑所掩盖。艾克曼博士将这些一闪而过的面部表情称为"微表情"。

天才身上只是多了一种超乎常人的观察力。

——艺术大师约翰·拉斯金

脸部表情的科学

医生们曾认为婴儿是通过模仿父母的宠爱的表情而学会微笑的。这只是缺乏证据的说法。

先天失明的婴儿和其他婴儿一样，也可以做出相同的表情，尽管他们从没见过别人的脸。我们本能做出特定的表情，这源于自然，而非后天培养。微表情是人类先天具备的普遍行为。

艾克曼博士对这个想法很感兴趣，于是他在新几内亚的一个偏远地区进行了一系列的研究。他带去美国人不同表情的照片——从微笑到愁眉苦脸、皱眉等。他拜访的这个部落跟西方世界几乎是隔绝的，当地的人们没看过电影，也没看过电视。

在一名翻译的帮助下，艾克曼博士邀请这些新几内亚人评价美国人的面部表情，并猜测在这些表情背后每张照片里的美国人在想什么。他惊讶地发现这些新几内亚人的猜测非常准确。他们甚至可以反过来进行实验。当艾克曼说出一种情感，他们能迅速做出这种情感的面部表情。

在世界各地重复这个实验以后，艾克曼博士已能够识别出 7 种通用的微表情。

微表情：名词。人类在感受到强烈情感时表现出的一种短暂的、不由自主的面部表情。

我们都会做出这些表情，无论文化、性别和种族。这就是为什么阅读微表情是非常有价值的社交技巧。因为每个人会通过 7 种面部表情泄露内心的情绪，我们可以发现、研究，并解码它们。

如何解码面部表情

当我的丈夫在娱乐与体育节目电视网上看《周一橄榄球之夜》时，我一直等着电视台每周一播出的《单身女郎》。其实，这只是一档爆米花节目，但我坚持要看。因为"观察人类行为是我的工作"。

其中一季里，单身女郎艾米丽·梅纳德遇到了来自亚利桑那州的一名赛车手阿里·鲁伊德尔·Jr。在这季结尾，一共有 25 名男士争夺艾米丽的心，并向她求婚。赛车手阿里个子高，笑容灿烂，有着一双蓝眼睛，是最有潜力走到最后的选手。但有一个问题：艾米丽的前未婚夫也是一名赛车手，却在比赛途中不幸身亡。阿里的职业生涯是否和艾米丽的未婚夫背景太过相似？

在坦白之夜，阿里和艾米丽坐在一起，他准备告诉艾米丽一些事。艾米丽娴静地笑着，等着阿里说出如炸弹一般的消息。下面是他们口头交流的重述整理：

说话者	对话内容
阿里	我必须跟你承认，有件事情让我担心。
艾米丽	告诉我吧。
阿里	我是一名赛车手……所以我不知道你是否了解这一点。但我从 14 岁的时候就开始赛车生涯了，对于这点，你能接受吗？
艾米丽	当然可以，完全可以。我喜欢竞技，喜欢待在赛道上的感觉，在比赛场上我有好多美好的回忆。赛车是我人生中的一部分，也是我唯一了解的运动。
阿里	那太好了。
艾米丽	我对赛车了如指掌。我能跟你谈比赛，也可以谈车子。

到这里，大家都松了一口气。结果很棒对不对？其实不是。它虽然听起来是个好消息，但看起来却非常糟糕。

这是一段 22 秒的对话视频。艾米丽的面部表情呈现给我们一个完全不同的故事版本。那就是在语言背后的非语言信息：

说话者	对话内容	艾米丽的非语言表达
阿里	我必须跟你承认，有件事情让我担心。	
艾米丽	告诉我吧。	快乐的微表情。
阿里	我是一名赛车手……所以我不知道你是否了解这一点。但我从 14 岁的时候就开始赛车生涯了，对于这点，你能接受吗？	悲伤的微表情。恐惧的微表情。

续表

艾米丽	当然可以，完全可以。我喜欢竞技，喜欢待在赛道上的感觉，在比赛场上我有好多美好的回忆。赛车是我人生中的一部分，也是我唯一了解的运动。	一直在摇头表达"不行"，声音变小，鄙视的微表情。
阿里	那太好了。	摸着头发。
艾米丽	我对赛车了如指掌。我能跟你谈比赛，也可以谈车子。	鄙视的微表情。

在这次互动中，艾米丽展示了 3 个重要的微表情：悲伤、恐惧和鄙视。这些信息非常关键，因为它们表达出来的信息和艾米丽说的话有所偏差。尽管她说她很好，但她的真实情感却在脸上暴露出来了。

艾米丽最后没有选择阿里，他最终在二强环节被淘汰。任何能读懂微表情的人都不会对阿里的结局感到惊讶，他的工作就是硬伤。只需要看看艾米丽的面部表情——这或许能挽救阿里。如果能注意到她隐藏的情绪，并安抚她的担心和恐惧，阿里还有一丝希望。可惜的是，他错过了这些非语言线索。

我把识别面部微表情的行为叫作"解码"。

秘诀 6 解码 微表情	识别互动中的 7 种微表情，发现隐藏的真相。

解码是为了寻找语言背后的真实情感意图。它所要求的"认真倾听"不仅包括听到的，还包括看到的。

首先，我们来看看如何使用技巧来解码表情：

- **表情 – 语言一致性**：看看别人从口中说出的情绪是否与他们脸上看上去的情绪相符。如果你的客户说他很高兴见到你，他应该有一个快乐的微表情。如果你的妻子说她"很好"，但有一个愤怒的微表情，她可能并不是"很好"。

- **增进交流**：人们在交谈时会有微表情，在倾听时也会有。面部表情的开关永远不会"关闭"。这是一个很重要的问题，对某人面部的持续关注也会让你同时使用前文提到的秘诀 2——通过眼神交流实现互动的三重攻势。如果你觉得你的平均目光接触率低于 60%，那么去阅读对方的微表情是一种简单的获得更多眼神凝视的方式。

- **把握速度**：微表情通常在一秒内迅速发生。任何超过一秒的表情都只是普通的面部表情。为什么知道这点很重要？因为微表情（不到一秒）难以被控制，所以它们对情绪是诚实的。而普通面部表情（超过一秒）可以伪造，因此不能反映真实情绪。你要抓住那些一闪而过的面部反应，这样就能获得最准确的解读。

步骤 1：发现

根据艾克曼博士的说法，当你和某人说话的时候，有 7 种反应值得注意：[①]

愤怒

当我们对他人感到不悦或对某一情况感到不满时，就会表现出愤怒的迹象。

愤怒微表情的标志是：

---

① 你可以在我们网站上的附加电子资料里，查看所有微表情视频。

- 眉毛压低并且凑在一起。
- 眉间有皱纹。
- 下眼睑绷紧。
- 收紧嘴唇——要么紧紧贴在一起，要么准备大喊大叫。

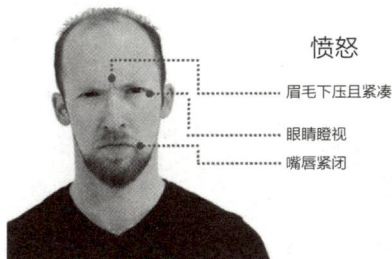

愤怒

眉毛下压且紧凑

眼睛瞪视

嘴唇紧闭

你通常会在以下情况看到愤怒的微表情：

- 对峙之时。
- 告诉对方坏消息时。
- 在争吵或打架之前。
- 照片中的微表情提醒：当人们眯着眼睛盯着太阳时也会有此微表情，或当对方不喜欢对着镜头时，照片会抓拍到这样的微表情。

鄙视

鄙视 —— 一种轻蔑、不屑和不敬的表情。它是一种相当强烈与复杂的情感，而它的面部表情极为简单。鄙视通常被称为"假笑"，因为鄙视通常表现为一边嘴角上扬。

鄙视微表情很有趣：它很容易被混淆。我们在附加电子资料里提供了微表情测试，你可以在 www.scienceofpeople.com/ toolbox 上找到测试题。有超过22,000 人做了这一测试，而鄙视这一表情是最多人做错的。在所有微表情里，有 40% 的人栽在这一表情测试上（其次是"恐惧"，有 35% 的人判断错误）。

鄙视之所以容易被混淆，是因为我们把这一假笑视为微笑或是无聊的表达，但这与事实相去甚远。鄙视暗示着很大程度的厌恶和蔑视。当我们觉得某人或某事不值得我们注意时，我们常常表现出鄙视的表情。

鄙视微表情的标志是：

● 单侧脸颊提升。
● 左或右嘴角上提。

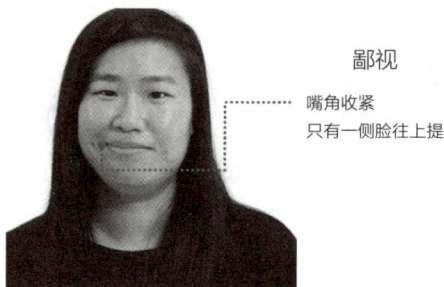

鄙视

嘴角收紧
只有一侧脸往上提

你通常会在以下情况看到鄙视的微表情：

● 当自己的观点或做法被否定的时候。
● 当人们听到或遇到他们不喜欢的事情时。
● 在争执当中或被打压之后。
● 照片中的微表情提醒：在人像抓拍中，鄙视会被人误解为微笑的一种。

快乐

我们在第一章中已经学习了快乐的微表情。真正的快乐会有上颊肌肉的上提，专业领域称为眼轮匝肌和颧肌。当你看到眼睛周围出现可爱的鱼尾纹时，那就是一个真正的微笑。

快乐微表情的标志是：

● 两边嘴角同等程度上提。
● 有可能嘴巴张开露出牙齿。
● 上颊肌肉牵动面部。
● 眼角两侧出现皱纹。

你通常会在以下情况看到快乐的微表情：

● 庆祝的时候。
● 被告知好消息的时候。
● 正处在愉快或积极的体验当中的时候。

真快乐与假快乐

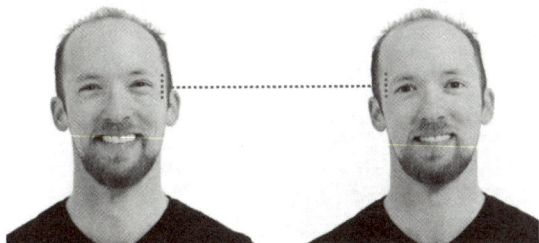

那些伪装出来的快乐，通常发生在：

● 有人试图掩盖真实感情时。
● 疲惫倦怠但仍要表现得积极向上时。
● 照片中的微表情提醒：当人们在拍照中想表现得很放松时，会出现
　这个表情。

恐惧

当人们感到害怕的时候，我们的身体进入"战斗或逃跑"状态。恐惧的表情能帮我们准确识别四周威胁并快速做出反应。一旦我们感到害怕，我们的眼睛就会睁大，眉毛抬升——这样我们就可以把更多环境纳入观察的视线，以识别更多的威胁和寻找可行的逃离路线。然后，我们张开嘴巴进行呼吸——为了吸入更多氧气，以备逃跑或大声喊救命。

恐惧微表情的标志是：

- 睁大眼睛。
- 抬起上眼睑。
- 眉毛上抬，出现抬头纹。
- 嘴巴轻微张开。

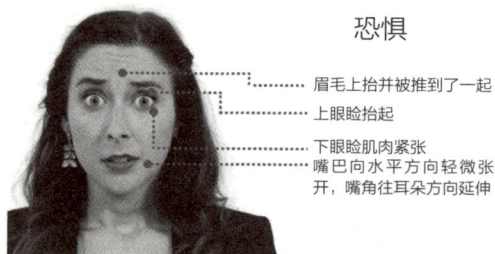

恐惧

眉毛上抬并被推到了一起
上眼睑抬起
下眼睑肌肉紧张
嘴巴向水平方向轻微张开，嘴角往耳朵方向延伸

你通常会在以下情况看到恐惧的微表情：

- 在危险的情况下。
- 当你给某人难以吸收的信息时。
- 在一个未知或令人不解的互动中。
- 照片中的微表情提醒：当人们被闪光灯吓到或因拍照而感到紧张时，会出现这种表情。

惊讶

惊讶是最能揭露真相的情感。例如，你跟一位同事说"你知道我要被撤出这个项目吗"，他惊讶的表情能立刻告诉你他先前并不知道此事。如果对方表现出的是恐惧而不是惊讶，这很可能是因为他已经知道这个消息了。

惊讶很容易识别，因为它是持续时间最长的微表情。受到惊吓时嘴巴向下张开，眉毛向上翘起。

惊讶微表情的标志是：

● 眉毛上提，呈圆弧形。
● 眼睛睁大。
● 嘴巴张开，下巴往下掉。
● 大口吸气。

你通常会在以下情况看到惊讶的微表情：

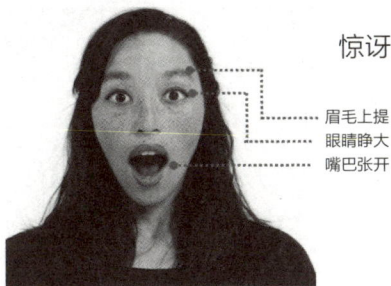

惊讶

眉毛上提
眼睛睁大
嘴巴张开

● 被告知意料之外的消息时。
● 故事有个令人震惊的结局。
● 当某人感到惊讶或惊奇时。
● 照片中的微表情提醒：人们发现被偷拍时，会出现如此表情。

　　特别提示：区分恐惧和惊讶最简单的方法是看眉毛形状。恐惧的特点是眉毛平直，额头上有抬头纹。惊讶的眉毛是圆弧形，就像颠倒的两个"U"字。

厌恶

　　当面临令人不快、恶心或反感的事情时，我们就会出现厌恶的表情。它和你闻到臭味的表情如出一辙。就像孩子第一次尝试奇怪味道的菜一样，他的鼻子会皱起来，露出上牙。

　　厌恶微表情的标志是：

- 皱起鼻子。
- 抬起上嘴唇。

厌恶

皱起鼻子
抬起上嘴唇

- 脸颊上提。
- 下眼睑肌肉绷紧。

你通常会在以下情况看到厌恶的微表情：

- 吃或闻到臭的东西时。
- 不喜欢某人或某事时。
- 一次不愉快的交流中。
- 照片中的微表情提醒：当人们讨厌拍照却又想让自己看起来很开心时，就是这个样子。

悲伤

这是表情符号中表达最准确的一个表情。一张蹙眉的脸蛋确实意味着心情的悲伤。悲伤是最难掩饰的微表情，所以当你看到它的时候，你就应该知道他正伤透了心。同时，它也是哭的前兆，所以它能帮你预测对方接下来会不会哭起来。

悲伤微表情的标志是：

- 眉毛皱在一起。
- 眼尾耷拉下来。

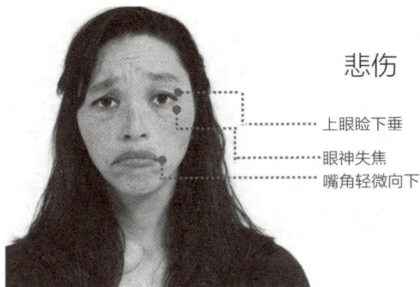

悲伤

上眼睑下垂
眼神失焦
嘴角轻微向下

- 下嘴唇嘟起或噘起，嘴角挤出向下的皱纹。

你通常会在以下情况看到悲伤的微表情：

- 失望的时候。
- 快哭的时候。
- 当人不知所措、心烦意乱的时候。

步骤 2：回应

虽然微表情能让你对人的情感状态有所洞察，但发现情绪仅是情绪解码的第一步。接下来你就要做相应的反馈了。以下是一些应对策略：

愤怒

看到愤怒表情的时候，我就看到了机遇。为什么呢？因为要是你能发现愤怒，你就有机会去解释，澄清误会，告知对方真相。

比如说，你在向新客户推销一个项目，现在报告进行得十分顺利。客户听得入神，对你的观点连连点头，还感兴趣地提了不少问题。到了报价环节，当你报出价格的时候，客户的表情闪出一丝不爽——在会议室里你远远就能看到他两眉间的竖纹。

一般应对方式：如果继续你的演讲不予理会，就意味着你无视了一个非常关键的问题。通常人们的反应是把报告其他部分完成，等待客户提出对价格的不满。但如果客户真的主动提出来价格偏高，那你就算幸运了，因为大多时候他们不会说出来。到了最后，你就只能在遭到拒绝后百思不得其解。

使用表情解码技巧：立刻暂停报告，解释为什么你的报价这么高。这样一来，客户就能充分了解背景，也能了解你的立场。在继续你的报告陈述之前，再问问客户对于报价还有没有疑问。最后，在报告做完以后，再次回到价格上来，看看客户还有没有愤怒和不满的表情。

如何应对：

- 挖掘愤怒——愤怒从何而来，怎样才能让对方消气？
- 保持冷静——不要表现出咄咄逼人或软弱的态度。
- 解释清楚——你能提供什么信息，让他们觉得受到的威胁其实没那么大？

鄙视

看到鄙视表情的时候，我就看到了警示信号。鄙视是一种狡猾的小情绪。如果鄙视的情绪没有被处理，它就会继续发酵，转向更深层的无礼和厌恶。所以，你看到对你鄙视的表情时，你必须及时解决它。

请记住，鄙视的表情并不意味着他是傲慢的人或看不起你。他可能与

你关系很好，只是对某个想法或某个局面感到鄙夷。因此，及时找到这个情绪的来源就非常重要。要是能把这个心结谈妥，你们的关系就可以得到强化，通过这件事双方也能相互增进了解。

假设你和一个同事一起执行新项目，大家坐下来喝咖啡并敲定项目细节。在顺利达成公平一致的任务分配后，你们聊到时间线的问题。你提及这个项目最好在 6 周之内完成，此时对方表露出鄙视的神情。

一般应对方式：不予理会——你知道时间很紧迫，但这个项目必须让大家全力投入。6 周过去了，当你诧异地发现同事的进度至少落后 2 周时，还是得由你来收拾残局。

使用表情解码技巧：找出同事担心项目进度的真正原因。他对交付成果的期望是什么？你应该如何调整和评估工作任务，以便让项目及时完成？解决方式要么是调整时间线，要么是调整需交付的工作，让它变得更合理公平。

如何应对：

- 找到根源——是什么导致了鄙视的情绪？
- 重新评估——如何解决对方鄙视的问题？
- 建立关系——你们能在哪里取得共识？

快乐

伪装出来的快乐（上图）给人传达的社
交信号与真正快乐是完全不一样的。

看到快乐表情的时候，我就看到了庆祝的信号。快乐是最美好、最幸福的情感之一，这时就尽情享受，好好利用它，和对方一起庆祝吧！不要让快乐的情绪被忽视。

假设你的伴侣在工作中度过了超棒的一天。当你在做晚饭的时候，他下班开门进来，一边吹着口哨一边放下外套，跑进厨房大喊："亲爱的，告诉你一个好消息！"他从背后抱着你说："今晚要不开一支香槟庆祝一下吧！"你转过身去，看到他笑容满面。这时你该怎么办？

一般应对方式：你面前还有意面要煮、蔬菜要炒，何况桌上的红酒已经被打开了。"不了吧，我才刚刚开了这瓶红酒呢！"你边做饭边唠叨，"你小心一点！意面很烫，我还要不停地搅拌它。"此时的你只想把饭菜做好，你对他说："你去收拾餐桌，然后跟我说说有什么好事发生吧。"他好似被泼了冷水，尽管他还是把好消息告诉了你，但远没有刚回到家时那样兴奋了。于是你们就吃了个平淡无奇的晚餐。

使用表情解码技巧："好啊，快告诉我！待我把炉子关掉，这样好听你说话。"你可以这样回答。他会告诉你他在工作上大获全胜，而你把软木塞塞回红酒瓶，从冰箱里拿出香槟，说："这的确值得好好庆祝！"这顿晚餐持续得比较久，但你们得以碰杯畅饮，一起庆祝他在职场上的胜利。

如何应对：

- 一起庆祝 —— 一同欢笑，尽情享受当下美妙的情绪。
- 让喜悦最大化——追问愉快的事的细节，和对方一起沉浸在快乐的情绪当中。
- 表达感激之情——告诉对方你很兴奋，因为对方愿意把快乐的事情分享于你。

恐惧

看到恐惧表情的时候，我知道这其中还有更多信息。

你母亲快过生日了，你计划着一场大家庭聚会。这场聚会一定会非常开心——母亲 60 岁了，所以你和兄弟姐妹筹钱给她买了台平板电脑，让她在做饭的时候，可以看最喜欢的节目。

晚饭后，你母亲开始拆礼物了。她读着孩子们写给她的卡片，双眼热泪盈眶。母亲撕下包装纸，看到了崭新的平板电脑和皮套，她的脸上闪过一丝恐惧的表情，但之后又滔滔不绝地称赞孩子们有多慷慨。然后她就跑去切蛋糕了。

一般应对方式：太好了！兄弟姐妹们都为送母亲的礼物扬扬自得，盼着母亲用这台平板电脑。但几周过去了，母亲还没拆开平板电脑的盒子。几个月过去了，她终于拆开了包装并给平板电脑戴上保护套，但除了玩你帮她下载的免费填字游戏以外，她没怎么动这台平板电脑。你们送她这么好的平板电脑作为礼物，为什么她会不想用呢？

使用表情解码技巧：吃完蛋糕后，你把母亲拉到一边，问她喜不喜欢这台平板电脑。"当然喜欢了！"她还是这样说着，但脸上再次出现了恐惧的微表情。于是，你提议接下来几天你会过来教她怎么使用这台平板电脑。她听后如释重负地叹了口气。

几次教学过后，她弄懂了怎么在网飞（Netflix）看电影和查收邮件。

你还帮她下载了应用商店里的免费教学课程。上完课以后，她还下载了一堆她认为你会喜欢的应用软件。这才叫干得好呢！

如何应对：

- 解决恐惧情绪——让他害怕的事是什么？为什么对方会感到不适？
- 安抚——你能做些什么来增加他的安全感？
- 让他安心——你能打消对方疑虑、重新评估，并消除这件事的威胁吗？

惊讶

当我看到惊讶表情的时候，我想确保双方能达成共识。有时候你指的是产生惊喜——通过点燃话题制造惊喜或告诉对方好消息。还有些时候，对方受惊吓的反应可能会反过来吓到你。

假设你正和多年未见的老朋友吃饭，在上菜之前，你们花了将近 20 分钟的时间聊彼此的近况。这时开胃菜终于来了，于是你又开始追忆起大学生活。

"你相信吗？"你跟她说，"罗比最近订婚了！"你朋友听了，惊讶的表情一闪而过。你会怎样应对？

一般应对方式：你以为她知道的，不是大家都知道吗？当然，罗比并没有在脸书上发布这一信息（他因为工作原因，没用脸书），但你认为这可以算是众所周知的消息了，所以这个问题被你轻描淡写地跳过。几天后，你从小道消息得知你泄露了罗比的秘密。罗比打算跟父母说完以后再向所有人告知他订婚的消息，结果你在他公布消息前就把这件事传开了。糟糕，这下你别想参加他的婚礼了。

使用表情解码技巧：你发现朋友很惊讶，于是做出澄清："难道你不知道？"朋友摇摇头说："我完全不知道啊！"你想了想说："我想他肯定希望亲自把这个消息告诉大家——如果你能在他消息公布前守口如瓶，那就太感谢了。"危机消除！这样一来，婚礼的自助盛宴将向你招手。

如何应对：

- 弄清惊讶的含义——他们知道这件事吗？
- 修正——接下来你该做些什么？
- 达成共识——你们将如何做到理解同步？

厌恶

当看到厌恶表情时，我知道这件事的来龙去脉必须得搞清楚。脸上一闪而过的厌恶表情，这是人们在想办法委婉地表达自己不喜欢某物时的表现。面对不喜欢的东西，碍于会冒犯他人，我们只好把厌恶藏在心里。要

是你想得到真相，你就必须允许他人表达真实感受。

让我们假设一个场景，你雇了一名新员工，他的面试表现很好：简历可靠，为人态度积极。你在解释工作的时候，提到这份工作的文书任务挺重，每周工作结束前都有很多文件需归档和影印。说到这里时，你发现他脸上闪过一丝厌恶。

一般应对方式： 希望事情往好的方向发展。一切看起来一点问题都没有，你真心认为他是这个职位的最佳人选。但在他入职第一月末他却给了你一个"惊喜"：你的客户发票都没有被发送出去。为什么呢？因为进度都卡在档案系统那里。每周要做的文书工作他一直跟不上进度，最后导致你的支付款都得往后延。

使用表情解码技巧： 你抓住了这个厌恶的表情，于是问他以前有没有做过大量的文书工作。"没有，"他说，"我很擅长战略和想法，但在组织归档方面却不太好。"他会跟你说他的上一份工作有助理帮忙处理这些任务。于是你在面试后找老板申请预算，帮他请了一位秘书。这是值得的，你让他的强项得以发挥，弱项则交给他人完成。

自他加入公司以后，整个办公室的工作效率都提高了，产出也得到了成倍的增长。

如何应对：

- 承诺——允许他们告诉你他们的真实感受。
- 开放心态——每个人都有权表达意见。
- 解决——你如何解决他们厌恶的问题？

悲伤

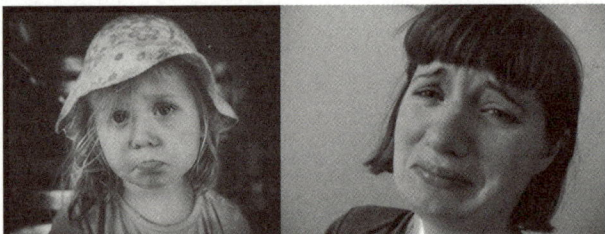

当我看到悲伤表情的时候，我认为重要的是同理心。

假设你请承包商一起重新设计家中浴室。承包商受到邻居的大力推荐，而你也喜欢他之前做过的案例。你们已经在电话里谈过了，今天承包商要来评估项目的成本，并给你一个报价。

他来到你家，你和他握手说："很高兴见到你。近来可好？"他说："我没事。"但你注意到他脸上带着悲伤的微表情。

一般应对方式：相比他脸上的悲伤的表情，你更关心你的浴室，你希望项目能在预算范围内解决。你端给承包商一杯水，然后带他去看浴室。几分钟以后，承包商说他都量完了。你吓到了——他在浴室待了不超过 10 分钟，几乎没有测量任何东西！在他收拾东西时你问他估价是多少，他提的估价是预算的 2 倍。这个价格你无法接受，看来你还得继续忍受这旧浴室，因为你要从头开始找新的承包商了。

使用表情解码技巧：你发现他有点丧气，所以就问："一切都还好吗？"承包商叹了口气说："你知道吗？今天对我来说太漫长了。"你给他倒了杯水，跟他说："是啊，发生什么事了吗？"他告诉你，刚刚得知，他的父亲住院了。但由于之前和你有约，又不能扔下工作过去看他。你马上告诉他你可以重新安排邀约，他最该做的就是陪在父亲身边。

第二天，他打电话说一切都很好，父亲住院只是一场虚惊，但非常感激你的理解。那天下午他带着好心情来见你，并在这个项目上给你一个很好的价钱。

如何应对：

- 尝试理解——他伤心是因为什么？
- 同理心——你能帮上什么忙？
- 给予空间——他恢复需要多长时间？

步骤 3：了解个例

虽然你已经学了 7 个广泛适用的微表情，但在进入面部反应世界之前，我希望你能注意以下几个特殊的情况：

眉毛上扬

单单去看眉毛上扬可能像是有点意外的表情，但实际上这代表了感兴趣的意味。当我们扬起眉毛的时候，就好像在说"真的吗"或"太棒了"。

用这种方式表示肯定，也是一个三重攻势的加分技巧。

你也可以扬起眉毛来突出你接下来要讲的重要内容。例如，当老师在课上讲到一个特别重要的部分时，常常会扬起眉毛。当人们希望他人注意自己的讲话时，就会无意识地扬起眉毛。同时，大部分认真听课的学生也会扬起眉毛，表示他们觉得这很有趣，这种情况也是时常发生的。

眉毛上扬表示：

● 投入。
● 专注。
● 好奇。

面部标点

就像用手部动作来强调说话一样，我们用快速的面部动作来强调或强化所说的话。例如，咬着嘴唇表示紧张，鼓起脸颊表示沮丧。这些都是我们在语言交流中增加表达维度或增添表现力的方式。

面部标点是人与人交流的常见表现。有时候人们也会用七大微表情作为面部标点。例如，臭名昭著的《美国偶像》评委西蒙·考威尔将选手们踩得一文不值，就常用鄙视作为他的面部标点强化语气。怪不得他总被认为是评委中唱黑脸的那个。然而，对他来说，鄙视只是强调所讲内容的一种手段，并不代表内心真正地嘲讽。

如果你注意到有人经常搭配语言使用七大微表情的其中几个，那可能只是他们的面部标点而已。

面部标点的作用和形式：

● 突显思想。
● 强调说话内容。

- 它可以是七大微表情的其中之一。

压抑

压抑是企图掩盖微表情的一种结果，由于特意去改变不自觉产生的微表情，造成脸部表情混乱。

你有过忍着不打哈欠的经历吗？身体自身很难抑制打哈欠的表情，于是忍着哈欠的你看起来就很奇怪：眼睛紧闭，嘴巴欲张不张地扭曲着，脸颊肌肉也绷得紧紧的。这和人们企图隐藏或特意做出微表情的感受类似，也是人们感到尴尬或隐藏真相的信号。

如果你注意到有人表现出压抑的表情，一定要往深处挖掘，找到其掩饰的深层原因。

压抑会发生在：

- 说谎。
- 对自己的反应感到尴尬羞愧。
- 隐藏了真实情感。

自拍的科学

现在，我们很少有机会当面给人第一印象。面试者会在面试前就上网搜寻你的资料，潜在客户收到你邮件后会先在领英上加你为好友，你在交友网站上看到对方才会在线下来一次真正的约会。那么问题来了，你在线上的微表情传达出什么信息？

想给人良好的第一印象，你在现实生活中有数秒的时间——而在网上就没有那么好的事了。普林斯顿大学研究员亚历山大·托多罗夫博士发现，你可以在 100 毫秒内对某人的照片进行瞬间判断。

　　好消息是，你可以控制你的照片所传达出来的信息。无论是电子邮件头像、社交媒体头像，还是商业应用头像，你都可以使用七大微表情来发出你想传达的信息。

　　在另一个实验中，托多罗夫博士发现，同一个人的不同图像可以给他人产生截然不同的第一印象。实验参与者可能因看到不同图像而改变对一个人的智力、可信度和吸引力的评价。

　　我们在实验室做了一个小型实验，称之"火不火"。实际上是借助了名为"火不火"的排名网站（hotornot.com）。你若对这个网站不熟悉可以看看我的介绍，这是一个排行榜网站，上面有许多用户的照片，网民们会给这些陌生人的照片评分。我们编码了 400 张男男女女的照片，发现"最热门"照片与得分最低的照片都遵循着两种不同的模式。①

　　尤其在微表情上，假笑或不露齿的笑容照片评分都比较低。所以，请确保你的个人资料照片没有包含有意或无意的负面微表情。最常见的错误有这些：

- 想表现随性的样子，却做成鄙视的表情。
- 用虚假的快乐表情来代替真实微笑。
- 在阳光下眯着眼睛拍照，这样看起来就像愤怒的微表情。
- 在灯光闪烁或闪光灯下拍照，眼睛面对灯光会无意识地显露恐惧。

请检查你在网上的照片，确保它能成为你强有力的线上第一印象。

微表情挑战

　　关于微表情的知识，一本书也只能教你到这儿了。然而最好的方法就是

---

① 在电子附录里，我们撰写了一部免费的自拍指南，叫作"如何拍出完美的自拍"。

通过看视频来练习识别微表情——你能慢速播放、暂停播放甚至加速播放。

我们做了一些热门电视节目的微表情观看指南，这样你就可以训练发现、解码面部肌肉的能力。这些指南视频就像是面部表情的《聪明的沃利》（译者注：类似中国的"大家来找碴儿"）。你只需要跟着我们一起观看节目，看看你能否找出这些表情线索。这种方法非常容易上瘾，也是实战观察面部表情的最佳方式。

我们所有的电子附录内容都是免费的，你只要去 www. scienceofpeople. com/toolbox 下载视频观看即可，试试看你能发现多少个表情。我还经常在推特上分享我在辩论会、新闻节目和最近的活动中看到的微表情。所以请在推特上关注我（@Vvanedwards）哦。

跟随你的直觉

这是最后一个提醒：请相信你的直觉。

正如我们在做微表情时是相通的，解读微表情也是一样。其实你已经知道这些表情代表着什么，这些技巧只是帮它们起了个名字。如果你忘记了这个面部表情是什么意思，或者识别不出来它是什么，你大可试着去模仿它。你在模仿的时候经常会感受到它所描绘的情感，因为心理学中有个理论叫作"面部反馈假设"。

面部反馈假设表明，面部表情和内心情感是相连的。当你感受到一种情绪，它就会表现在你的脸上。另一方面，当你脸上做了这表情，你也会感受到这种情绪。这是个绝妙的识人窍门——如果你真的想体验别人的感觉，可以模仿他的表情，从而感受他的内心状态。

尝试这些挑战 ☑

01	使用本书附录中的可撕卡片来练习识别微表情。	
02	做做我们的人类科学微表情测验来看看你的表情识别能力。	
03	观看《别对我撒谎》《幸存者》和《单身女郎》等综艺节目，来练习识别面部表情。我们 在 www.scienceofpeople .com/toolbox 的电子附录中有完整的节目单和观看指南。	

章节回顾

　　人类拥有 7 种相通的面部微表情。一旦你知道如何阅读它们，你就能发现隐藏在话语背后的情感。微表情解码是通过了解真相和理解情感需求来加速与人联结的最好方法。

- 不要忘了在听人说话时观察对方脸上的微表情。
- 不要把眉毛上扬与面部标点和七大微表情的情感混为一谈。
- 如果你不知道对方表情的含义，试着模仿，看看你有什么感觉。

　　我在这章最大的收获是：＿＿＿＿＿＿＿＿

第七章

解决性格问题

如何破解一个人的个性

　　宝洁公司曾是一个包罗万象的公司，他们的产品线从肥皂到纸巾，乃至植物油都有涉及。但到了 1984 年，宝洁因竞争对手的蚕食而陷入危机。

　　要想生存就必须做出改变，此时宝洁高层突然做出了奇怪的人事调动。里查德·尼科洛西是宝洁的一名轮班领班，他被一名营销高管邀请，进入他们团队里。尼科洛西说："当时我连'市场营销'怎么写都不知道。"但高管们看重的是他的工程思维，希望他这一独特才能可以解决公司一些重大问题。

　　尼科洛西从他作为化学工程师最擅长的地方着手：解决谜题。他把这种方法也应用到人际交往之中。尼科洛西向我解释："挖掘一个人身上的优点，就像是解出一个谜题一样。"

　　他被赋予重大权力，进行大规模部门团队重组，并指派新的领导人。但他知道团队的重新组建和人选不能毫无依据，只能通过员工简历进行判断。他认为，把合适的人分配到合适的团队里，这才是关键。

　　尼科洛西必须找到最优匹配，并且要快。于是他建立起至今还在沿用的严格程序。首先，他和每个人坐下来聊天，用带有探索性和深度的问题来认识和理解他们。他不仅听，而且用眼睛观察——关于肢体语言、面部表情和行为特征。

　　第二，他花时间和他们待在一起——而且并非远远观察。他希望通过对方实际行动来判断。他认为："人们说的和做的往往相距甚远。"

　　第三，他留意员工们使用的惯用词汇，然后用他们的语言说给他们听。

这让他确保"他想完成的"事情和"员工们想完成的"事情相一致。

掌握了每个员工的特点以后，尼科洛西组建了高效团队并建立了新的工作流程，帮公司度过了 1984 年低谷和未来数年的危机。到 1988 年年底，宝洁的利润还增长了 68%。

尼科洛西将他的用人哲学传授给宝洁其他主要业务部门，如肥皂、洗涤剂、清洁产品和软饮。他是有史以来最年轻的部门经理、最年轻的集团副总裁，也是最年轻的公司副总裁。最后，他接到了重组斯科特纸业的任务。在那里，他将营业利润提高到 7 亿美元，并在不到两年的时间里将投资回报率提高到 23%。

当我问尼科洛西他的秘诀是什么时，他回答："人有千千万万种，你要了解他们的特点，才能找到他们的热情所在——这是领导和激励他们的必要条件。"

尼科洛西揭开了与人相处的奥秘，你也可以和他一样。

与人相处的谜题

我过去常望人生畏，搞不清楚人和人的个性有什么区别，因此也不可能弄清楚人们行为背后的原因——更别说预测他人需求了。为什么这个朋友很喜欢聊天而另一个却从来不回我电话？为什么一些老板喜欢直接与员工沟通而另一些老板则让秘书代为沟通？

后来有一天，我偶然发现了"大五人格理论"。这一理论假定所有人都有五个维度的基本人格特质：开放性（openness）、严谨性（conscientiousness）、外向性（extroversion）、宜人性（agreeableness）和神经质（neuroticism，也称情绪稳定性）。其首字母拼起来就成了 OCEAN（海洋）。每个人在每一个特质维度上都有高低之分。下面就是大五人格的简述：

开放性：开放性特质反映了你如何看待新想法。它还描述了你的好奇程度、你的创造力水平，以及你对多样性和创意的欣赏程度。

- 开放性高：享受新奇、变化和冒险。
- 开放性低：喜欢传统、惯例和习惯。

严谨性：这个特质描述了你的做事方法。它衡量了你的自律、组织能力和可靠性。

- 严谨性高：喜欢使用待办事项、组织和日程安排，喜欢挖掘细节，力求完美。
- 严谨性低：喜欢宏观的想法和策略，可能会发现任务清单和日程表令人窒息而感到无所适从。

外向性：描述你如何对待他人。你从社交活动中获得能量，抑或社交让你能量耗尽？这可能会影响你的健谈程度和乐观程度。

- 外向性高：从与人相处中获得能量，倾向乐观，并寻求社交活动。
- 外向性低：渴望独处的时间，与人相处会消耗自己的能量。

宜人性：这个特质描述了你如何与他人合作。它也能表明你是否善解人意或者轻易原谅他人，以及你对他人的精神状态的关注程度。

- 宜人性高：容易相处，非常善解人意，喜欢照顾他人。
- 宜人性低：更善于分析，更实际，具有怀疑精神，喜欢把情绪排除在决策之外。

神经质：这种特质描述了你对忧虑的态度。它还解释了你对环境的情绪反应强度。

- 神经质高：通常是一个杞人忧天者，经常经历情绪波动。
- 神经质低：平静，稳定，情绪波动很少。

这些人格维度为我提供了一个分析起点。我通过分析他们的行为模式来处理我与我生命中所有重要人物的关系。为了让这件事更有趣，我为每个人创建了一个小密码（每个字母开头代表一个人格维度），就像这样：

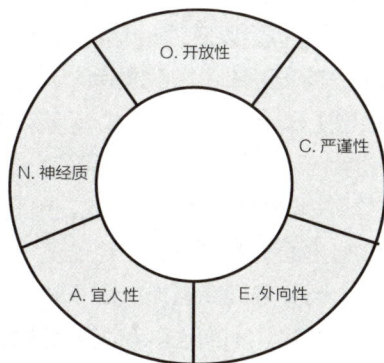

然后，我就会根据他们的选择、态度和行为给他们在每个维度进行评分。这是我当时为我老板做的分析密码。

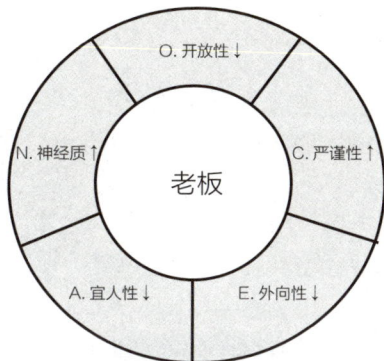

我把这个密码称为性格矩阵。在花了几周为每个人做完矩阵分析以后，有趣的事情发生了。我留意到我和他们的关系与对话都有了一点点变化。

首先，我们的谈话流畅了许多。如今我有了一个简单的对话指导——我只需要问一些帮助我搞定他们性格矩阵的问题。比如现在，在休息室碰到老板时，我就不用焦虑了。当我想知道他是否有高程度开放性的时候，我就问他假期过得怎样，或者是职业道路的问题。这促使我和老板关系变得非常融洽。后来他甚至约我一起吃午饭，以便"继续聊聊这绝妙的话题"。

其次，我对身边的人有了更深入、更准确的了解。当我知道老板是个性格内向的人（喜欢独自工作和自行头脑风暴），我就养成在会议前把想法发给他的习惯，这样他就可以在他自己的时间里消化我的想法。因此，在会上他总是先说到我的想法，并把给我的反馈放在前面。

最后，我在分析性格方面提高了速度。经过几分钟的闲聊，我能猜出一个人的性格矩阵分数。当我遇到我老板的妻子时，我能立马通过询问她最喜欢的餐厅来与她建立联系。她的回答帮助我预测她最喜欢谈论的话题，这让我们在喝饮料的时候聊得火热。

先前我没意识到，我遵循的正是尼科洛西解决人际关系的方法：提出带有目的性的问题，在倾听和观察中寻找行为线索。然后利用每个人的性格密码，或叫性格矩阵，来预测他们的行为，优化我们之间的关系。

小事实盒子

在接受调查的人群中，大多数人觉得自己的个性是最好的资产。

参与调查数：1673 人次

我身上最好的财富是（单选）：

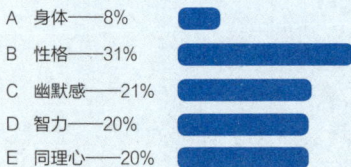

A 身体——8%
B 性格——31%
C 幽默感——21%
D 智力——20%
E 同理心——20%

这让我发展出与人交往最有效的技能：快速阅人。在掌握它之前，我们先来谈谈个性的来源吧。

性格的科学

自古以来，科学界都对人的性格非常感兴趣，但直到 20 世纪 80 年代路易斯·古德伯格博士发现"大五人格理论"，这一领域才有所突破。这一理论是最准确的。从那时起，大五人格理论被用作学术界的标准，被认为比其他人格测试更为可靠，比如迈尔斯 – 布里格斯模型、DiSC 测评和九型人格测试等。

在我们做决定、设立目标和协调工作与人际关系中，性格扮演着重要的角色，而我们通常没办法去控制自己的性格。人类的人格有 35% 到50% 都与基因有关；另一个影响非常大的因素是教育环境，这也是你无法控制的因素。

你是否希望你的同事能做事有条理些？或者想让伴侣别老是宅在家里？你有没有试着让朋友平静下来，让他别那么担心？可通常这样做都没什么用！我们不可能改变人的本性。不要试图改变他人，而要去学习理解、优化和预测他们的行为。

首先，让我们从自我评估开始吧。在做评估时，请尽可能地诚实回答问题。

开放性

这个特质描述了你对新想法的好奇心和亲和力。请核查以下陈述，选出听起来像你的描述。

若开放性维度分数较高，你会：

- 充满好奇心。
- 喜欢尝试新事物。
- 有冒险家和一点梦想家的气质。
- 总被认为不踏实或不够专注。

若开放性维度分数较低，你会：

- 偏爱习惯、传统习俗和常规惯例。
- 遵循传统。
- 务实和以数据为导向。
- 被认为偏向保守和缺乏灵活性。

根据你的回答，你觉得你在开放性维度上处于什么位置？请标上你的位置：

低←——————————————————→高

严谨性

此类性格维度涉及你的做事方法。请核查以下陈述，选出听起来像你的描述。

若严谨性维度分数较高，你会：

- 有组织计划、细节导向。
- 乐于使用待办事项和日程表，计划性强。
- 完美主义者。
- 给人感觉控制欲强，还比较严苛。

若严谨性维度分数较低，你会：

● 喜欢宽泛的理念，不会陷入细节当中。

● 非常灵活。

● 讨厌拿计划和日程表来限制自己。

● 有时会被认为做事草率和不太可靠。

根据你的回答，你觉得你在严谨性维度上处于什么位置？请标上你的位置：

低←————————————————→高

外向性

外向性涉及你如何与人产生联系。请核查以下陈述，选出听起来像你的描述：

若外向性维度分数较高，你会：

● 非常健谈，通常会做发起谈话的一方。

● 善于表达自己的观点，并对自己的观点很有自信。

● 和人在一起的时候感到精力充沛，神清气爽。

● 会被认为过于武断，总爱吸引他人注意。

若外向性维度分数较低，你会：

● 害羞矜持。

● 喜欢独处，身处人多的场合会感到精力耗尽。

● 珍惜个人空间，在分享个人信息的时候更加踌躇、犹豫。

● 会被认为比较冷漠疏远。

根据你的回答，你觉得你在外向性维度上处于什么位置？请标上你的位置：

低←——————————————————————→高

宜人性

宜人性用来观察你对团队合作与决策时的态度。请核查以下陈述，选出听起来像你的描述。

若宜人性维度分数较高，你会：

● 和人相处得很顺利。

● 信任他人，喜欢在团队里做事。

● 当面临请求时，趋向于说"好"。

● 被认为容易欺负，在互动中比较消极被动。

若宜人性维度分数较低，你会：

● 难以进行团队合作。

● 经常对他人的动机抱怀疑态度。

● 习惯第一时间拒绝别人。

● 被认为争强好斗，总爱挑起争论。

根据你的回答，你觉得你在宜人性维度上处于什么位置？请标上你的位置：

低←——————————————————————→高

神经质

这一特质维度描述的是你情绪稳定性和焦虑倾向。请核查以下陈述，选出听起来像你的描述。

若神经质维度分数较高，你会：

- 常爱发愁。
- 情绪多变。
- 敏感。
- 被认为缺乏安全感，太过情绪化。

若神经质维度分数较低，你会：

- 情绪稳定平衡。
- 偏向沉着冷静。
- 相信"桥到船头自然直"，有时会被认为没有感情或很冷漠。

根据你的回答，你觉得你在神经质维度上处于什么位置？请标上你的位置：

低←————————————————————→高

分数落在中间位置的情况：在评分的时候，你会不会觉得某个维度你的评分不高也不低？这很正常。你落在中间位置，证明在不同场合下你在这个维度上存在有高亦有低的表现。比如，在外向性维度处于中间的人属于"中向性格"，某些环境让他更外向，而另一些环境会让他关闭心房。（地点对你的社交表现也有影响。）为了更好发挥自己的性格优势，请想想平日你在大多数时间里展露的性格类型。你还可以在细分场合下判断你的得分，比如工作场合或社交场合。

如果你觉得在自测过程中难以判断，或者经常落在中间位置，那你需要做一次正式版人格测试来确认你的评分。[①]

快速破解性格矩阵

2014 年年底的时候，人际科学研究室业务激增。我在接连不断的新项目中忙得团团转，演讲安排塞满日程，更别说我们的网上课程刚招了40,000 名新生这件事了。面对这么多事情，我们需要更多人手帮助。

于是，有 3 个实习生加入了团队，我恨不得尽快把工作分配给他们。开始的时候一切顺利，在第 4 天的时候，他们就可以帮我运营一些活跃的社交账号了。

大概过去两周，我们就遇到了点问题，其中一个实习生（我们叫她伊娃）难以完成任务。我当时想，没什么大不了的，给予她多点详细的指引即可。

但一周过去了，她的进度还是拖了整个团队的后腿。我当时还是想，没什么大不了的，我会帮她看看面临的困难，和她聊聊她更喜欢做什么类型的工作。吃午餐的时候，我们坐在一起，给她介绍些她可能感兴趣的新项目，她听完后也显得跃跃欲试！看来进展还不错。

又过了一周，我发现她根本没有着手做我们谈好的任务。我当时还是想，没事。我安排了一个较有资历的团队成员给她做导师。

再后来一周，伊娃给我发了一封邮件，说她想辞职。我很困惑：到底哪里有问题呢？

答案其实很简单：我没有去破解她的性格矩阵。我只是根据自己的性

---

① 完整的人格测试就在电子附录中，请在 www.scienceofpeple.com/toolbox 寻找。

格特征与伊娃交流互动，而不是她的。从那以后，我开发了一个系统去破解人的性格矩阵。

秘诀 7 **快速阅人**	利用性格矩阵破解人的大五人格。

快速阅人技巧有 3 步——首先你必须了解自己的个性，然后快速找出对方的性格矩阵，最后决定对你们面临的问题是否妥协。

我把这种方法教给了全世界 12,500 多名学生，有 18,000 人做了我们的性格测试。在我教过的所有技巧里，这个技巧得到了最多的反馈和讨论。

快速阅人能彻底改变人与人的关系。如果能正确使用这个技巧，就能清除误解、避免争吵、让闲聊变得有趣，并不断升华你们的关系。

这个技巧是我最有成效的技巧之一，也是非常高级的技巧。如果你得多读几次才能读懂这节内容，那么它值得你多花一点时间去理解体会；如果相比其他技巧，掌握快速阅人技巧需要更多的时间，那么请你做好心理准备；如果它有点超出了你的舒适区，那么就给自己加油，继续前进吧。我保证，这会极大改善你的人际关系。

步骤 1：解释你的性格矩阵

分析出你自己的性格矩阵是快速阅人的第一步。

根据你在本章前一部分的测试分数，填写下面的空白矩阵。在你得分较低的维度上标注"向下箭头"，反之为"向上箭头"，如果你对自己的评价为中间数，不高也不低，那就标注"等号"。

需要特别提醒的是，有的人发现他的个性在生活与职场中不一样。如果你也如此，大可用不同颜色把不同领域的评分区分开来。

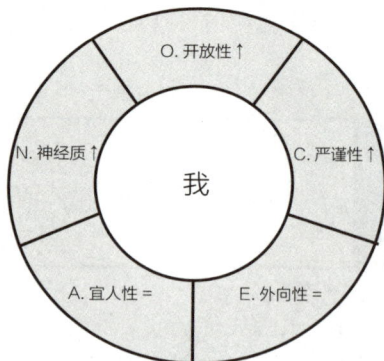

这是我的性格矩阵，希望它能给你一个矩阵自测的范例。你可以把答案写在它的旁边。

我的性格矩阵几乎与伊娃的完全相反。我试图把自己的性格扣在她身上，这就是我们相处起来总有困难的原因之一。可是这样并不能解决问题。

- 我在开放性上得分很高，因此我很有好奇心，也喜欢做实验。我认定伊娃跟我一样也喜欢有趣的任务和学习新知识。我在帮她挑选项目的时候，挑的都是我喜欢做的，而不是她喜欢的。
- 我的严谨性得分也很高，因此我喜欢细节、计划和待办事项。我告诉伊娃很多细节性的东西，希望能打消她的顾虑，并给她详细的指导方针。
- 我是一个高度神经质的人，所以我非常在意确保团队里的每个人都能开心地工作。我一直在关注伊娃的状态，这让她很有压力。
- 我有中等程度的宜人性和外向性，所以我选择在适合自己的环境下与人沟通工作，或是在我社交精力活跃的地点沟通。而我没有把伊娃在这些环境下的状态考虑进去。

这种只看到自己的方法并没有奏效——事实上这是一种非常自私的互动方式。我是通过自己的性格来看待伊娃，而不是以她的性格角度看问题。

步骤 2：解释他人的性格矩阵

我在之后才意识到没有好好利用伊娃的性格矩阵。收到她的电子邮件后，我连忙拿起纸分析她的性格——而这在面试时我就应该做了。

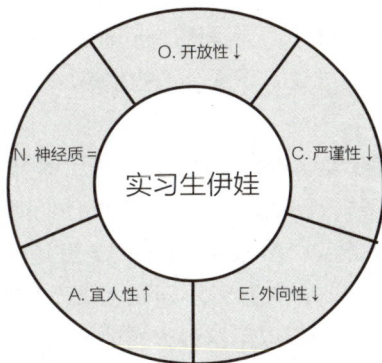

- 伊娃的开放性比较低，因此她被我提出的大量新项目弄得无所适从。
- 伊娃的严谨性偏低，因此我那些充满细节的长邮件令她望而生畏。她不知道从何开始做起，因此也一直没有着手去做。
- 伊娃的宜人性非常高，因此她对所有我希望她做的东西都说"好"，但其实她对这些任务都有点担心。她害怕搞砸整个团队的进度或让我失望，但不知道怎样才能把工作做好。
- 伊娃的外向性偏低，让她和导师合作，以及把她放到一个三人实习生的团队里工作，就等于让她置身于保守求生的环境里，难以发挥她的能力。更糟糕的是，她的性格也让她不好意思开口向人求助。

● 伊娃的神经质一般，所以难以理解高度神经质的我为什么经常会担
心，也受不了我频繁地检查她的进度。

经过如此分析，她的辞职决定和工作效率低都得到了解释。把她的性
格矩阵和我的一对比，不仅能弄清之前错误的努力方向，也让我知道了接
下来应该怎么做。

最直接的方法：让他们直接告诉你答案吧

你可以练习揣摩他人的性格特征，而我非常推崇这个直接的方法。我
经常直接向新认识的朋友、员工或同事询问他们的性格特点。这是解码性
格矩阵最简单、最直接的方法。下面是一些攻略：

作为开场白："我在读这本关于大五人格理论的书——你可曾听说过大
五人格？"如果他们听过，那就太好了，直接问他们得分。如果没听过，可
稍微解释每一个维度的含义，然后互相猜猜对方在这些维度的分数。

作为游戏："嘿！我刚在人际科学网站上做了性格测试。这是我的分
数，我想看看你的！"你也可以用这种直接的方法来对待新员工和合作伙
伴。人人都爱做测试！

作为正式的入职流程：最近我决定让新入职的实习生都完成这项性格测
试，这是一个正式的入职流程。这项测试也对同事之间的沟通有很大帮助。

作为虚拟社交平台的数据分析：网上有很多工具可以帮助你解读人们
的性格。剑桥大学创建了一个名为"应用魔法酱"的免费工具，它能扫描
你的脸书资料，通过你发布的信息、照片，你的朋友以及交流模式来判断
你的性格。

作为沟通程序：有个叫作"水晶"的职场工具[1]，它会查看你的邮箱历史记

---

[1] 在 www.scienceofpeople.com/ toolbox 会有人格相关工具的链接。

录和其他人的领英账号，来给你关于对方大五人格的需求建议和沟通建议。
比如，在我发邮件给同事丹尼尔的时候，会根据丹尼尔的性格给我一些电
子邮件模板，以及和她愉快合作的建议。

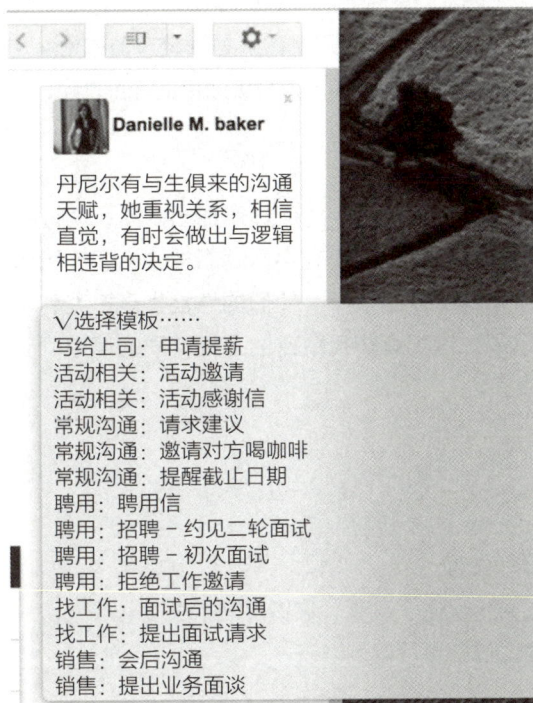

快速阅人的方法

　　如果你没时间好好询问别人的性格，或你觉得自己做不到，你可以用
快速阅人的方法获取他们的人格信息。你可以从他们的肢体语言、口头表
述和行为来破解他们的人格矩阵。到目前为止，所有之前教给你的技巧都
是为这个目的而铺设的基础。在你和别人说话的时候，不仅要认真听他们
所说的，还要留意他们身上的非语言信息，比如：

- 你向一名内向的人发问："你在这里还认识其他人吗？"这可能会引起对方紧张而闪出一丝恐惧。
- 劝说一位低开放性的朋友去试试新餐厅或点些没吃过的菜式可能会让他生气，脸上表现出愤怒的微表情。
- 为低严谨性的客户展现冗长和满是细枝末节的提案可能会让他们不堪重负，因此你把巨大的数据包发给他们的时候，他们不免会对你不屑一顾。

你也可以用研究专家萨姆·高斯林所提出的"行为证据"来作为解译人格的线索。在一系列有趣的研究中，高斯林分析了实验参与者的个人物品、房间和工作隔间，以此来辨别他们的性格类型。我利用这些发现，整理了下面这些信息。这里有些帮助评估人格特质的简单问题，以及比较可靠的人格行为线索。

开放性

参考问题：

- 最近可有长假？
- 我刚刚第一次做了某事，你做过吗？
- 最近尝试过新餐厅吗？

行为：

- 开放性高：对于了解对方有没有去新的地方、新餐厅，或是否喜欢旅游，是个非常好的提问方法。你能通过这个方法探测对方是否有体验新奇事物的欲望。
- 开放性低：如果对方每年都去同样的度假地点或餐厅、喜欢待在家里，那他很可能是低开放性的。

线索：

- 开放性高的人，家中各处可能会有旅游收集来的小摆设，或者在社交媒体上发一些异国菜式的照片。
- 开放性高的人，在书籍和音乐选择上多种多样。
- 开放性高的人比较好奇和善于打听。
- 开放性低的人有很多日常规律和习惯。
- 开放性低的人可能常去他喜欢去的餐厅，说不定他和里面的服务员都很熟，点的菜式也是长久不变。

严谨性

参考问题：

- 最近你手上有没有大型项目？
- 你的计划是什么？
- 你是否在新年有目标或决心？

行为：

- 严谨性高：他们能准确地知道接下来要干什么，能更详细地描述接下来要做的事情，就好像拿着待办事项复述出来一样。
- 严谨性低：严谨性低的人更随性一些。设定计划这件事可能会让他们感到为难，因为他们喜欢"见机行事""桥到船头自然直"和"顺其自然"。

线索：

- 严谨性高的人可能会在他们的言行和品性上非常注意。
- 严谨性高的人通常有个按顺序摆放的书架，为自己建立个人信息归档系统，以及有非常详细的计划。
- 研究专家高斯林还发现一个有趣的现象，严谨性高的人，家中照明会更好。

- 严谨性低的人常是那个向你借笔用的人，或是忘记充电，或是约会总迟到一会儿。尽管这样他们也不会放在心上，毕竟"事情总能得到解决"。
- 严谨性低的人经常到了剩下一套干净内衣的时候才想起要洗衣服。
- 严谨性低的人会无视办公桌的凌乱，上面放着成堆的文件和未读邮件。

外向性

参考问题：

- 你认识这里的其他人吗？
- 这个周末你有什么打算？
- 你理想的一天是什么样的？

行为：

- 即使外向性高的人和外向性低的人认识的人一样多，外向性高的人也更爱去了解周围的人，并试图让现场活跃起来。
- 外向性高：一般情况下，外向性高的人更喜欢和人待在一起，在社交活动之间不需要休息时间。
- 外向性低：外向性低的人不会给自己计划那么多社交活动，或是让社交活动和独处活动穿插进行。

线索：

- 外向性高的人更爱笑，笑得也更灿烂，因为他们往往更乐观。
- 外向性高的人在与大群人相处时显得更舒适，站着的时候，肢体语言也更加自信，占据空间更多。
- 外向性高的人喜欢与人详细分享自己的生活和成就，经常通过短信联系，在电子邮件中也会写更多字数。

● 外向性低的人喜欢一对一交流。

● 外向性低的人更喜欢在安静的场所与人交流，或喜欢做些根本不用说话的活动。

● 萨姆·高斯林还发现，外向性高的人在办公室的隔间里有更多的装饰，因为他们想吸引更多人来他们这儿。换句话说，他们摆放好小玩意、小游戏和好吃的糖果以引诱人们进来。耐人寻味的是，在卧室里他们不会这样做！

宜人性

参考问题：

● 晚餐想吃什么？

● 你通常是和事佬的角色吗？（你可以很自然地提出这个问题，比如谈到兄弟姐妹，问问他的角色是什么，是捣蛋鬼呢，还是傻瓜蛋呢，或者是一名和事佬。当谈到朋友之间闹矛盾的时候，看他是不是夹在中间为难的人。）

● 等会儿要不要加入我们？（这个问题也能帮你评估外向性。）

行为：

● 宜人性高：默认答案都是"好"。因此他们往往会这么回答："好啊，大家吃什么我就吃什么。"或是："你有什么想法？"

● 宜人性低：默认答案都是"不"。在权衡利弊之前，通常会拒绝你所有的建议。

线索：

● 根据萨姆·高斯林的研究，宜人性高的人走路时双手摆动更显轻松。

● 宜人性高的人把遇到的问题扛在自己肩上，他们想去帮助别人、解决问题、关心生活中的每个人——有时这也意味着他们并不关心自己的感受。

● 宜人性低的人更以事实驱动而非情感驱动。相比得到对的答案，愉快合作对他们来说并不那么重要。

● 宜人性低的人并不关心你对某事的感觉，他们只想知道网络上查到的事实。

神经质

参考问题：

● 这周过得如何？

● 你最近是不是很忙？

● 还有什么是我需要注意的？

行为：

● 神经质高：他们通常压力很大，也忙忙碌碌。这样说好像有点可怕，忧虑的人总觉得如果他们压力不大的话，就证明自己做的事还不够多。我知道，我就是其中一员。

● 神经质低：他们抗压能力更高，因此即使在忙碌状态，对忙碌的态度也没有太过焦虑。

线索：

● 根据高斯林的研究，神经质高的人趋向于在办公环境或家里摆放名言警句或心灵格言，帮助他们自我鞭策或平静内心。

● 神经质高的人常常会对你说"还有一件事要注意……"，这只是为了以防万一。他们总会想好所有可能发生的情况，做好万全准备。

● 根据高斯林的研究，神经质高的人更喜欢穿深色衣服。

● 神经质高的人对危机预防做得很出色。他们会想到所有可能出现的突发情况，做好最坏的打算。

- 神经质低的人在危机中表现得更好 —— 他们在大家乱成一团时能思路清晰、保持冷静、行动果断。
- 神经质低的人一般会把注意力放在"哪里做对了"而不是"哪里有问题"。所以他们很少会为自己经历的压力和忙碌发愁。①

主动问他人问题是个观察人性格的好方法，通过别人问的问题，我们也能看出端倪。举个例子，这是我开派对前几天，朋友莎拉发来的邮件：

嘿！瓦妮莎！

我非常期待周六的派对！！！我带了一份从没实践过的鸡肉食谱，所以如果做不好的话我们就得预订比萨了。

你的派对邀约上没写结束时间，你知道大概几点能结束吗？我得跟保姆说一声。

祝好，莎拉

另外：上次你办派对的时候说还需要一些凳子，如果需要我带上折叠凳的话，跟我说一声吧。

看完这封邮件，你知道莎拉的性格矩阵是怎样的吗？

虽然我希望你在判断他人性格矩阵前多收集一些资料，但如果要快速判断莎拉的性格，以下是我根据她描述所做的推测。让我们列表进行讨论吧！

---

① 你可以在我们的电子附录里查看完整的"窥探指南"。

描述	性格猜测	性格线索
嘿！瓦妮莎！ 我非常期待周六的派对！！！	高外向性	● 描述中表露对社交活动的期待。 ● 一句话中多个感叹号，表明本人精力充沛、积极乐观。
我带了一份从没实践过的鸡肉食谱，所以如果做不好的话我们就得预订比萨了。	高开放性	● 期待尝试做新菜。 ● 失败是可接受的（甚至可能是件好事）。
你的派对邀约上没写结束时间，你知道大概几点能结束吗？我得跟保姆说一声。	高神经质 高严谨性	● 考虑到保姆的情况。 ● 注意细节，希望知道派对的结束时间。 ● 对自己的时间有把控的欲望。
祝好，莎拉 另外：上次你办派对的时候说还需要一些凳子，如果需要我带上折叠凳的话，跟我说一声吧。	高宜人性 高严谨性	● 留意他人需求。 ● 乐于奉献。 ● 提前计划。

再一次重申，我不能百分之百确保判断正确，但快速阅人法能让我的猜测有理有据，还能帮我正确地回复邮件。

- 她是一个高严谨性的人，所以我会给她一个准确的结束时间和明确的椅子数。
- 她是一个高神经质的人，我应该尽快回复她。
- 她是一个高开放性的人，我会鼓励她尝试新菜式（并存好比萨外卖的电话）。
- 她是一个高宜人性、高外向性的人，我相信无论怎样，她都能享受这段派对时光。

　　想要快速准确地判断性格，你需要练习。好在，我们在谈及秘诀 2：三重攻势时已经强调了你的第一印象。同样，他人的第一印象对你来说也很重要。

　　这里要告诉你一个好消息：你对第一印象的判断有 76% 的准确性。知道为什么吗？《认知科学》杂志 2014 年 11 月发表的一项研究表明，我们可以根据人的脸型和特征来推断人格和一般特征。举个例子，我们通常认为外向者和内向者看起来不一样。下面是在这项研究中的一张外貌族谱，你能判断它们是哪个维度的样貌吗？

　　这些图片都是电脑绘制的，但图片代表了每一种性格的外貌特质。

＿＿＿＿＿＿＿＿内向到外向

＿＿＿＿＿＿＿＿不靠谱到可信赖

＿＿＿＿＿＿＿＿不称职到能胜任的

＿＿＿＿＿＿＿＿受支配地位到占支配地位

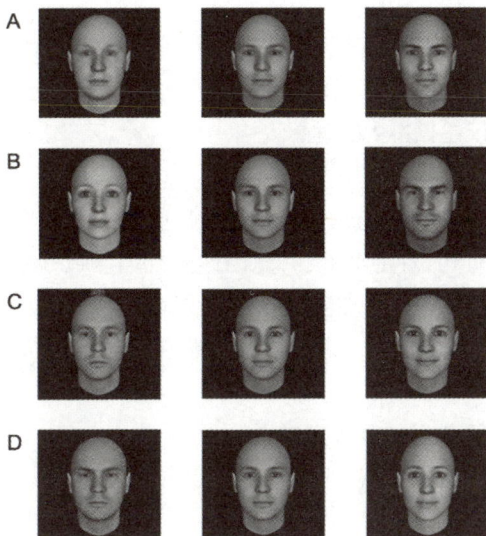

答案：

<u>C</u>　内向到外向

<u>D</u>　不靠谱到可信赖

<u>A</u>　不称职到能胜任

<u>B</u>　受支配地位到占支配地位

虽然不知道为什么，但我们的大脑能辨别不同性格的"外貌"。另有研究推测，我们能下意识地根据脸型和骨骼结构判断人格。所以当你第一次遇到某人时，你会进行如下的心理活动。

直觉检验：外向性、严谨性和宜人性是我们快速判断最准确的——在这几个人格方面，你可以相信你的第一印象判断。开放性则可以从一个人的身体所占据空间和脸形判断出来。

语言判断：在神经质维度上，我们最难通过面部准确判断出来，因此这依赖于见面后的提问和观察。

网上身份判断：我们甚至可以根据网上的照片和个人资料来得出性格的结论。研究人员席米妮·瓦瑟尔发现，脸书上的个人资料能反映人的真实人格，而不仅仅是其本人的理想人格。

当开始学习快速阅人的时候，你可能只能猜出两三个特质。这可是个好的开始！下次你可以问问朋友，拿出他兄弟姐妹脸书上的老照片，先去猜测那些人的性格，再让朋友告诉你是否准确。

我还有个更好玩的方式，就是尝试判断这些电视人物角色的性格矩阵：

● 《我爱露西》里的利卡多先生

● 《史酷比》里的猪扒

● 《摩登家庭》里的邓菲尔 [1]

快速阅人的道德准则
在快速阅人的过程中，你需要记住最后 3 个要点：

1. 快速阅人的过程也就是施展同理心的过程。虽然掌握快速阅人技巧能让你在社交中把握主动权，但在分析他们性格矩阵的过程中，仍然需要有意识去提问、深入倾听、用他们的表达方式来和他们交流。我们其实都希望自己的性格矩阵能被人了解——这让我们感受到他人的用心聆听和理解。

2. 从来没有"最好"或"正常"的性格取向。当你给人们分配特征标签时，不要假设某种性格是"对"或是"错"。我的目的是帮你判断和尊重对方的天生性格趋向，发现他真实的一面，而不是让你去想他应该变成什么样子。当你接受对方的真实面貌，迎合对方，而不是试图改变或评判对方时，你们的互动就能变得更深入，交流也变得更加顺畅，你也更能预测对方的行为。

3. 人格特质不是刻板印象。不要让对某人的性别、种族或年龄的预设妨碍你的准确判断。这是摒弃偏见的又一个理由，偏见对相处和认识他人毫无帮助。

步骤 3：把你和对方都带入分析里

当你开始解析某人的个性时，请思考你们性格中哪些是互补的，哪些会引起冲突。
如果你们的性格匹配，那就太棒了。你通常会有流畅和平衡的交流。当性格不匹配时，你有两种选择：迎合关系或在关系中让步。

---

[1] 我们在电子附录中为你提供了参考答案，请到 www.ScienceofPeople.com / toolbox 查看。

战略	解释	可思考的问题
让步	当你让步的时候，你承认你不能完全改变你的本性，但你可以找到一个折中的相处方式。	根据你的需要和他的需求，你该做些什么让双方的底线都有所改变呢？
迎合	当你选择迎合的时候，你将为了双方更大的和谐而离开舒适区。这可能意味着违背你天生的性格以支持对方。有时，在艰巨的工作项目中，在和伴侣出现争执时，或为了长期的友谊，我们不得不做大于回报的付出。	你的底线在哪里——有什么是没有商量余地的？对方的底线是什么——他愿意给予和想要得到的是什么？

在生活中，我每天都经历着面对不同性格的让步或迎合的选择。例如，我的严谨性很高，而我丈夫的很低。我希望抽屉里的袜子能按颜色、形状和不同场合进行整理。我丈夫则是个不在意自己穿了两只不同袜子的人，一只脚是忍者神龟，另一只脚是日本盆景。我们尝试迎合我们在收纳袜子方面的关系——我企图教会他收纳袜子的方法。他学会了，但这仅仅维持了两天。而现在，我们有两个分开的袜子抽屉，在衣柜的两端。这让我们看着对方不再感到头疼。

下面我猜想了和实习生伊娃的让步或迎合方式：

开放性：我们在开放性维度上是对立的。

迎合：我不应该给她新的学习项目，而是在她的简历上看她以前的工作经历，并根据她现有的技能来给她分配项目。所以，不能让她在全新的轨道上开始工作。

严谨性：我们在严谨性上也是对立的。

让步：由于伊娃在严谨性上得分不高，我应该只强调每个项目的大目标，然后在对她传达细枝末节的具体工作要求前，让她先自由地尝试完成自己的任务。

　　外向性：作为一个低外向性的人，伊娃更喜欢独自工作。面谈让她喘不过气。在我们开会之前，我应该把她的工作安排记下来。

　　迎合：我应该让她独自完成工作，而不是和其他实习生一起工作，那会给她带来不少麻烦。我也应在把她放进团队工作前，让她亲自参加我的"人类科学"系列课程。她需要时间来准备问题，并掌握自己的学习速度。

　　宜人性：伊娃的宜人性高，这也是增加邮件联系和减少面谈的原因。刚来公司，她很想取悦自己的上司和同事。

　　迎合：我不应该和她每周面谈总结，而应安排一个正式的书面回顾，在那里她可以给我不少反馈。她需要一个安全的空间来设立自己的界限，以及表达自己的需要。

　　神经质：作为一个高度神经质的人，我的焦虑可能把伊娃吓坏了。她个人觉得我在事无巨细地管控她。

　　让步：尽管我不可能减少自己的操心毛病（我也希望可以啊），但我本可以让伊娃知道我对她的管控并不是针对她。她不知道我对团队里的每个人都一样。我也可以在每周固定时间里对他们进行检查（例如，每周五下午）来减少她的挫败感，这样她就知道什么时候会发生什么。

　　总而言之，我与伊娃之间的沟通障碍是可以避免的。很高兴知道类似的波折在未来可以避免。

　　额外诀窍：应对各种性格的说服策略

　　了解某人的性格会极大地提升你的说服力。无论你是向客户推销一个想法，还是试图说服你的伴侣去你喜欢的餐厅吃饭，你都应该根据他们的个性来调整你的说服方式。这不仅会让你的演讲更有可能成功，也会让整个过程更加愉快。

开放性

- **开放性高**：如果你对着一个高度开放的人推销，那就跟他说这项业务令人振奋的利益点，并给他时间和你一起头脑风暴出新点子。

  个人交流："我听说这个印度餐厅会把我们从没尝过的食物结合在一起呢！

  职场交流："这个新型系统水压更强，水费更省——你要是买的话，还送淋浴喷头！"

- **开放性低**：如果你在向一个开放性低的人推销，则要强调你有什么是维持不变的。然后为你的新想法提出一个合理的、基于证据的案例，帮助他化解对新事物的忧虑。

  个人交流："我知道这里还有我们爱吃的印度薄饼和奶酪炒菠菜，还有他们的新品帝卡烧焗鸡肉片，可能味道也不错。这家餐厅在美国商户点评网上反响很好。"

  职场交流："这个水循环系统安装起来非常方便——你不用更换供水公司，也不必更新水表。我们其他客户都说没感觉到有什么变化，只是水压更强了。"

严谨性

- **严谨性高**：严谨性高的人期望听到一个长而深入、不失细节的提案。请准备好，他们会提非常多的问题。

  个人交流："我觉得我们应该去夏威夷。首先航班都是直飞的，一到那里我们就能享受各种各样的活动。我还提前准备了一份在夏威夷岛的旅行攻略。这是我打印的行程样本和我们要准备的基本旅游预算。"

职场交流："我为每个阶段都准备了 20 页的文件。让我们逐个过一次，之后我再回答你们的问题。"

- 严谨性低：低严谨性的人最感兴趣的就是你的执行概要或简要概述。你要准备的是一个简短而有力的综述——细节只会让他们感到厌烦。

个人交流："夏威夷行程拥有最高性价比和最多游乐活动。我们大概会花____钱。"

职场交流："让我来告诉你这个提案的 3 个必要重点，之后立马跳到下一步。"

外向性

- 外向性高：外向性高的人期待在你的推销里获得社会认同感，即思考其他组员怎么想。他们还能接受即兴而来的头脑风暴环节。

个人交流："好了，各位！我们新年里该搞些什么活动？大家有什么好主意吗？我听说很多人想去水晶宴会厅看红粉马汀尼乐队演唱会，你们觉得如何？"

职场交流："我会在黑板上抛出一些关于下个团队建设活动的想法。把你脑袋里的想法都说出来吧，我们可以根据想法来投票。"

- 外向性低：外向性低的人不喜欢立刻回答问题。他们喜欢另外花时间查看你的提案，然后才做决定。

个人交流："嘿，你对新年活动有什么想法吗？要不要创建一个群组让大家讨论？如果你想到什么，请记得告诉我哦。"

职场交流："我希望大家都开始考虑今年夏天的团队建设活动，请把你的建议发给我，让我们做个快速的邮件投票。"

宜人性

- **宜人性高**：高宜人性的人可能会当面对你说"好"，但之后不会。他们通常会避免争执以保护每个人的感情——这可能导致他们在提出自己真正的问题时感到迟疑。

  个人交流："你确定可以吗？我知道提出这件事有点尴尬，但你的想法对我来说真的很重要。直接把你想到的告诉我吧。"

  职场交流："我将在每个部分末尾暂停一下，以得到每个人的想法。相信我，你的想法不会冒犯我 —— 一定要把你所有的担忧都提出来。在这个阶段，最好把所有问题都提出来解决。"

- **宜人性低**：在得到足够证据判断之前，宜人性低的人都会对你抱有怀疑态度。你要准备好他们提出的尖锐问题啊！

  个人交流："在你表态之前，请让我解释一下我这边发生了什么事。我认为这可以帮助你理解这整件事。"

  职场交流："我会先把整个报告做完——所以麻烦把你的疑问记下来。我在完整报告之后留有很多问题答疑的时间。"

神经质

- **神经质高**：高神经质的人希望你能为他想到所有该担心的问题。换句话说，要让他保持平静，让他相信你已经考虑过并解决了每一个潜在的问题，这样他就不必再担心了。如法炮制，你就能建立信任。权衡利弊的分析能告诉他，你已经想过正反两方的好坏了。

  个人交流："我知道你对我们应该做什么感到担心。我认为我们应该搬家。让我们坐下来，一起列一张清单。我们也有必要讨论备份计划。"

  职场交流："让我们从提案的预防措施开始讨论吧。一旦进度拖延或不见成效，我们能在时间上建立缓冲期，以及增加额外人员。"

- **神经质低**：神经质低的人并没有想到那么多"万一"的事情，因此跟他提出来反而会造成不必要的烦恼。只要在合理的范围内，他会相信你的话。因此做好你职责范围内的检查，跟他提及你做了职责范围内的检查，这就够了。

    个人交流："我想了很长时间，确定我们应该搬家。如果你同意的话，我就和房地产经纪人谈谈，并确保让你了解进展。"

    职场交流："我们也知道有意外出现的可能，但我们的员工有能力处理这些突发问题，我可以向你保证。"

不同性格需要截然不同的对待方式——这是一件好事！当你能够迎合人们没说出来的偏好时，你就已经走在前面了。

快速阅人的挑战

就像学习阅读一样，学习速读并不会一蹴而就。最佳方法就是和熟人一起练习，并经常回顾过去的经历。

请完成下面的挑战。如果你忘记了一种性格特质，请对照电子附录中的人格测试表。

- 尝试评判你身边的人的性格，在下面的每一栏中画上等号或上下箭头。如果你不确定，就留下空白。
- 突出或圈出你所匹配的特质。
- 说一说你在人际关系或沟通方面遇到的问题。是否与对方性格差异有关？
- 在这些问题上，你能进行迎合或让步吗？

	O（开放性）	C（严谨性）	E（外向性）	A（宜人性）	N（神经质）	最大的困难？	迎合 / 让步？
你的提升者							
你想成为的人							
最好的朋友							
伴侣（或前任伴侣）							
老板（或前任老板）							
同事							
父母							

当你可以应对这些挑战时，你可能会发现一些有趣的模式。

● 地理差异：基于你所在的地域，你可能会发现某些高度集中的性格或人格模式。尽管人格大多由基因决定，我们也能看到某些性格特质集中在某些区域。我们也知道，文化对性格有很强的影响。例如，南加州和纽约是创业精神、冒险精神和活在当下的思想中心，要说这里有更多高开放性的人也不足为奇。所以，这些地区也吸引了更多高开放性的人。

● 性格的自我筛选：我与高严谨性的朋友相处得更好，因为他们准时赴约，在一起更容易达成计划。通过这种方式，我选择了我的朋友，并对某些性格类型有特别偏好。你、你的老板和你的朋友可能有类似的性格类型，因为这能帮助你们相互理解。如果你生命中重要的人都有类似的性格矩阵，无须感到惊讶。

● 职场文化：当我在英特尔（Intel）做演讲时，一位听众指出，英特尔会吸引具有相似人格特质的人——典型的高严谨性内向者。某些公司会吸引特定的性格组合。一个创意公司会雇用高开放性的外向者，比如"广告狂人"；而高新科技公司老板更喜欢高严谨性、高宜人性员工。你所在的公司也可能存在相似性格矩阵的员工。这种现象有两种可能，有可能他们都是同一个人招进来的，也有可能公司文化把这些性格相似的个体吸引过来。

　　破译性格矩阵是个令人享受的过程。用宝洁领班里查德·尼科洛西的话来说，"我发现我真正喜爱的不是营销，而是面对人们发自肺腑的感受，想了解人们想要什么，为什么想要。探索不同人的思维方式已然成为我充满激情的事业。"现在，轮到你来探索人们的思维方式了，利用这个来帮助对方，帮助你自己，共同成功。

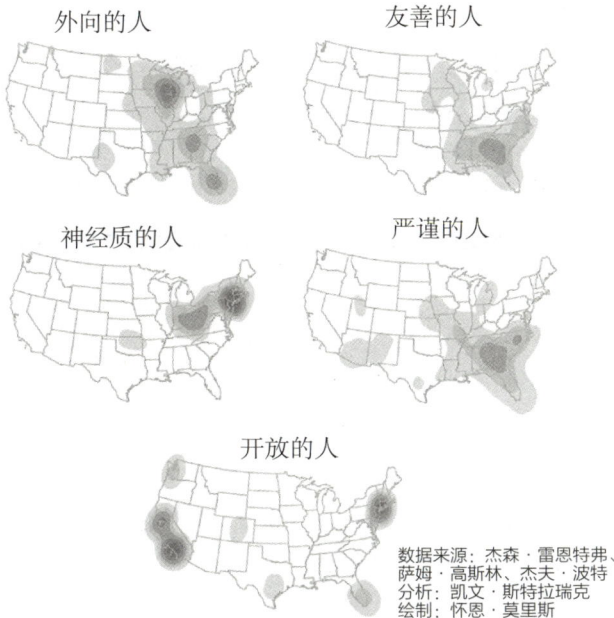

外向的人

友善的人

神经质的人

严谨的人

开放的人

数据来源：杰森·雷恩特弗、萨姆·高斯林、杰夫·波特
分析：凯文·斯特拉瑞克
绘制：怀恩·莫里斯

www.whosyourcity.com

尝试这些挑战 ☑

01	你可以在我们的网站上进行官方的性格测试，以确保你对自己的矩阵分析是准确的。请在 www.scienceofpeople.com/toolbox 获 取测试。	
02	把你生命中的人列进快速阅人表格，根据表格有意识地问他们问题（能燃起聊天火花的问题）。	
03	额外挑战：邀请你的伴侣、朋友和父母想象自己是你，来为你做官方性格测试。我想让最熟悉你的人为你评分，以此检验你的自我观察。	

章节回顾

　　性格矩阵分析是我最强大的工具。首先，诚实地审视自己的个性。其次，通过正确的提问和行为观察来学会解读他人的性格。最后，确保你对人际互动中的性格差异做出迎合或让步的努力。

- 请不要把你的性格强加于他人。
- 学习如何快速读取他人的大五人格。
- 为不同人的性格做出磨合的努力，让他对你产生帮助，而不是站在对立面。

　　我在这章最大的收获是：_____

第八章

赏识他人的方式

如何找到他人最好的一面

　　每次我与佩吉·亨德里克斯·巴克纳相见的时候，她都会从书包或口袋里掏出一份礼物给我。有时是用湿巾悉心包好的自家种植的药草，有时是我最爱吃的糖果。基本上来说，她就像我的奶奶，只是更年轻、更有活力。她能为遇见的每个人找到最合适的礼物，这是她与众不同的天赋。

　　几年前，她开始重视起自己这个天赋。当地的商人跟她说，在送客户、员工和合作伙伴的时候，相比一般的水果篮，他们想要一些更特别的礼物。刚好，佩吉的家乡俄勒冈州有很多能工巧匠。这给她提供了一个独特的定位——获取当地的精品特产，用别具一格的礼品盒包装，再起个吸引眼球的名字。她把公司命名为"客悦"，意为让收到礼物的客户高兴。

　　她有一款产品叫"城市之夜礼盒"，里面有马沙拉调味爆米花、主妇苦味豆蔻、筏牌柠檬姜糖浆、雅各布森制盐公司的鳞片状盐，还有阿宾娜城市坚果牌榛子。

　　在她的"甜蜜辛辣礼盒"里，有土产蜂蜜公司的蜂蜜、特蕾西的格兰诺拉麦片、马歇尔的金烤辣椒酱，还有奥林匹斯的胡椒酱。

　　在她充满激情的事业背后有着许多挑战，但她仍用最大的努力把这个事业坚持下来，生活费和房租就用做模特兼职赚来的钱补贴。（微表情照片中出现过的迷人黑发模特就是佩吉。）功夫不负有心人，2014年上半年，佩吉有了重大突破。波兰当地的 TED 演讲大会中几位有影响力的人收到了客悦的礼品盒。这场 TED 演讲大会的主办方大卫·雷说："演讲者看到这些订制礼盒都大为惊叹，这礼物充满了实实在在的创意和爱。"

　　这个消息被传开了，现在客悦公司的礼盒被送往美国各地，包括达拉斯牛仔队、推特，还有《时代》杂志。许多人开始关注俄勒冈风味了。

　　佩吉为什么能成功？在客悦的礼物中，我们丝毫没有觉得送礼物是必要的义务。"对我来说，送礼物代表着感激之情。你可以通过送礼物轻松地向对方表达欣赏。我认为赏识之情是我们手上最有感染力的工具。"

　　客悦公司洞察到了人性深处的需求——我们都渴望被真心赏识。

　　根据美国劳工部的数据，人们选择离职的首要原因是他们"觉得自己不被赏识"。

——《人生一定要有的 8 个朋友》畅销书作者汤姆·雷斯

赏识的心理学原理

　　我父亲的生日是 11 月 4 日。我从小到大，每到 8 月，就开始埋头筹划一份精彩的大礼。

　　有一年，我用自己纺的纱线给他织了条领带。另外一年，我用火柴、珠宝盒和纽扣做了一个父亲办公室的精致微缩模型。还有一年，我给他画了一幅西瓜（他最喜欢的水果）的画，上面贴满了 2,000 个亮片（手工一个个贴上去的）。更有一年，我给他做了一本足有 30 多张的赠券手册，全是他喜欢的东西，比如拥抱、拿铁咖啡和湖人队比赛。

　　每年在父亲的生日宴会上，我都会把做好的礼物放在他面前，期待他拆开礼物的那一刻。他每年的反应都差不多，他会用好奇的口吻感叹："噢！"他会轻轻地戳戳礼物、拿起来，把礼物在手里转几圈，说"我喜欢"。但他说话的语气就像是告诉一个孩子，她脑海里假想的小精灵是不存在的，或这棵圣诞树长了虫子。几周以后，我的爱心礼物被束之高阁。我怀疑，这些礼物最后都被偷偷扔进垃圾桶了。

　　年复一年，不管我为这份礼物付出了多少心血，都一直得不到父亲的满意得分。有一年秋天，我患了传染性单核细胞增多症。父亲的生日又快到了，我的淋巴肿胀着。我拖着病恹恹的身子走到父亲跟前告诉他："今年生日，我只有精力和你一起看周日的足球比赛了。希望你能接受。"

　　接下来的 4 小时里，我们吃着奶酪椒盐脆饼，聊着球队吉祥物。我终于明白整个比赛是怎么回事了。在父亲的生日晚宴上，他拍了拍我的背，说这是我送给他的最好的礼物。

　　不会吧！我只是看了几场球赛，吃了些垃圾食品——这怎么可能比送他的个性香味蜡烛礼物还要好？在那天我学到的是，每个人都有不同的表达和感受爱的方式。

　　加里·查普曼博士作为婚姻和家庭治疗师，50 多年来帮助夫妇解决他们的婚姻问题。在他的职业生涯里，他开始注意到夫妻之间表达爱意（或不表达）的不同模式。他发现人们在展现爱意时有 5 种不同方式——他将之称为"5 种表达爱的语言"。如果你没听过这个理论，可以看看下面的简介。

　　1. 肯定赞美的语言：人们用这种方式表达爱时，通过口头或书面的形式——情书、短信和口头语来表达他们的关爱。

　　2. 给予礼物：用这种爱的语言时，人们会用小小的礼物，或写有欣赏话语的挂牌来表现——珠宝、糖果和鲜花都是好选择。

　　3. 身体的接触：人们通过触碰来表达爱意——拥抱、拍背或亲密地搂抱。

　　4. 服务的行动：有这种爱的语言的人，通过为别人做事来表达他们的关心——为对方下厨、跑腿，或者为对方制作一些东西。（你看我给父亲送礼物的故事，这就是我表达爱意的方式。）

　　5. 高品质的陪伴时间：有这种爱的语言的人非常珍惜与对方在一起的时间。他们只想单纯和爱人待在一起。

查普曼博士认为，大多数情感问题的出现，都是因为双方在用不同的爱的语言表达爱。比如，妻子的爱语是"肯定赞美的语言"，那当丈夫跟她说他很想她的时候，她就非常高兴。然而她丈夫的爱语是"身体的接触"，他下班回来根本不想说话，只想和妻子依偎在沙发上。所以当妻子推开他的时候，他感觉很受伤。而丈夫对她的一天不闻不问，也会深深刺痛妻子的心。久而久之，他们之间的爱就会慢慢消逝。

查普曼博士与心理学家保罗·怀特博士进行合作，把爱语应用在职场上。他们在"5 种表达爱的语言"基础上，合力提出了"5 种表达赏识的语言"。

表达感谢远远不够

对于独自挑起项目大梁的员工，不受赏识感会侵蚀他们的积极性；对于跟在孩子后面打扫卫生的妈妈们，被忽略感会让她心灰意冷；对于总在聚会后主动帮忙收拾的朋友，你理所当然的态度会让他们觉得不公。

在职场上，缺乏赏识感是一个极其有害的问题，而且常被忽视。事实上，65% 的美国人坦言他们在上一年的工作中没有得到认可。

当你询问经理大多数员工离职的原因时，88% 都认为薪水是员工流失的根源。事实上，只有 12% 的员工因薪水离职，另外 88% 的员工离职的原因归结于工作满意度。

人们为什么会热爱自己的工作？这个问题并不简单，但（美国的）人力资源管理协会认为，工作满意度可以归结为员工的认同与投入。而盖洛普咨询公司（Gallup）最近的研究发现，70% 的美国员工表示，他们在工作中没有得到表扬或认可。

当我们不受重视的时候，我们会：

- 降低效率。
- 难以进行团队合作。
- 不太积极。
- 丧失士气。
- 容易抱怨。
- 生活满意度低。
- 工作满意度低。

赏识感对于幸福生活、良好的人际关系和愉快的工作环境都必不可少，但并不是表达出欣赏之情就能完事的。正如查普曼博士发现的，我们每个人都以不同的方式表达和感受欣赏之情。

在拍摄"人际技巧掌握课程"的时候，我让演播室的观众给自己重要的人写信表达爱意。但我让他们用非惯用手来写信。几分钟后，他们都在抱怨手要抽筋，他们的信也几乎难以辨认。要求对方使用他们不习惯的表达方式来表达欣赏，就像要求他们用非惯用手来写字——这对他们来说很难，而且看起来也非常草率，还会常常引起误解。

所以，你得学会使用这些表达赏识的语言。

在物质生存需求的基础上，人类最需要的是心理上的生存需求——被理解，被肯定，被认可，被欣赏。

——畅销书《与成功有约》作者斯蒂芬·柯维

秘诀 8 赏识 语言矩阵	在使用了几年的性格矩阵以后，我发现这中间还缺点什么。破译一个人的大五人格理论作用有限：使用人格矩阵确实能更好地理解他人和预测行为，随意交谈起来也非常自然，但它对更深层次的联系却徒劳无功。

　　当我找到查普曼博士和怀特博士的"5 种表达赏识的语言"时，问题一下子得到了答案。矩阵并不是来获得单一答案的，它更像是剥洋葱，每当你揭开一层，你能发现有很多东西值得探索。

　　第一层是我们已经学习的大五人格。第二层是某人如何表达和接受赏识的方式。

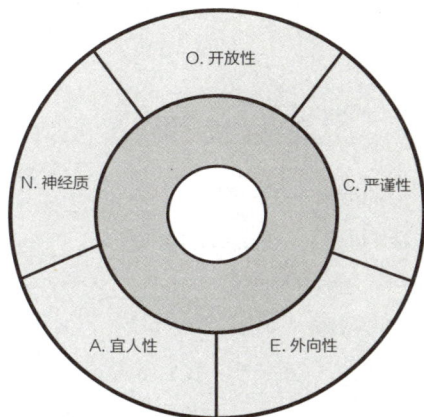

步骤 1：了解自己的赏识语言

　　查普曼博士发现大多数人在表达欣赏时都会有初级语言和次级语言。在给你做正式的测试之前，请想想这些问题：

- 假设你朋友刚刚得到一次晋升，你会怎样给他庆祝？
- 上次你惊讶于朋友对你的关心，是什么时候？他们对你做了什么？
- 你得到最好的生日祝福、生日礼物或最好的生日经历是怎样的？
- 你希望伴侣多做的事是什么？少做的事是什么？
- 如果你用 1,000 美元犒劳自己，你会拿来干什么？

注意到什么模式了吗？因为赏识的表达方式伴随我们一生，所以它会在我们的所有关系中发挥作用——包括父母、同事、朋友和伴侣。

现在让我们以查普曼博士的研究为依据，完成下面的测试吧。请用下列陈述来解释你的赏识语言。

在下列陈述里选出一个最适合你人际关系（伴侣、家人、朋友、同事）的答案。

1. 我喜欢收到鼓励的纸条。＿＿＿＿＿
2. 我喜欢被拥抱。＿＿＿＿＿
3. 我喜欢和亲密的朋友一对一相处。＿＿＿＿＿
4. 当朋友帮助我的时候，我感觉到了关心。＿＿＿＿＿
5. 我喜欢收到别人给我的礼物。＿＿＿＿＿
6. 赞赏对我来说很重要。＿＿＿＿＿
7. 当我在乎的人双臂环抱我时，我会非常感动。＿＿＿＿＿
8. 当我们一起做活动的时候，我会感觉和对方很亲近。＿＿＿＿＿
9. 当一位同事帮我找工作或做项目时，我会很感激。＿＿＿＿＿
10. 当有人记得我的生日，并送我礼物时，我非常感激。＿＿＿＿＿

答案：
肯定赞美的语言：1和6。
身体的接触：2和7。
高品质的陪伴时间：3和8。
服务的行动：4和9。
给予礼物：5和10。

你表达欣赏的主要语言是：＿＿＿＿＿＿＿＿＿

你表达欣赏的次要语言是：＿＿＿＿＿＿＿＿＿＿

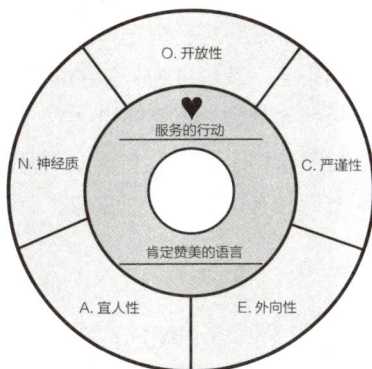

瓦妮莎的矩阵　　　　　　　　　　　　　　我的矩阵

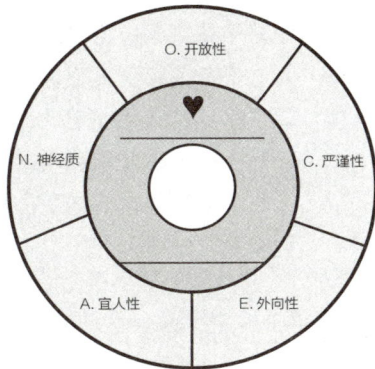

你可以把这些写在你的矩阵当中，和性格评分放在一起。我喜欢把欣赏的主要的语言放在圆圈的顶端，次要语言放在下半部分。

这个矩阵不容小视，它将对你生活的幸福有很大的影响。当你知道你常用的赏识语言时，你就能够：

- **知道向别人要什么**：你的伴侣不会读心术，你的老板不会，你的朋友、你的同事也不会。当了解到你自己偏爱的赏识语言后，你就知道在你需要帮助的时候，你该向别人请求什么样的帮助。如果你的赏识语言是"肯定赞美的语言"，你可以向老板要求更多的口头反馈，并在几周后举行会议；如果你的赏识语言是"高品质的陪伴时间"，那么你就知道异地恋或工作地点离家太远对你来说可能不是好选择。告诉他们怎么做，他们才能更好地对你表达赏识之情。
- **了解缺失的东西**：每当我教大家使用欣赏语言时，大多数学生都会对他的关系问题恍然大悟。他们意识到曾经的一次争吵就是源于双方欣赏语言的不同。例如，我的一个学生莱拉，她的主要欣赏语言是"服务的行动"。她经常招待她的朋友参加酒会、烹饪俱乐部和吃早午餐。莱拉觉得她和女性朋友之间，只有自己付出，甚至一度对这份友谊感到失望。但在这节课结束后，莱拉意识到她的朋友偏爱"肯定赞美的语言"。她的朋友总是给她写一封长长的感谢信，长篇大论地说非常喜欢这些聚会。虽然这种表达方式对莱拉来说并没有太多意义，但她现在知道了朋友为什么这样做，也知道了可以要求对方做些什么。

当你把你的欣赏语言与性格匹配在一起时，你会拥有成倍的洞察。比如，你是个低开放性的人，而你偏好"高品质的陪伴时间"，那最好的方式就是邀请同事每个月小聚一次，在你最喜欢的地方喝咖啡。如果你是高开放性同时偏好"高品质的陪伴时间"，你可能会邀请同事每个月到新的地方喝咖啡。当你对自己足够了解时，你就知道怎样能让自己开心，如何要求他人为你做什么事，你也知道怎样才能拥有顺畅的互动。

步骤 2：了解他人的赏识语言

接下来就是有趣的部分了！我喜欢去揣测他人的赏识语言。这样做能帮助我了解让他们高兴的方式，并判断我们的关系会是什么样子。

和快速阅人性格的方式一样，我总喜欢直接向对方询问。

- 作为开场白："你有没有听说过 5 种表达爱的语言？我正在读这本书，很好奇你听过没有。"接下来你们的话题就可以是认为各自是哪一类型的人。我喜欢去猜测朋友或同事的类型，也喜欢让他们来猜测我。
- 作为小测验：我们的网站上有个免费的赏识语言测试，你可以把它发给朋友，让他把测试结果分享给你。你可以在 www. scienceofpeople.com/ toolbox 上找到。

如果不太习惯单刀直入的方法，你也可以根据他们的行为来解读对方的赏识语言。

观察他们为你做了什么

了解一个人最喜欢如何被对待，最简单的方法就是看他如何对待他最喜欢的人。

- 他们喜欢跑来你办公室约你出去玩吗？（高品质的陪伴时间）
- 他们会不会在家里到处给你留小纸条？（肯定赞美的语言）
- 他们会不会在聊天的时候触碰你的手臂，相比握手，他们更喜欢拥抱？（身体的接触）
- 他们会不会主动在你生日时自制甜点，而不是去外面购买？（服务的行动）
- 他们会不会旅游回来给你买纪念品？（给予礼物）

通过他们的回忆来观察

另一个解读方法就是请对方描述过往的记忆、喜欢的故事和最近的经历。比如这些问题：

- 别人为你做过的最暖心的事情是什么？
- 你会如何庆祝成功？
- 我很想为刚生完孩子的同事做点什么。你觉得我可以为她做些什么吗？
- 你周末最喜欢干什么？

- 你收到过 / 给过别人的最有趣的礼物是什么？
- 你最喜欢和朋友干什么？
- 你长大后，你的父母是怎样帮你庆祝生日或喜事的？

这些问题能带给你意想不到的发现。如果你向一个从不送礼物的人询问给过的最好的礼物是什么，他可能会告诉你，他为别人做过的事，或者给别人写的一封信。

我最近问了我的一个朋友这个问题。他说他送过的最好的礼物就是为他祖母做了一本手工书，上面写着祖母从小到大的故事。我马上猜出他的主要语言和次要语言——肯定赞美的语言和服务的行动。他非常同意我的看法，并愿意去做我的网上测试来检验我的猜测。结果表明，他就是这两个类型。

微表情也能给你答案

微表情可以很好地帮你解开对方偏爱的赏识语言之谜。

- 愤怒：接受不合适的赏识是非常劳心的，甚至可能导致关系的彻底恶化。举个例子，一个喜欢礼物的员工，可能会对别人给他办的大型办公室聚会感到失望。为什么？他并不想劳驾同事给他费心举办派对。也许得到一张礼品卡或他一直念叨的滑雪板，会更让他开心。
- 快乐：当你真正让某个人开心起来的时候，高兴的微表情可以告诉你他是否真的喜欢你的想法、你的礼物或你的赞美，或看出你有没有用他偏爱的赏识表达方式。
- 鄙视：鄙视的微表情告诉你这种欣赏的表达方式让他难以与你产生联结。比如，一个不喜欢身体接触的人可能会在你想拥抱他的时候露出半边脸的假笑。

● 厌恶：请时刻谨记，厌恶的微表情是人们在委婉地表达他们不喜欢这样的东西。要是你给别人买一份他们不喜欢的礼物，或发出一个会花去不少时间的邀约，他们会在回答之前表现出厌恶的表情。

这些微表情的识别只是成功的一半，你的反应同样重要。你该怎样用赏识语言让双方达成共识呢？这就是接下来要做的事。

步骤 3：当你我的赏识语言相遇

婚姻专家乔·高特曼和罗伯特·拉文森博士在研究夫妻关系幸福感的模式时，采访了一些夫妻，询问他们的个人经历、争吵细节和家庭生活。

在采访结束的时候，拉文森博士调回了采访的笔录，查看每对夫妻陈述时最爱使用的主语。他发现，相比使用"我们、我们的"作为主语的夫妻，经常说"我、我的"的夫妇，婚姻幸福感会比较低。

高特曼博士把这种现象称为"我"和"我们"的心态分离。"夫妻之间若具高度的'我们'意识，他们就会注重培养夫妻间的沟通能力，还会看重团结一致，把眼光放在共同的信念、价值观和人生目标上。"另一种心态，若夫妻间的回应充满"我"或"我的"，他们的短期和长期目标里更多的是关于自己。不难看出，他们在一起生活的幸福感会比较低。

虽然高特曼和拉文森的研究专注于夫妻关系，但这种原则也适用于所有人际关系，这就是赏识语言技能帮你提升社交能力的机会。当你了解不同人偏好的赏识语言时，你的心态就会转变为"我们"心态。这样，你就会开始思考自身需求是如何得到满足的，以及如何最大化满足他们的需求。

如何以一种自然的方式尊重不同的赏识语言？下面是一些解决思路。你可以在每一种语言下面写下一个人的名字，想象你会对他说这些话。

肯定赞美的语言

工作场合：

- 写邮件询问工作进度。
- 做出积极的反馈报告。
- 每天或每周做工作同步会议。
- 主动提出为员工写推荐信。
- 给予员工赞赏。

亲密关系场合：

- 给对方发支持话语的短信。
- 留下爱心留言。
- 在睡前相互聊聊今天的情况。
- 在吃饭的时候不打电话，这样你们就不会被打扰。

示例人物：_____

给予礼物

工作场合：

- 生日礼物。
- 节日礼物。
- 书桌饰品。
- 作为感谢的礼物。
- 送礼品篮或礼盒。

亲密关系场合：

- 生日或周年纪念礼物。

- 花。
- 旅游纪念品。
- 代表"想念"的物品。

示例人物:_____

提示:节日是用这种语言来庆祝的绝佳的借口。

身体的接触

工作场合:

- 握手。
- 拍拍对方手臂。
- 击掌。

亲密关系场合:

- 手牵手。
- 搂抱在一起。
- 享受夫妻生活。
- 相互按摩。

示例人物:_____

服务的行动

工作场合:

- 帮助其完成任务。
- 为他人策划派对。
- 组织或参与一个项目。

亲密关系场合：

- 创建清单记录要为爱人做的事。
- 帮忙做大扫除。
- 完成差事或做家务。
- 主动做饭或做其他事。

示例人物：＿＿＿＿＿＿＿＿

高品质的陪伴时间

工作场合：

- 一起吃午餐或喝饮料。
- 早来或晚退。
- 每周留出时间做一次工作进度检查。

亲密关系场合：

- 安排不碰手机的时间。
- 每周约会。
- 一起旅行。
- 一起开车兜风。

示例人物：＿＿＿＿＿＿＿＿

有一件事我不得不提，在工作场合下，对于身体的接触一事，需要谨慎行事。

从非语言的角度来看，触摸代表着美好和谐，但你必须确保在适当的范围里。一个很好的经验法则是：触碰的地方离手越远，你的触摸就越亲密。头部和人的躯干都被认为是非常亲密的区域。

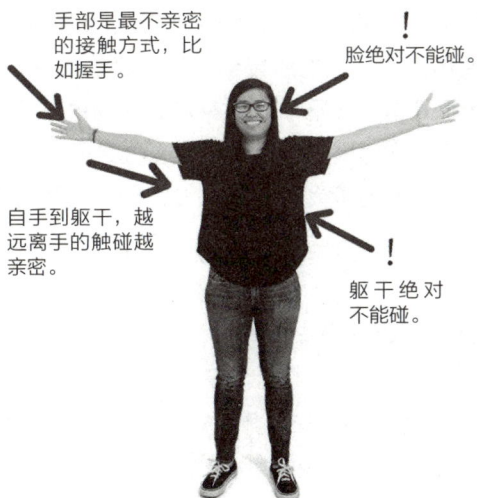

手部是最不亲密的接触方式，比如握手。

！
脸绝对不能碰。

自手到躯干，越远离手的触碰越亲密。

！
躯干绝对不能碰。

第一接触区域

- 握手。
- 顶拳。
- 举手拍掌。

第二接触区域

- 轻拍手背。
- 触碰前臂。
- 触碰肩膀。

第三触碰区域

- 拥抱。
- 拍背。
- 搭肩膀。

我们已有不成文的规定，这些触碰在职场上是很讲究礼仪的。如果你不确定这种触摸是否能被人们所接受，你可以观察触碰他们时的微表情。例如，首先从握手开始，如果你看到对方真诚地对你笑，那么在下次见面的时候，除了握手，你再碰碰他的手臂，看他是否还对你微笑，还是说有点不屑或生气？如果你能接受，对方也没有任何负面的情绪，那你可以试着给他一个拥抱。

额外挑战：你的欣赏别那么无聊

嘿！我去尼亚加拉大瀑布的时候给你买了一支笔；我们什么时候一起出去玩吧；亲爱的，我来洗衣服吧。

这些举动都很好，但或许有点无聊。人们猜到你会这么做，或是预料到你会这么做。在讲秘诀 3 制造聊天火花的时候，我说过你可以不遵循社交套话，用意外惊喜来刺激人们的多巴胺分泌。在赏识语言表达的时候，我希望你也能像之前那样做。

- 别送那些常规的礼物——给他们送一些具有个人意义的东西。艾米·波勒是《公园与游憩》里一名金发碧眼甜心美女。她为老板罗恩安装了一扇自动门，每年情人节都给她的女性朋友送上"闺密节"礼物。
- 不要邀请注重高品质的陪伴时间的人参加无聊的活动。别再约他喝咖啡了，你可以邀请他去登山远足，或去一家烤奶酪店探店。我的朋友斯蒂芬·斯科特是铁人三项运动员，他会邀请别人和他一起跑步，而不是像一般人那样邀请一起吃午餐。
- 如果你有个偏爱身体接触的朋友，可以去学学按摩技巧或足底按摩。在这里我向你介绍一下萨曼莎·赫斯，她是一名拥抱专家，创设了一套关于亲密关系触碰方式的商业业务。萨曼莎发明了 71 种拥抱方式，自称拥抱专家——她确实是。为了我的研究项目，我还专门请她来我们的视频网站栏目——虽然最后效果有点尴尬，但至少信息量丰富！（我们整套视频在 www.scienceofpeople.com/toolbox 就能找到）

● 你可以通过感谢信来表示感谢，但你也可以让它变得有趣一点。在《爆笑办公室》里，吉姆·哈柏特暗恋同事潘·贝思丽，在玩相互送礼物游戏"神秘圣诞老人"的时候，他在纸条上写下他和潘在一起的快乐回忆，以及他们俩才听得懂的笑话。他把这些心意都放在作为礼物的茶壶里面。真是太厉害了。

● 我有一个工作狂朋友，她的欣赏偏好是服务的行动。于是我常常分享她一些轻松搞笑的视频，让她在午休时可以看看，还给她精选了一个开车听的歌单。上次她生病的时候，我给她送去了能治愈感冒的自制混合蔬菜汁、止咳水和鸡汤挂面。

赏识语言挑战

怎样对周围的人更好地表达欣赏之情？请尝试填写下面的表格：

	初级欣赏语言	次级欣赏语言	你做一件什么事，他们会非常感激
你的提升者			
最好的朋友			
搭档（前搭档）			
老板（前老板）			
同事			
父母			

这项挑战的额外好处，是在每一段关系中寻找这个最重要的问题的答案。

我该以什么方式来更好地对你表达欣赏之情？

这就是我朋友佩吉，那位客悦礼盒的创始人，每天都要思考的问题。她在做礼盒与手写祝福小卡片时（这也涉及欣赏的语言价值观），总会想起还是孩子的时候，她收到的最好的礼物。每次父亲下班，回到密苏里州西南部农村，他会给佩吉及其兄弟姐妹带来奇奇怪怪的礼物，比如在被取消的迪士尼演出节目里淘到的一件加大码 T 恤。佩吉说："礼物本身并不重要，重要的是我们都高兴地拿到了礼物。"

佩吉在长大后体会到了礼物背后的真意："我希望人们从每件礼物上都感受到有人在关心自己，无论以何种理由。礼物本身就是欣赏之情，欣赏之情让我们的心连在一起。"

尝试这些挑战 ☑

01	填写好你的"赏识语言挑战"表格。	
02	对你生命中的 3 个人做 3 件对他们表达赏识的事。	
03	额外挑战：根据你的赏识语言，同身边的人提出自己的需求。	

章节回顾

　　赏识是生活幸福和工作满意的关键。我们可以通过使用 5 种赏识语言来与人建立联结，你会逐渐知道自己需要什么、了解别人需要什么，最后找到合适的方式向他人表达你的关心。

- 了解并向他人提出你的初级赏识语言和次级赏识语言。
- 利用人的第二级矩阵——赏识语言来破解他人的行为。
- 尊重他人不同的赏识语言，并在互动中运用他们的赏识语言。

　　我在这章最大的收获是：_____

第九章

价值观解读

与任何人都能好好相处的秘密

博伊德·瓦提与家人坐拥着全南非最奢华的狩猎营地——伦敦奥洛齐，这家酒店一直被评为世界百家顶级酒店之一。客人都带着很高的期望：有人想在非洲野生灌木丛里享受顶级奢华的狩猎体验；有人想一睹身处原生态区域的伦敦奥洛齐酒店的辉煌。瓦提要知道客人脑海中完美假期的样子，并让酒店服务与他们的预期无缝衔接。然而最大的问题不是这个，而是伦敦奥洛齐的地理位置。这座酒店位于南非最不宜居住的危险私人狩猎区域。

瓦提出了一本书《荒野中的殿堂》，在书中他提道："客人们害怕的东西比预想的还要多，比如水牛、蠕虫、羽毛、蜘蛛、昆虫、巨大的噪声、动物头骨、牙齿和满地的粪便——这些在狩猎场所都是随处可见的事物。"

在吃早饭的时候，瓦提与我分享他曾经服务过的一个客人：马丁。马丁是一位上了年纪的英国绅士，曾游览过世界各地的狩猎营地，有过不下20次的狩猎经历。他告诉瓦提，最好的要留在最后，所以他把伦敦奥洛齐作为最后一次狩猎旅行地。为了达到这位狩猎发烧友的期望，瓦提决定亲自上阵，确保马丁的狩猎行程按照预想的进行。可惜人算不如天算，他们还是遇到了些不愉快的事情。

第二天，瓦提、马丁两人开着敞篷越野车驶进了狩猎区域。瓦提在路上发现了猎豹的踪迹，于是他决定下车，步行去做些调查。为了马丁的安全，他让马丁留在车里直到他回来。瓦提没走多久，一头大象就从灌木丛里蹿了出来，盯上了越野车和车上的马丁。

马丁预计这头大象不久就会感到无聊而离开，于是在座位上一动也不敢动。突然，车上的对讲机开始发出噼里啪啦的声响。这头大象随即受到惊吓，焦躁不安的它用鼻子推撞车身。关键是，这是一辆没有顶篷的越野车。后来，大象还往车上泼洒泥土。

所幸大象最后离开了。当瓦提回来的时候，马丁已吓得面色苍白并且非常生气。就是因为瓦提扔下他不管，他才不得不待在毫无遮拦的小越野车里独自面对野生大象。马丁坐在后座对瓦提大吼："我对你非常失望！把我带回营地！"

在接下来的两天里，马丁拒绝与瓦提交谈，但仍坚持过完这段狩猎旅程。瓦提说："我做了很多让他重新原谅我的事，但他还是无动于衷。"

瓦提决定换个新思路。马丁认为自己是个冒险家，如果把上次不愉快的经历重新定义为独自面对野生大象的勇敢壮举，情况会如何？瓦提动用了一些人情，让狩猎区的所有女士跑到马丁那儿去祝贺，庆贺他成为一名独自把野象赶走的英雄。这招果然有效。

瓦提说："在众多女士的倾慕下，马丁感觉自己成了主角，还对每个经过吧台的人讲述自己的经历。离开伦敦奥洛齐的时候，马丁觉得自己就是非洲之王。"马丁对瓦提说，遇见大象是他这段行程里最美好的回忆。[1]

价值交换的科学

在非洲，我了解到动物会用它们赖以生存的东西进行交换，而人类也没什么两样。

社会心理学家乌利尔·G. 弗拉发现了人际关系的资源理论。他认为所有的人际交互实际上都是一种交易。人们合作只是为了相互给予和获取资源。"这里的资源指任何从一个人到另一个人身上的东西。"

---

[1] 你可以在 www.scienceofpeople.com/ toolbox 找到伦敦奥洛齐的相关视频。

请注意，这里的"交易"并非人际关系间那种冰冷的生意交换。我们都尝试在人际互动中找寻真正能满足自己的东西，也更愿意维护双方获益的关系。

"资源"包括实体资源，诸如金钱和食物，以及情感资源，如爱、建议和地位。作为人类，我们需要各种资源来维持生存和发展。弗拉研究团队建立了源自童年的6种层次需求理论。如果这6种需求都得到满足，我们就能成长、获得独立，对所处环境和人际关系都抱有安全感。

资源	内涵	给予	索取
爱	影响、接受、喜爱。		
服务	支持、关心、给予舒适的温暖。		
地位	权责、赞许和带有自豪感的头衔。		
金钱	钱币、货币和有货币价值的物品。		
物品	有形的物品和材料。		
信息	建议、想法、观念和教学。		

如果你觉得某种资源是你付出最多的，就在给予一栏打钩，获得最多的，就在索取一栏打钩。

人们在交互过程中，一直就在这几类资源中相互索取和给予。举个例子，你请朋友吃饭，希望向他获取建议（提供金钱换取信息）；或在同事帮我们完成项目以后给他一个赞（用称赞的地位换取服务）。

这6种需求我们都需要，只是对于缺乏的资源，我们会索取得更多，对于富余的，我们会给予更多。现在请你看看你的选项，是不是如此呢？

但对于无形资源，特别是像爱、服务和信息，人们却会给出自己最想要的一种资源。当一个人渴望被爱，他就会施与周围许多人爱，即便对方并不值得。很想变成知道很多事情的人，混在人堆里分享八卦，希望他人也给他不知道的资讯。我这样说对吗？

价值交换是每段关系的核心动力。对双方资源需求的误解可能会造成不必要的关系紧张，甚至结束关系。让我来告诉你为什么。

- **权力**：权力取决于你多大程度上被强迫给予他人资源。金钱是一种明显的权力施压，但你不知道，在过度的爱下，被爱的人也可能承受着强权的压力。
- **需求**：通过资源交换理论，我们能更好地理解人们的需求。举个例子，假如你需要激励同事，你最好弄清他最看重的是什么，是信息（学习、应用新技能或是得到潜在的知识）、地位（被尊重、获得高职称或得到同僚的赏识），还是金钱（高薪、奖金或是资金上的激励）。
- **安全感**：当资源交换不平等时，关系就会变得脆弱。随之而来的便是焦虑、罪恶感和怨恨。资源交换失衡最常见的就是浪漫关系当中，一方付出的爱没得到回报，于是产生怨恨。而假若一个人只能接受却毫无机会付出，他也会感到窒息。职场上的关系失衡也很好理解：当工厂领班给员工发钱的时候，他希望员工能回报以相应劳动。假若老板工资付少了，员工会生气；如果员工付出得少，领班会生气。

无论是个人生活还是职场关系，建立起平等的资源交换关系是非常重要的。但往往人们所需并非你设想的。

发现他人重视的价值

有一天，一位父亲和他 8 岁的女儿走在街上。他们看到转弯处有个小男孩在卖狗，牌子上写着"小狗出售"。

父亲还没来得及拉住女儿，小女孩就冲过去把小狗抱在怀里了。父亲心想，这下可麻烦了。

他对男孩说："孩子，小狗怎么卖？"

小男孩说："这只狗是世界上最好的小狗，我卖 1,000 美元。"

"1,000 美元？疯了吧！"这位父亲感到震惊，"麻烦讲讲道理，给个合理的价格，那我就买下了。"

小男孩还是说："不好意思，对我来说这就是最好的小狗，就得卖1,000 美元。"

这位父亲和小男孩讨价还价了将近 20 分钟，可小男孩就是不肯松口。女儿在一旁大哭大闹，于是父亲决定之后再单独过来。这样他讲起价来才更有优势。

第二天父亲又来了，这次他没带女儿同行，小男孩还是坐在街角，篮子里放着他的小狗。这个男人说："好吧，看来你昨天坐了一天也没人买你这1,000 美元一只的狗。你也考虑了一天，现在是不是可以便宜点卖给我了？"

"不行啊先生，这小狗仍值 1,000 美元，因为我觉得它是世界上最好的小狗。"小男孩还是坚持不肯降价。

又周旋了 10 分钟左右，无果，这位父亲只好空手而归。几周后他看到小男孩正和伙伴们踢足球，他叫住了男孩说："孩子，小狗卖出去了没？"

小男孩跑过来说："那当然！"

这位父亲很震惊："真的吗？你 1,000 美元卖出去了？"

"是啊！"他回答说，"有个女孩用两只 500 美元的小奶猫跟我交换了。"

这个故事表明，价值在每个人心里都是不等同的。

我们通常关注于资产的货币价值，但也有其他更主观的价值。对小男孩来说，两个 500 美元的小猫咪比 10 张百美元的钞票值钱多了。这让我想到了一个简单而直观的技巧：当你知道驱使对方的是什么时，交互就变得容易多了。

我们每个人都倾向这 6 种资源的某一种，我把它叫作主要价值观，它是矩阵分析的最后一层。

| 秘诀 9
**主要
价值观** | 人们抉择、行动和欲望背后的动因。 |

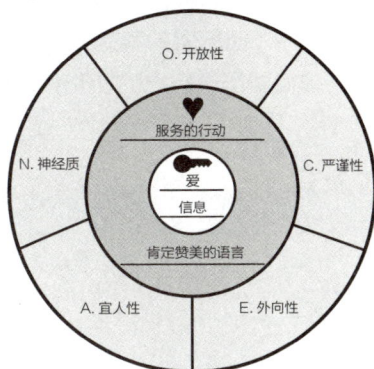

瓦妮莎的矩阵

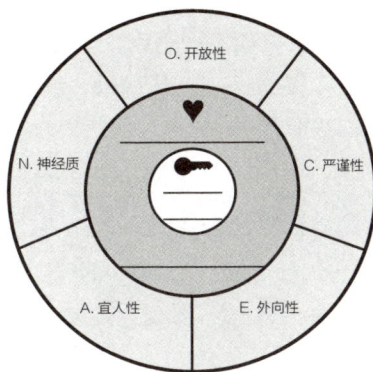

我的矩阵

第一层级：他们在 5 种人格特质中得分高还是低？

第二层级：他们偏好 5 种赏识语言的哪一种？

第三层级：哪种资源是驱使他们的主要价值观？

当你回答完这些问题的时候，你就"解锁"了对方的交际密码。我会给见到的大部分人设立一个矩阵，而他们也会给我设立一个矩阵。它就像关系中的经典指南一般，帮助你快速准确地判断一个人，这有助于你们的交流互动。

在知道对方的主要价值观以后，让我们来学习如何解决它们。

识别主要价值观

几年前，我在实验室做了一个实验，叫作"五十度尴尬"。我希望研究尴尬的场景、形成原因和形成方式。

实验操作非常简单。我们找到 100 名参与者——50 名男性、50 名女性。他们来自不同国家，年龄分布也很广。我想让他们做的就是"记社交日记"。在接下来一周时间，参与者像下表一样简要记录自己的社交互动经历和感想。

活动	+=−	描述

我希望他们随时记笔记，因此只给有限空间进行填写。第一列填写活动概要，只需要大致告诉我它是关于爱情、职场，还是家庭成员间的互动。第二列只需要填上简单的符号"+=−"：

"+"代表总体来说是场积极的经历。
"="说明这场经历还可以。
"−"说明这可能是场不好的经历。

第三列写下这个事件给你的感觉。参与者可以写下关于感受的话，诸如

"太好了！认识了许多新朋友！"，也可以是"好尴尬，一个人都没认识"。

在一周日记结束之时，研究人员会为每本日记编码，看是否能提取某种模式。寻找其中的语法变化、重复出现的感觉和每种活动的用语，然后对比这些人的大五人格。

外向性、宜人性、严谨性和神经质都比较容易根据日记判断，开放性判断起来则比较困难。但这项实验的最大发现是人们的主要价值观。

先前，我的矩阵只有两层（人格和赏识语言），这项实验促成了最后一层矩阵的发现。我们注意到人们都会提到某种资源，不管是抱怨资源的缺失还是庆幸得到了资源。这样一来，仿佛人们试图在社交互动中寻找某种想要的东西。资源获得，人们会定义其为积极的互动经验；如果没有得到，就会定义为消极经验。

比如，这是样本 57，某位参与者的日记片段：

活动	+=-	描述
与同事相约喝咖啡	+	笑到我脸疼，她太幽默了！
第一次约会	－	太煎熬了！对方非常无聊，跟他对话简直是痛苦。
领导力工作坊	=	小组活动挺有趣的，但不确定从中学到了什么领导力技巧。

你能猜到样本 57 的主要价值观吗？此人在互动中尝试找到什么？她的主要价值观是信息。她期望在互动中得到娱乐、教导或是其他信息。

当然，每个人都希望得到的资源越多越好，但我们总会有首要选择。总有一个我们所珍视的资源，我们会在社交之中寻找并满足我们的需求。

步骤 1：了解你的价值观

你玩过《超级马里奥》吗？根据我非科学性和完全基于个人情感的调

查判断，这是有史以来最好玩的电子游戏了。

为了从大魔王手上解救公主，马里奥在蘑菇王国里不断向前奔跑、跳跃，途中靠吃金币和蘑菇让自己变得更强大和富有。一些隐藏的砖块也能带给他特殊的技能，比如利用火球他可以打死板栗仔和休闲龟这样的敌人。

假如你是马里奥，你希望在不断向前的人生路上搜集什么东西？你想变得更有钱，更强大，还是无坚不摧？隐藏在下面的议题则是：什么东西在驱使着你向前？

- **填补缺失的需要**：弗拉认为我们在生活中会寻求那些儿时没得到满足的东西。比如从小在缺爱环境中长大的人，日后会向周围的朋友和同僚寻求更多被爱的感觉、认同感和归属感，因此他们常会讨好他人，认为这样才会得到他人喜爱。又比如从小缺钱的孩子，长大后即便赚了很多钱，也还是会在菜市场里算尽一分一毫。倘若之前资源匮乏的记忆根深蒂固，如今内心的渴望就难以被填满。

- **寻找不足的资源**：当一件事不能自给自足，我们就会向外寻求资源。低自尊的人常会从他人身上寻求地位。那些在社交网站上狂晒自拍的人，只是想要得到他人点赞、评论和分享，从中获得对自己的肯定。

- **给自己一个目标**：心理学家丹·P.麦克亚当斯从事自我叙事研究。自我叙事是一项心理疗法，我们通过讲述自己的故事认识自己。他发现，自己的价值观能引领生活和工作的目标。囤物癖告诉自己，想要有一个安全感的环境，就必须在家里囤满物品。护士告诉自己，想要完成服务人民的使命，就必须时常照顾他人。

价值观的提取和识别并不容易，一般得花上许多年时间。这项练习能帮助你思考什么才是驱动你前行的事物。请根据自己的情况，给下列陈述打分。

　　0分：跟我完全不相符

　　1分：多少跟我相符

　　2分：跟我完全相符

资源	意义	总分
爱	_____获得认同感非常重要。 _____我非常想被人喜欢。 _____归属感对我来说很重要。	
服务	_____我需要感觉到他人的支持。 _____如果别人为我做事，我会觉得自己对他来说是挺重要的。 _____对我来说，感觉到被人关心是很重要的。	
地位	_____获得称赞让我感觉良好。 _____我喜欢掌握大权。 _____别人的尊重对我来说很重要。	
金钱	_____财务稳定对我来说很重要。 _____我工作主要为了赚钱。 _____拥有金钱才能获得最大快乐。	
物品	_____我喜欢收集物品。 _____我很喜欢给人买礼物。 _____我对家中的东西都赋予了情感意义。	
信息	_____我喜欢处在"了解情况"的状态里。 _____我常给人建议。 _____我喜欢向人学习和教导他人。	

请在右栏把得分加起来。得分最高的一项很有可能是你的主要价值观（也有可能是次要价值观）。

接下来的练习是为了在不同场景下分类讨论主要价值观，比如社交环境、职场环境和情感环境。回答下列问题时，答案没有对错，请写下你第一时间想到的答案。

职场上的主要价值：

什么样的工作内容能让你找到意义？

你希望从工作中得到什么？

工作时，你最有自我价值感的时候是……？

你在职场上的主要价值观是：＿＿＿＿＿＿＿＿

社交场上的主要价值：

和朋友在一起，你最享受的是什么？

如果在互动中增加一种元素，能获得更愉快的体验，你会增加什么？

好朋友对你做些什么事，能让你有最大的满足感？

你在社交场上的主要价值观是：＿＿＿＿＿＿＿＿

亲密关系中的主要价值：

你们感情中最好的部分是什么？

伴侣给过你最好的礼物是什么？

和伴侣在一起，最有自我价值感的时候是……？

你在亲密关系中的主要价值观是：＿＿＿＿＿＿＿＿

　　我职场上的主要价值是信息。我从事教学活动，也常常寻找机会读书、浏览博客、学习新知识。我在社交领域的主要价值是爱。小时候我并没有获得多少爱，在学校里也没交到几个好朋友。长大成人后我非常幸运，有支持我的丈夫和可爱的朋友。但我仍时不时想从他们身上获取爱的感觉。

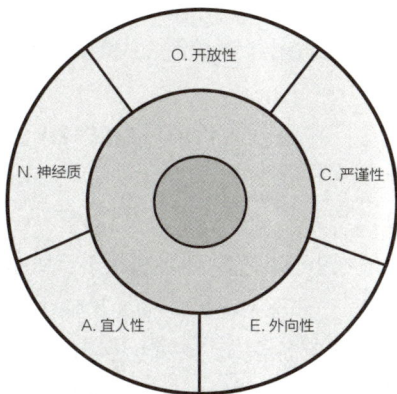

　　现在，你可以为你的矩阵填上最后一层主要价值观。拥有大五人格、赏识语言和主要价值观，这个矩阵就算完成了。

　　我把价值观放在中心位置，价值观是了解自己和他人最有效的方式。为什么呢？因为找到主要价值观是你得到最大满足的关键。

　　而让你消沉沮丧的原因，就是这件事没有契合你的主要价值观。双方感情问题重重的原因，可能是价值观不一致。而你会做错选择的原因，可能是你的主要价值观在干扰你的选择。

　　我许多学生都认为了解自身价值观与了解他人价值观同样重要。主要价值观是认识自己、了解抉择与驱动力的核心。

步骤 2：了解对方的价值观

　　告诉你一个最有用的事实：人们做出选择，在当事人眼里都是合理的。

你可能会觉得这不合理，那是因为你们受不同价值观的驱使。

了解对方价值观能帮助解释以下情况：

1. 有些人总会让你抓狂。
2. 关系中大部分误解。
3. 你关心的人为何会做出意想不到的决定和行动。

但我事先要提醒你，挖掘他人价值观是破解人类矩阵最难的一部分。以下是我常用的策略。

1. 对方的抱怨和吹嘘：对方是否会抱怨工资太低（金钱价值），成就没有被认可（地位价值），车子不够好（物品价值）？或是吹嘘自己如何悉心照顾病床上的父母（服务价值），炫耀老板有多喜欢自己（爱的价值），他们知道多少新合作方的猛料（信息价值）？主要价值得到满足的时候人们就会感到骄傲，而不够的时候就会非常焦虑不安，内心活动往往体现在口头抱怨或吹嘘上。

2. 非语言暗示：肢体语言也是一种方法，它能帮你判断是否切中了对方的主要价值观。就像超级马里奥一样，得到蘑菇以后，他就能变得更大，跑得更快，跳得更高。但被板栗仔和休闲龟碰到以后，他的身体就会收缩，还会死去。这和我们没什么两样（除去他的胡子和工装背带裤）。当人们的主要价值观得到满足时，他们会非常高兴！你能在他们脸上看到真实的幸福微表情，还有躯干向后张开、点头等，以及胜利者的姿态。相反，人们的微表情则是厌恶、愤怒、不屑和失败者姿态。

3. 行动线索：当你留意观察人们的生活，你就能发现行动也会暴露出价值观的踪迹。举几个职场中的例子：

- 同事 A 经常下班后迟迟不走，拍老板马屁。你能感觉到他在寻求老板的表扬，企图获得更多职权。他的主要价值观极有可能是地位。

- 同事 B 每天准时下班，但为了季度总结，他却能及时完成工作。他总是第一个跑去要年终奖。他的主要价值观是金钱。
- 同事 C 是办公室里的讨喜甜心，他与每个同事都是朋友，还会在别人办公桌上留下写着鼓励语句的纸条。他的主要价值观可能是爱。
- 同事 D 记下所有人的生日，热衷于举办派对和聚会、组建公司球队。他的主要价值观是服务。
- 同事 E 会争抢最舒服的工位和停车位。每当公司有福利他都会很高兴，旅游回来，他一定会给大家带纪念品。他的主要价值观是物品。
- 同事 F 比较八卦，因此他总会了解不少隐藏的事实。他是会约工作搭档打高尔夫的人。他的主要价值观是信息。

4. 让他们担忧的事：有什么事能让人夜不能寐？让人们感到压力的事是什么？这些信息都是提示。如果你的朋友老是抱怨自己和大家不在一个频道上，他的主要价值观可能是信息；如果同事非常在意头衔，并紧张谁会得到升职机会，他的主要价值观可能是地位。

- 你可以听取对方担心的内容，看他们的担忧属于哪些价值资源。
- 询问他们在生活中最担心的事是什么。
- 把这些内容和主要价值观相对应。

一开始这些信息可能难以提取，但对方过去的行为至少不会给你错误的判断方向。

特别注意：我喜欢用直接询问的方法，但在价值观上你很难从他们口中得到真实答案。有人可能最在意金钱但他羞于承认，虽然金钱在现代生活是

小事实盒子

我们向 1000 多名人士调查他们担忧的事，答案均匀分布在各个选项。为什么呢？因为我们的主要价值观决定了我们会担忧不同的事情。

你最担忧的是什么？（单选）

在 1,008 个答复中

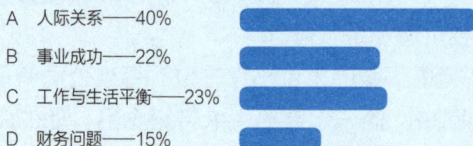

A　人际关系——40%

B　事业成功——22%

C　工作与生活平衡——23%

D　财务问题——15%

必需品，爱财也非常合乎情理。另一些人也会害怕承认自己喜欢得到表扬。因此，请留意人们口中提及的价值观，它们很有可能同行为背道而驰。

步骤 3：当你我的价值观相遇

现在，你知道对方的主要价值观了，你该怎么做呢？

第一，你能提升对对方行为和决策的预判能力。这在寻觅新项目的合作拍档，以及寻找恋爱对象时格外有用。

第二，你可以用它来激励他人。想要鼓励孩子多承担家务，零花钱不一定是最好的奖励。想给老板留下深刻印象吗？你可以全力满足他的主要价值（而不是你自己的价值）需求，并用他偏爱的赏识语言展现出来。想让组员有更好的表现吗？你就尽可能提供给他们最需要的资源，也减少在这些资源上与他们争抢的情况。

最后，你通过贴合他人的主要价值观，给他带来自我价值感。我一直认为，人类能给对方最好的礼物，就是满足他们最在意的需要。如果我能满足他人的主要价值需求，我一定不会错过的。

善举无论多微小，都不会被浪费。

——伊索寓言

　　下面让我们来看看每类价值资源的细分内容，以及如何实现对方的价值。"事例人物"是根据你对周围人的判断，认为他属于这类主要价值观的人。

主要价值：爱
当这样做时，能给他们带来价值感：
- 让他们感觉到自己被囊括在集体中。
- 感到正被人喜欢着。
- 有人欣赏他们。

事例人物：_____

主要价值：服务
当这样做时，能给他们带来价值感：
- 他们不需要主动求人帮忙。
- 感到有人正在帮助、支持他们完成任务。
- 有人为他们提供帮助。

事例人物：_____

主要价值：地位
当这样做时，能给他们带来价值感：
- 获得夸奖。
- 被赋予权力和名望。

- 成就得到承认。

事例人物：_____

主要价值：金钱

当这样做时，能给他们带来价值感：

- 银行账户有丰厚存款。
- 买得起他们想要的东西。
- 感觉自己正在赚钱。

事例人物：_____

主要价值：物品

当这样做时，能给他们带来价值感：

- 办公或居住环境舒适。
- 坐拥很多资产。
- 留有很多高价值的传家宝。

事例人物：_____

主要价值：信息

当这样做时，能给他们带来价值感：

- 自己了解情况。
- 第一个知道消息。
- 被邀请发表想法。

事例人物：_____

最大程度切中对方价值观，就是当即提供对的资源。比如，我的一个朋友约翰·博伊尔斯顿在俄勒冈州竞选议员。他找到了我们共同的朋友马特·斯科特，想让他帮忙做竞选活动执行。（感谢这两位的允许，让我用他们作为例子）

约翰希望得到马特的帮助，但同时希望这能成为一次双赢合作。我猜测约翰的主要价值观是服务。他希望在竞选活动中得到帮忙和支持——联系捐款人、制作传单、上门走访以及客服工作。

在找到马特之前，约翰需要知道马特的主要价值观。他的主要价值观是金钱吗，他是否会计较报酬？还是地位，是否会要求竞选网站和文件中出现他的大名？还是信息，希望得到政治业内人士的观点和经验？约翰在和他与马特的共同朋友聊过以后，了解到马特刚好也希望获得政治竞选活动的经验。他猜想，马特的主要价值观可能是信息。下面就是约翰写给马特的邀请邮件（篇幅略有删减）：

马特你好，

听说你考虑过涉政，并愿意参加政治竞选活动，是这样吗？

如果是的话，我觉得你会是我的最佳人选。我有意在今年春天竞选代表 26 区的议员。我需要一个优秀的团队为我助力。目前我已召集了一个专业顾问团队、资金筹集人、数据分析人，以及会计。不过，我真正需要的是一个称职的选民联络人和志愿团队管理者。

这不仅是初级志愿者的工作，而且是你进入竞选活动、了解竞选内部运作的绝佳机会。你将为团队做不同决策、想创意，而不是单纯地做苦力活（当然这些努力也是我们整个竞选活动的一部分）。

你放心，我会给你指导，也有一个非常好的团队相互支持。但我希望你能推动竞选发展，并真正与选民进行接触。

我在组建团队的时候，第一个就想到你了。我相信你会做得非常出色。

约翰

后来我了解到，马特看到这份邮件以后非常高兴。这正是他一直以来想做的事情。于是他立刻回复：

我非常乐意以任何方式为竞选提供帮助，听起来这是我感兴趣的事。除非是参加各种贸易展览会，我在晚上和周末都有空，所以我在这段时间工作是没有问题的。非常感激你能为我提供这个职位，我也很乐意帮忙。你什么时候比较方便，我们可以见面详谈？

再次对你说声感谢！

这样看来，约翰想找马特义务帮忙，而马特却对他感激不尽！乍一看这很不合理，但如果你知道马特的主要价值观是信息，那么这件事自然水到渠成。马特想知道更多关于竞选的事情，他很高兴能成为业内人士。这封邮件开启了强有力的紧密合作关系。在这段关系里，双方都得到了各自想要的资源。

需要注意的是，据我学生反映，在特定情况下，有些人的价值选择与自己的主要价值观并不一致。这种情况下就会出现特定情景价值观。比如，你知道同事的主要价值观是金钱，但你又发现，当他是项目主导人时，又渴望得到表扬、认可和赞许，地位就是他的特殊情景价值观。

利用主要价值观获取人心

瓦提又遇到一个大挑战：南非国王决定拜访伦敦奥洛齐。他说："我们曾接待过不少名人、贵族和政要……但面对皇室一族就必须进行前所未有的布局和协调。"

基本的后勤工作是必不可少的，比如为皇家飞机扩建一条小型跑道。但瓦提还需弄清国王的喜好，以便为他们的伦敦奥洛齐之行创造难忘回忆。

所幸的是，瓦提很快就找到了答案：物品这一价值对国王和随行的一家来说是最重要的。通过与王室工作人员交谈，瓦提知道公主们非常喜欢购物。他说："所以我们的纪念品商店必须有大量存货,这样随行的 20 多名女士就能每天进行一次、两次甚至三次购物,在商店里也能常常发现新奇的商品。"

瓦提空运来国王最爱用的洗面奶、震动锻炼机和木瓜润手霜。当皇室一行人到来的时候,伦敦奥洛齐已经完全变成为国王主要价值观定制的殿堂了。

除去南非森林的自然风光,瓦提对人性的洞察让伦敦奥洛齐变成世界著名的度假胜地。无论对方是狩猎向导、前台接待员还是厨师,他每天都会挖掘他人的主要价值观。现在,他能迅速判断顾客的动机。有人想在野生灌木丛中享受顶级奢华的狩猎体验(服务);有人想来体验五星级大餐(物品);有的人想来体验物我合一的大自然风光(爱的感觉)。

每天结束,瓦提都能虏获不少人的心。他设法让每个来到伦敦奥洛齐的人都能找到意义。你学习社交技巧也是如此。寻找他人的价值,为他们的价值创造意义,然后虏获人心。

尝试这些挑战 ☑

01	思考你生活中 5 个最重要的人，他们的主要价值观是什么？	
02	识别你的提升者的主要价值观。你怎样才能更好地服务于这些价值观？	
03	额外挑战：与伴侣或好朋友做主要价值观识别练习。在他们眼里，你的主要价值观是什么？	

章节回顾

人际互动即是资源互换，我们在互动中交换着 6 类资源。其中一类资源是最能驱动我们的主要价值观。主要价值观驱使我们的行为、行动和决策。识别对方价值观这一步骤，是识人矩阵的最后一道挑战。

● 请了解自己是如何进行价值交换的。
● 自己的主要价值观是什么？
● 构建价值观矩阵，就是弄清驱使人们行动的事物。

我在这章最大的收获是：＿＿＿＿＿＿＿＿

Part

3

最初 5 天

你如何让萍水相逢的陌生人变为一辈子的好朋友？怎样才能让聊天变得自然？如何约对方来一次正式约会？

　　在第 1 部分，你学会了如何于 5 分钟之内得到大家的注意。在第 2 部分，你懂得了识人术，这让你迅速了解对方的行为和人格特质。在这一部分，你将掌握人际关系提升的艺术。

　　你懂得了如何给人留下深刻印象，也弄懂了看似玄妙的人类性格。现在让我们学习如何提升你的影响力，让队友成为搭档、让顾客成为狂热追随者、让朋友成为挚友。

第十章

用故事创造联结

说别人会听的话

1926 年 5 月 18 日这天发生了一件匪夷所思的事，麦艾美牧师失踪了。

这一天并没什么特别。麦艾美和秘书在威尼斯海滩附近游泳。在潜入水中几分钟后，麦艾美就不见了。搜寻队在附近的海滩上搜寻，洛杉矶市政府也处于高度戒备状态，但大家一无所获。

然后奇怪的事情发生了。在全国各地，许多人开始上报自己见到麦艾美的消息，但经过分析这是不可能的事。因为在同一天，人们发讯报的地点相隔几千米，但能同时看到麦艾美。同时警方还收到了来自各地的关于麦艾美的绑架勒索信。

没有人真正找到麦艾美，但每个人都能看到她。在失踪一个月后，麦艾美安然无恙地出现在墨西哥沙漠中。她说自己遭到绑架，被关在一间小木屋里。

但媒体很快指出，麦艾美的部分说辞并不合理。她是怎么跑到墨西哥的？为什么被绑架了却还安然无恙？是谁绑架了她？公众都被她迷惑了。当她回到洛杉矶时，超过 30,000 名群众在火车站欢迎她的归来，就像迎接英雄一样。

麦艾美声名大噪，吸引了一帮追随者来到洛杉矶的安琪拉教堂。这座教堂至今仍然生机勃勃。当时，有一成的洛杉矶市民是麦艾美的信徒。

"看到这里，我也想伪造一次绑架事件，从此建立起我的教派。"喜剧演员尼可·帕恩站在安琪拉教堂外的双层巴士上，一帮游客聚精会神地听她讲故事。安琪拉教堂只是帕恩众多奇特游玩地点之一，这次旅程原来是一场喜剧秀，名叫《我去治病前的最后一场秀》。

这场巡演背后的理念是非常个人化的。帕恩只是在讲她关于洛杉矶的悲情故事：情感破裂，羞愧于心，醉醺醺地蹒跚在街头。其中一段表演里，她还把车子开到自己好友家门口，带领全车人高唱阿黛尔的《你好》。帕恩说："有时候我好友还会趴在窗边跟我们一起唱，这要视她的心情如何。"

在停歇站点，帕恩避开树枝，告诉大家许多好莱坞谋杀案的离奇花边报道，还给大家展示隐秘的景点。在路口等待超级久的红灯时，她还跟大家说："快给我拍照，把我的照片放在 Instagram（照片墙）上，然后介绍给你事业有成的朋友吧。"在巡演了 14 次左右后，帕恩已经知道巡演路线应该避开哪条街道，怎样做才能吸引更多路人。

原本帕恩以为这只是一场一次性的表演。她从没想过自己的表演能成为好莱坞旅行路线的亮点，也想不到自己能接到一大堆工作邀约，甚至被电视公司的高管接见，想把她的巡演做成一套节目播出。"我的生活很失败。我没钱、没工作，对象也甩了我。"悲痛欲绝之时，她把喜剧当成自己的治疗师，用这场巴士表演作为自我暴露性心理疗法。

首次表演是个可怕的经历，她说："我对观众喊了一个多小时，每当巴士在站点停靠，我都想去吐一通。"

但她强迫自己要诚实，她分享了自己糟糕的约会、天意弄人的爱情，以及荒谬的遭遇。帕恩说："我把内心最深处的秘密和最丢脸的经历都说了出来，这很可怕，但说出来我就得到了解脱。"

行程第二天，当帕恩在处理她所谓的"脆弱后遗症"时，大家开始谈论这个节目，观众们都对帕恩自然的幽默与张狂印象深刻。自此之后，帕恩又完成了 20 多场现场表演，每一次表演都一票难求。

帕恩在讲故事的时候，大家不仅愿意听，他们还想听到更多。她在不经意间走了人类之间联结的捷径，那就是讲故事。

故事是全人类共同的"流通货币"。

——《麦加之旅》编剧塔希尔·沙

故事背后的科学

泰·华纳是一个玩具制造商。为做一次次商业尝试，他把毕生积蓄和房产都抵押出去了。虽屡战屡败，但华纳仍相信自己的商业模式值得倾囊一试。

最后，看着自家生产的可爱毛绒动物玩具，华纳找到了扭转失败局势的一招。

他决定给这些玩具起一个名字，为它创造一个生日、一个故事。其中一款布娃娃叫作"钳钳龙虾"，于 1993 年 6 月 19 日出生。它有个故事，是这样的：

钳钳龙虾很爱钳东西，
一点一点地吃着东西。
它用尾巴小心翼翼地保持平衡，
走起路来慢条斯理，就像只蜗牛！

还有巧克力麋鹿、吵闹小猪和溅水鲸。最后，华纳创立的玩具品牌"豆袋玩偶"成为被疯抢的热销玩具。孩子们梦寐以求的不仅是一个豆袋玩偶，而是每一个新出的豆袋玩偶。豆袋玩偶曾创下了一年 7 亿美元的销售纪录。

华纳深深知道，当一个人（或物品）被赋予故事以后，人们就很容易和他（它）产生联结感。

- 故事给我们机会说出"我也是"，激发相似相吸效应。
- 故事创造聊天火花——倾听故事时能产生愉悦感。
- 故事能让讲故事与听故事的人连在一起。

研究人员葛瑞格·史蒂芬、劳伦·希尔伯特和乌里·哈森欲研究听故事时人的脑部活动。他们让实验参与者做功能磁共振成像，并记录讲故事和听故事的人各自脑部活动。结果发现，两个大脑出现了明显的"同步现象"。当故事开始时，听者的脑部模式开始向讲者匹配。

西班牙一项研究甚至发现，看到"香水"或"咖啡"等词，我们大脑主要的嗅觉皮层就会被唤起，嗅觉皮层会处理气味问题。如果你听到关于奶油布丁的故事，你的大脑就呈现出奶油布丁的图像，联想到甜腻的香气与舌头感受到的润滑奶油。即使面前没有真的奶油布丁，大脑也会给出相应的反应，只需想象一种回忆的感受，大脑就能激活真实感觉会唤起的部位，就好似真实体验一样。同理，当别人跟你讲故事，你的大脑也会有真实体验故事的反应。研究者把这叫作神经耦合，而我将之称为联结技巧。

人类大脑这种认知机制让故事成为人与人联结的捷径。故事能通过文字或语音让谈话双方脑部保持同一状态波长。在听故事的时候，我们不仅在听，同时也在感受故事内容。即使是短小的故事也能迅速运转起人的大脑，让双方保持认知同步。

人与真理之间最短的距离，就是一个故事的距离。

——安东尼·戴迈乐神父

故事的技巧

我要在这儿坦白：你遇到过在吃饭的时间给你打电话想赚你钱的人吗？

我就曾做过这种人，让你总想挂我电话。我的职业曾是电话推销员，不过不是真正意义上的推销员。在大学里为赚点零花，我就在埃默里大学电话募款社团做兼职。大学 3 年时间里，每天晚上，我都要打电话给校友，邀请他们为母校做点资助。

这是我做过的最差的工作，也是我做过的最好的工作。它把我推出舒适区，迅速和人们建立联系。使我对他人的拒绝没那么敏感了。这份工作教会我最重要的就是与人产生联结的终极技巧：讲故事。

工作最初几天是最难熬的。第一天晚上，你会坐在成排的电脑前，把耳机接入自动拨号系统。当机器开始拨号，你有 5 ~ 7 秒的时间速读电脑提供的通信名片，迅速回忆起有关接听者的任何事情。我会有目的性地搜寻他们的名字、毕业年份和专业。如果够幸运的话，你有四五声电话呼叫的时间去分析这些信息。然后对话开始：

"喂？"

"您好，史密斯先生。这里是埃默里大学电话募款社团。我想问您关于捐赠的事……"

"咔！"（挂电话的声音）

被挂电话还好，毕竟满口脏话的回应更糟糕。如果你想让对方继续听下去，你就要迅速地陈述你的理由。对我来说，就是尴尬地请求别人为母校捐一笔小款。在前 200 通电话里，我幸运地让一两个人继续听我讲话。虽得到了两个人的捐款，但可以说，我没赚到钱。

后来，一天晚上经理再也看不下去我频繁地被挂断电话与糟糕的成功率。他走过来拨掉了我的耳机，只对我说了一句话："你爱埃默里大学吗？"

"当然爱啊！不然我也不会坐在这儿为我们筹集捐款了。"

"那就好。"他说，"那你为什么爱埃默里大学呢？"

这很简单："我喜欢这里，因为这里聚集了全国最好的师资，有很赞的社区氛围，校园环境优美……"

"停，"他打断了我，"这就是为什么我让你来打这些电话。你爱埃默里大学，这些校友也爱，你只要跟他们讲在埃默里的故事就好。"

他是对的。不管这些校友毕业了多少年，不管我们是不是在同一专业，不管我们是否住在同一区域，我们都有共同的埃默里这段大学经历可以分享。

从那时起，我打电话就有了两个目的。第一个目的就是分享一下关于埃默里的故事——也许是一场校友会、新的体育馆，或是某个教授在学校里做了一场恶搞。我当时并没意识到，这一两个故事就能让我和校友站在同一阵线了。

第二个目的，就是让他们给我讲一个故事。我想知道他们那个年代在埃默里发生的故事——发生了什么变化，有没有回来参观过，或者他们在校园里最美好的时光。最后，如果他们能贡献一点资金，那就最好不过了。如果不能，那也没关系。我的唯一目标就是搜集故事。

渐渐地，随着我的故事越来越好，我的电话成功率也越来越高了。

"喂？"

"您好，史密斯先生，我叫瓦妮莎，我是埃默里大学的大二学生。我想知道您是否有几分钟的时间来了解一下埃默里的近况？"

"大二学生啊，我们的足球队最近怎么样？"

"太好了，先生，仍然百战不殆。（埃默里并没有足球队，所以这是校友们都知道的笑话。）事实上，上周末是校友返校日，我们做了个巨大的佐治亚州桃子彩车。在 1978 年返校日，你们会不会做成这样？"

"天啊！让我想想。那时有一个游行，但那时我们会放水气球。"

"不会吧！如果现在我们还在学校放水气球，肯定会惹来大麻烦。你也知道园丁是有多担心他们的草坪。"

"哈，是的，我记得当我们在草坪上踢足球的时候，园丁们都气死了。好了，请问有什么事吗，小妹妹？"

"好的，先生，我是埃默里大学电话募款社团的成员。去年您非常慷慨地捐了 100 美元，我想知道今年您是否愿意捐 150 美元。我可以把它标记为用于历史系，因为那是您的专业。"

"可以这样操作吗？那太好了。另外请代我向多波先生问好，如果他还在那里的话。"

从此以后，不仅捐款滚滚而来，而且我渐渐爱上这份工作了。通过和校友接触，我知道了发生在图书馆角落里的故事，获得了玩住房彩票的窍门，而且对校友群体有了深入的了解。每周，我都会为打电话这件事搜集不少故事，也换着法子让校友们分享自己的故事。这样，我就成了故事收集者，也学会了用故事技巧促进和校友的关系。这种效果，你也可以取得。

秘诀 10 故事 堆叠	分享、诉说和收集充满魅力的故事， 从而引发联想、吸引注意。

相信很多人生来了解故事的力量，却不知道怎样在日常生活中利用这种力量。现在让我告诉你一个简单的方法，用于交换、分享和收集故事。我把它叫作故事堆叠。

故事堆叠

计算机程序员使用"堆栈"来组织软件系统的各个组件。例如，我的网站在微软引擎上运行，利用博客程序编排版面，并使用"云闪"作为内容分发网络，为的是提高网速。这些都是我创建网站时所需要堆栈的工具。故事同样也可以堆栈和堆叠。

想要驾驭故事的力量，最简单的方法就是把你最喜欢的逸事、叙述手法和后续提问结合储备和使用，进行故事堆叠。下面就是故事堆叠的做法。

- 触发式话题：你知道为什么相同话题下对话能一个接一个地进行下去吗？我把这些话题称作触发式话题。我们在闲聊和认识新朋友的时候总会聊到天气、交通、周末计划以及时下最火的电视节目，这些都是最常见、最通用保险的话题，它们可作为故事堆叠的第一层级。当你听到这些话题时，你就可以以此为触发点，开始讲你的故事。你可以看看下文提到的"故事堆叠表"，并加上你在聊天时常用的话题。

- 火花式故事：日常生活中的每件事都有故事，但我们很少停下脚步去好好储存它们。火花式故事就是那些能引起兴趣、爆笑和吐槽，以及能产生后续话题的故事。你可以根据"故事堆叠表"里的提示来为每个触发话题寻找至少一个火花式故事。

- 回力镖：每当你分享完一个故事，你总要把话题拉回到在座的人身上，这样才能让对方给你回应。我把这一行为称作"扔回力镖"。当你讲完故事，你要如何把故事内容结合到对方身上？你该问什么问题来引导他们讲故事？怎样才能让他们继续畅谈？有什么好事能让他们发笑？

　　让我先给你举个例子：商务午餐会上，有人提起美国家庭影院频道最新的喜剧专题。喜剧就是我其中一个触发式话题，因此我打算在对话间歇的时候把故事讲出来。

　　同事：我刚看完安萨里的喜剧专题，非常精彩。

　　我：喜剧吗？我可以花整个周末在网飞上看喜剧节目。我以前一直都看比尔·马赫，但上次我在他真人面前丢过一次脸，我就再也不能好好看他的节目了。

　　同事：啊？发生了什么事？

　　我：一天我和丈夫在西好莱坞看完电影等着取车。外面很冷，停车场服务员也不知道要多久才把车给我们开来。突然，一部黑色大型 SUV（运动型多用途汽车）准备开进来，服务员招手让他开进来，正好停在我们面前。我和丈夫看到这辆车，就在讨论车主可能是谁。我们虽然大声了点，但只是在开玩笑："若是说唱歌手的车，这轮轴又不够酷炫；若是政客的车，这车辆行驶证期限又短了点。"正当我们准备吐槽车里的皮革座位，我猛然看到比尔·马赫就站在那里死死盯着我们。没错，这车子刚好是他的，并且全程听到了我们的对话。尴尬极了！

　　同事：不会吧！这场面也太尴尬了吧！当时他是笑了还是非常严肃？

　　我：他一点笑容也没有，所以我感觉很糟。所以你有碰见过明星真人吗？

　　同事：哈哈有啊！有一次……

　　我利用故事来增进我和同事的联系，让原本比较无聊的午饭对话变得有趣。说完故事以后，我又向他扔了一个回力镖，让他讲一个故事给予我回应。

　　好，现在到你了。请在下面的故事堆叠表里填上你所想到的所有触发式话题、火花式故事和回力镖问题。

请记住：你的故事不一定非得是你自己的故事。在工作中听到的有趣故事，或是在我这本书里看到的趣事，你也可以把它们加进来。

你的故事堆叠表		
触发式话题	火花式故事	回力镖
流行实事 最近见闻 惊天爆料 故事		●你听过印象最深刻的故事是什么？你在哪儿听到的？ ●你知道这个故事的时候是在哪里？
家乡 童年 成长过程		●你是怀念在家乡的日子，还是说幸好逃离了家乡？ ●在成长过程中，你有什么有趣的故事？
名字 不记得的名字 有趣的名字 难以拼读的名字		●你的姓氏有什么历史渊源吗？ ●你听过最有趣的名字是什么？ ●你喜欢自己的名字吗？
职业 第一份工作 生涯抉择 理想的工作		●你会给初入这个行业的年轻人什么忠告？ ●这份工作给你带来的最大惊喜是什么？ ●有什么事情发生让你选择了这份工作？
最新活动 旅行 节庆传统		●下次假期你准备去哪儿？ ●你觉得最好的假期旅游景点是哪儿？ ●你印象中最好／最糟糕的假期是哪个？
派对 生日 礼物		●你去过最好的派对是哪次？ ●你收到的最好的礼物是什么？ ●小时候去过的最棒的派对是哪次？

续表

夏天 季节 户外活动 营队活动		● 今年夏天你可有什么计划？去年夏天有什么趣事发生？ ● 夏天让你联想到什么？ ● 你有没有参加过夏令营或冬令营？
天气 飓风天逸事 极端天气		● 有没有被恶劣天气困住的经历？ ● 被晒得最黑的一次是什么时候？ ● 你最喜欢的季节是哪个？
交通 通勤 开车 开车去旅行		● 你会在开车的时候听有声书吗？ ● 你开车的时候最爱的歌单或电台是什么？ ● 你最爱的播客节目是什么？ ● 你上班路程时间长吗？
电视节目 读书 电影 经典书籍 / 电影 / 节目 纪录片		● 你最近看了什么书或节目吗？ ● 你上次看的是什么书或节目？ ● 你看过最精彩的纪录片、书籍或文章是什么？ ● 你最喜欢的角色是什么？ ● 你觉得哪个角色最适合你？
名人 榜样 著名事迹 有趣的人		● 你有没有在现实生活中见过明星？ ● 你有没有听到过明星的花边新闻？ ● 如果你能和一个明星见面，你希望他是谁？ ● 你有没有哪个明星是你的榜样？
活动 研讨会 音乐节 大游行 展会		● 你之前参加过这个活动吗？ ● 你参加过最疯狂的活动是什么？ ● 你会去参加研讨会性质的活动吗？ ● 你会不会去音乐节？

讲故事的艺术

即使你有了丰富的故事堆叠库，假如不是一个好的故事讲者，这个故事堆叠库也没什么用。下面 3 点就是一个好故事和绝妙故事的区别。

- **吊人胃口的开场**：从开始就应引起别人的兴趣。一个抓眼球的问题、引起兴致的叙述方式和一种开放式的想法。我在讲比尔·马赫故事的时候就是如此。我说："我以前一直都看比尔·马赫，但上次我在他真人面前丢过一次脸，我就再也不能好好看他的节目了。"毫无疑问，这个开场成功勾起了同事的好奇心。

- **面临一个问题**：好故事得有核心问题。这个核心问题可以是一个疑问、一个待解决的困难或是一个挑战。在比尔·马赫的故事里，这个问题就是"车子的主人是谁"。或者你也可以理解为悬而未决的事。在解决过程中你给出线索了吗？你是否需要和某人对立？过程中可否插入一些有趣的段子？

- **使用诱人的描述**：你还记得当听到"香水"或"咖啡"等词，大脑的嗅觉系统就会被激发吗？你形容得越详细，听者的大脑就能唤起越多的感觉。用更多形容词和有趣的语句来让你的故事更生动诱人。

你可以在 2 分钟之内利用好这些元素——故事要短。要是故事超过了 3 分钟，就没人再对你感兴趣了。

一旦你采用这个套路，你就能轻而易举地把索然无味的见闻改造为爆笑故事。TED 演讲者苏珊·凯恩在讲述"内向"这个话题时，就利用吊人胃口、面临问题、独特语言和回力镖这些套路成功获得了 1,400 万人次的播放量。这就是她的叙述方式：

　　吊人胃口：我在 9 岁的时候第一次参加夏令营。妈妈给我准备了一整箱书，这对我来说不足为奇，因为在家里，读书是件大家聚在一起常做的事。

　　面临问题：这在你看来可能会是种回避社交的习惯，但对我来说，读书也是另一种形式的社交。你能享受和家人共度的温暖时光，也能放任自己的思想在冒险乐园里自由驰骋。因此我预想夏令营也如此，甚至会更精彩。

　　独特语言：我预想的夏令营，是 10 个女孩子坐在小木屋里，穿上合身的睡袍，闲适地看着书。但事实上夏令营更像是没有任何酒精的狂欢派对。在第一天，辅导员就把大家召集起来，教我们队的口号。为了让营队精神深入人心，这是接下来几天夏令营活动都要做的仪式。欢呼大概是这样的："闹闹闹，这就是我们的口号。闹，闹，闹，大家一起来玩闹。"

　　回力镖：看到这种场面，我搞不明白为什么我的生活需要这样闹腾，或我们为什么要喊这种奇怪的口号。

　　苏珊完全可以把故事说得更无聊点：

　　目前好像很多人觉得读书是件回避社交的事，但对我来说，这只是一项家庭聚会活动。因此当我参加吵闹的夏令营时，我很难和大家很好地融合。

　　但她没这样说，相反，她让大家被她面临的问题所吸引。她的回力镖即是逗笑听众——这是一人面对众多听众时所用的最好方式。

　　如果你不知道如何将自己的故事放进这个套路里，不用担心！我已经帮你解决了这个问题。我设计了一套填空练习，这套练习基于"通勤"的触发式话题。话题看起来平平无奇，那就让我们用苏珊的方法把它包装成一个小故事吧。请直接填空：

1. 吊人胃口：想知道我在开车的时候见过最_____的事吗？
2. 面临问题：我正在路上开着车，突然，我看到了_____。
3. 独特语言：这真是太_____了！
4. 回力镖：你见过有人在车里_____吗？

让我们再试试"有趣的人"这一话题，这个故事可以讲得稍微长一点。想想你一直想见到的那个人，可以是任何一个在你一生中想见到的人。

1. 吊人胃口：有一次，大概在_____年前，我遇到一个超酷的人。
2. 面临问题：这可能听起来_____，但我一直想_____因为_____。在这之前，我非常_____。最后，这一刻终于来了。
3. 独特语言：这太_____了！看见他们，我感到最惊喜的就是_____。这场_____我永远不会忘记。
4. 回力镖：你所见的最酷的人是谁？

按着这个套路，请在"故事堆叠"表中间一栏"火花式故事"中写下你的故事。浏览一遍你说的故事，尝试在每个故事中添加吊人胃口的元素并强化面临的问题。

你也可以用一种有趣的方式来获得轻松小故事，那就是看情景喜剧。我在情景喜剧里学到了如何讲短小诙谐的故事。情景喜剧作者需具备"浓缩"的功力，把塑造人物的故事压缩成一段有趣的逸事。《老爸老妈浪漫史》里有很多这样的例子。在试播集里，泰德问罗宾："你是做什么的？"（触发式话题）她说：

我是《都市新闻》的记者……可以算得上一位记者吧（吊人胃口）。我负责在新闻的最后做些轻松的小片段，比如"会弹尤克里里的猴子"。真希望早点接到重点故事的报道啊（面临问题）。

几分钟后，他问罗宾关于她未来的打算（触发式话题）。

泰德："嘿，周六晚上和我一起吃晚饭吧？"

罗宾："不行啊，我要去奥兰多一周，周五出发（吊人胃口）。有人要做一个世界上最大的煎饼（面临问题），你猜猜谁负责去做报道？（回力镖）"

这些小故事里都有一些幽默点，幽默来自意想不到的小惊喜。不需要害羞，多尝试向不同的人说些小段子。你只需不断地练习说你的故事，看看在什么时候、什么场合能引来笑声。

通过听众的反应，你可以不断改善你的故事。别忘了练习非语言式强调、停顿和润色你的故事。[①]

说到讲故事的艺术，我最爱从《纽约时报》里取经。里面的获奖记者、编辑和写手们让《纽约时报》成为世界级的新闻机构。你也可以向他们学习。

我和机构里的研究员罗比·史密斯共同设计了一个小研究，用于分析《纽约时报》里热门文章的类型。研究持续了 4 个月，从 2015 年 10 月至 2016 年 1 月，罗比把阅览量最高的那些报道进行记录和编码，分析了这些文章的选题、题目结构、标题和每篇文章的看点。

我们对看点特别感兴趣。标题暗示了内文将说些什么？换句话说，如果读者点进去看，这篇文章能提供给他们什么？一个新的结论？一次借鉴？或是一个惊喜？一个新资讯？以下是我们使用的看点分类：

- 设问：例如，2015 年 10 月的这篇文章《你能变得更聪明吗？》
- 如何做：许多标题都使用了"如何做"的标题，提供窍门、自助或尝试新事物。比如 2015 年 12 月的文章《应对气候变化，你能做

---

① 想让你的故事更富幽默性吗？在我们的电子附录里有一篇文章《如何变得有趣》，你可以在 www.scienceofpeople.com/ toolbox 中找到。

些什么？》。

- ● **历史**：部分文章引用了历史上一段时期、一个事件作为标题，比如 2015 年 12 月的标题：《洛克菲勒圣诞树的起源——勤劳的意大利工人》。

- ● **双关**：这一类别的标题多是些有内涵的双关语，看到这个标题我们都笑了：《这是一个不含麸质的专栏》。

- ● **新事物**：比如《学术能力评估测试改革后你要知道的事》。

- ● **故事**：精心打造的标题能给人一种暗示，暗示他们将读到一篇精彩的故事。比如《我的黑暗加州梦》以及《Lady Gaga 与激情人生》。

在 559 篇热门文章里，有 195 篇（约 35%）的文章看点都是故事。这是我们的研究目前为止看到的传播最有效的类别。

你可以看看《纽约时报》网站上转发量最高的文章榜单，讲故事形式

4 个月的文章看点

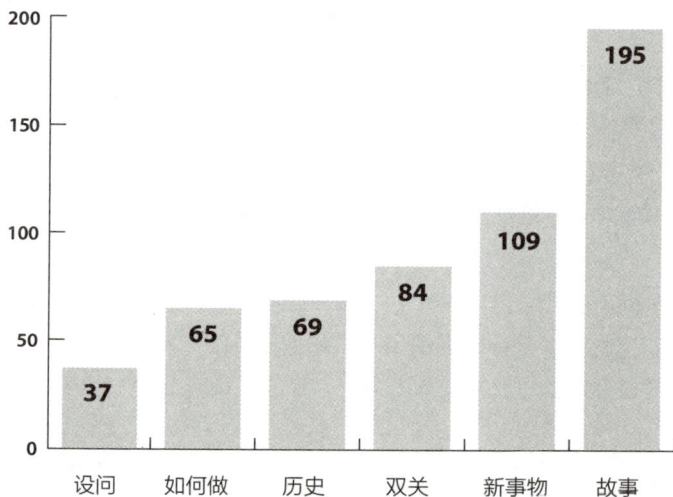

的套路文章反复出现。首先，作者会在标题里给你一个故事的小提示；其次，他们会迅速引到需要解决的问题上；最后，他们用吸睛的语句给读者呈现一幅图景。

无论是做场受欢迎的演讲、写封有点开欲的邮件，还是让别人对你更新的社交照片点赞，请用精彩的故事勾起人们的兴趣吧。

勇敢地分享失败经验

故事堆叠技巧和 3 步讲故事套路不仅可以用在交谈里，还能在邮件中甚至是个人资料中运用。

每周，我们都向超过 10 万名订阅用户发送"人际科学"洞见的免费邮件。这里面有超酷的人类相关科学研究、行为技巧和沟通窍门。有一次我们发了一篇文章《你和爱人为何吵架》。我不想仅仅把文章链接发给人们，于是我讲了一个和丈夫的小故事。故事是这样的：

主题：情侣吵架的 5 个高频问题

亲爱的，你能把袜子捡起来吗？

宝贝，快把你的脏袜子捡起来！

麻烦把你又臭又脏的霉袜子给我捡起来！

如果你是停在我家墙上的苍蝇，你可能经常听到这些话。你和另一半也会经常在类似话题里吵来吵去吗？放心，你并不孤单！

告诉你一个可怕的事实：根据婚姻专家乔·高特曼的研究，亲密关系中高达 69% 的争执问题从没得到解决。

哇，哇，哇，别担心，让瓦妮莎知心大姐帮你解决！有 69% 的人为同一件事吵来吵去，这听起来情况并不乐观，但好消息是：如果我们知道自己在吵什么，知道争吵为何会发生，我们能有效减轻争吵的火药味。

看这里，找出你们争吵的首要问题，学习如何解决它们。[文章链接]

这封邮件打开率和链接点击率远高于以往平均水平。为什么呢？因为我讲了一个故事，同时它是真实的。我讲了一个关于我丈夫的真实故事，以及我们在真实情况下吵架的内容。事实上，我的丈夫还给我发短信，说那天早上他真的忘了收拾袜子。

演员尼可·波尼的表演基于她的生活，她的表演大受欢迎。她的表演很有趣，很揪心，最重要的是，它把波尼和大家的心连在了一起。

"人们在某些程度上能从我的故事中找到与自己的关联。他们会笑，也能体会到在同样情形下自己的处境。也许他们也犯过类似的错误。"波尼补充道，"在失败的经验中我们找到了联结，当你听到他人失败的时候，面对自己的失败就没那么苛刻了。"

最好的故事分享的不仅是成功，也有失败。即使失败的经历让你感到丢脸、脆弱，甚至恐惧，你也不要害怕分享出来。这些故事总能产生最好的联结。

尝试这些挑战 ☑

01	挑选 3 个你喜欢讲的故事。	
02	找到故事吊人胃口的地方，以及面临的问题和富有表现力的描述，让故事得到最好的呈现，然后练习分享给你的朋友。	
03	当你听到一些有趣的故事，把它记在手机里，这样你的故事库存就能丰富起来。	

章节回顾

故事是创造人与人联结的捷径。故事能唤起我们的注意，也能让讲者和听者脑部频率保持一致。使用故事堆叠的方法，能最好地让他人跟你的思想同步。

- 故事能唤起大脑的活动区域，也让人们的感觉保持同步。
- 为常见的触发式话题找到对应的故事，让故事引起话题。然后用回力镖技巧邀请对方分享他们的故事。
- 不是所有的故事都是好故事，你的每个好故事都要有吊人胃口的开头、需要解决的问题和生动的语句。

我在这章最大的收获是：＿＿＿＿＿＿＿＿＿＿

第十一章

给他人主控权

领导他人的秘密

马克·戈登是好莱坞最具影响力的制片人之一。你可能觉得成为一个优秀制片人在这辈子已足够辉煌，但这只是他成功的一部分。他曾获奥斯卡提名和一连串艾美奖，和好莱坞顶级明星合作，有获得奥斯卡最佳男主角的汤姆·汉克斯、实力演员马特·达蒙和桑德拉·布洛克。同时他也是一名教育家——尽管这一点鲜为人知。

戈登在两个女儿就读的私立学校开始了他承担社会责任的道路。随后，他成为洛杉矶教育协会的主席。2010 年，戈登有了一个大计划，他想建立一所学校以培养未来的全球居民。这可是一项非常艰巨的任务——特别是对不了解学校运作的他来说。他在电影界不断培养起来的领导能力，能运用到学校事务上来吗？

当我刚开始和马克·戈登坐下来访谈的时候，他就跟我总结了他领导方法的 3 步骤："我往往从热爱的领域开始，大致定一个目标，再找一个聪明又得力的人一起做事。"

他热爱的事已经找到了，令人望而却步的目标也设好了：于 2010 年成立政府许可的学校。在仅有的 9 个月时间里他要选址、提出学校申请、招聘老师、招募学生和设立课程。

领导方法的第 3 步，这个聪明又得力的人就是克里斯汀·卓根。他们俩认识时，卓根是美国教育协会的执行总监。作为一名法学博士、前数学老师和 3 岁孩子的妈妈，卓根具备合适的经历和视角。

"我给她打了电话，告诉她：我想开办一所学校，并承担起学校的所有资金。我们该怎么做才能尽快把事情办成？"戈登回忆道。卓根听了并没有感到无从下手，反而展现出很大的兴趣："我母亲是移民，父亲从小在亚拉巴马州伯明翰外围小镇的扶贫工程房里长大。所以多元文化与包容等议题对我来说一直很重要。"

于是，这两位搭档一起着手做事了：他们希望建立一所跨越种族、经济和智力的多元化学校，希望培养一批深度思考、具有深厚服务意识的学生。

仅仅几周时间，世界公民特许学校成立了。但要为孩子们准备好学校，他们只剩几个月时间。戈登希望卓根不会困在募款和组建委员会等杂事上，他鼓励卓根尽情发挥她的天分。戈登说："我告诉她要组建一个团队，找到合适的团队成员，然后有什么需要就直接向我开口。"

卓根把戈登的领导哲学运用在团队招募当中。她说："我得找到一帮合适的人，组成团队去实现超越自身的大事，并让他们各司其职。"她找到了合适的人做校长，组建了一个优秀的教学团队，在洛城东部找到了完美的主校选址。

"我们之所以能这么快地完成如此庞大的工作，要归功于马克的领导风格。他的目标非常明晰，对我的能力了如指掌，并让我很好地和他们合作。我再找不到更好的搭档了。他给了我解决问题所需的资源，并放手让我用自己的方式解决问题。"卓根谈起她的搭档时这样说。①

到了 2010 年，世界公民特许学校已经开始了秋季学期，他们收到几百份入学申请，并在 9 月份正式开始上课。

2012 年，戈登和卓根在加州银湖社区开设了第二所学校。仅在一年之后，他们又在马尔维斯塔开办了第三所学校，并将其扩展到纽约的布鲁克林。在布鲁克林，又有两所学校（皇冠高地和威廉斯堡）成立。世界公民特许学校现在成立了 7 所学校，覆盖 3 个城市，为超过 1,850 名学生服务。

① 在电子附录里，你可以看到关于世界公民特许学校的短片，请到 www .scienceofpeople. com/ toolbox 进行观看。

慢慢地，世界公民特许学校正培养出下一代优秀领导者。而戈登的成功也证明了这个道理：如果你在一个领域能成为领袖，在其他任何领域里也是一个卓越的领袖。

戈登和卓根正通过赋予权力来改变世界，你也可以和他们一样。

我曾以为认准目的地比较重要，但后来我才知道，解释为什么、如何到达目的地，弄清这些问题更加重要。

——作家帕提·桑切斯

主控权的科学

你有没有试过在宜家买东西来组装？如果你和我一样，你就会发生类似的事：首先，你在宜家的展示橱窗里看到一件漂亮的商品，一见钟情。你用手机拍下它的标签——它那些奇怪的名字没人能记住。你推着巨大的手推车穿过一排排类似的过道寻找你的商品组件，这项工作能燃烧 1,000 卡路里热量。当拿到了完整的 27 块木头组件后，你就到了结账流程。结完账后，你还在小餐馆里吃了个肉桂卷。

回到家，你就着手开工。你把 27 块组件搬下来平铺到地上，拆封后的纸板数量惊人。接下来，你把一堆钉子、螺丝和宜家特有的安装工具都准备好了。

你一看安装说明书，只有 4 页，还带图片！于是非常高兴地自己装了起来。45 分钟过去了，你回看图纸才发现安装步骤完全错了。你顿时兴致全无，打算放弃，把它们扔在房间里面。你给自己倒了杯水，烦躁地对着另一半大喊大叫。5 个半小时以后，尽管还摇摇晃晃，但起码东西终于装好了。

在接下来的几个月里，你发现装好的家具开始松动，每次推动的时候还慢慢松散成几块。朋友来到你家，看到这件家具后觉得有点难看，建议你买一个新的（已经装好的）家具。你很惊愕——你花了将近8小时组装这件家具，你还没有说不喜欢它的时候，它在别人眼里已经是一堆破烂了。

很多人都有过类似经验，我们都过于高估自制商品的价值，这也被恰如其分地称作"宜家效应"。

为了研究这个有趣的效应以及了解人的主控权，3位研究者迈克尔·诺顿、丹尼尔·莫孔和丹·艾瑞利一起做了项调查。

他们让实验参与者（制作者）做一个纸青蛙或纸鹤。然后买下他们的手工艺品，并且问他们，自己愿意花多少钱买下这个作品。

接着，研究员又把这些作品放在另一批非制作者面前，问愿意花多少钱买这些作品。通过这些设问，他们想知道人们对自己的作品，估价会高于市场价多少。

最后，研究人员请来顶级折纸艺术家去折纸青蛙与纸鹤，再问第三批人（非制作者）他们愿意花多少钱为这件作品买单。

你可能已经猜到了，研究者发现："非制作者看到这些如同废纸的作品，最多只愿意出5美分；而若是自己做的纸鹤，人们就愿意出价更高，平均为23美分。"

除了折纸，他们还用宜家组装家具和乐高积木来做这个实验，结果仍然一致。自己做的东西就是好，它仿佛就是自我的延伸产物。因此我们会赋予自制物品更高的价值。

我们可以利用这一效应授予他人权力。马克·戈登没有对克里斯汀·卓根说："我想开办一所学校，你乖乖按着我的方式去做。"他一开始就把卓根定义为一起创办学校的搭档而不是助理，因此，他给予卓根必要的经济和人脉支持后，自己则放手隐退在后。当我们放弃了控制权，我们就获得了权力。

我把这项秘诀称为：拥有它！

| 秘诀 11
**让别人
拥有它!** | 通过给别人认同感、控制权和主控权,来授权于他人。 |

　　领导他人,即是把使命传达后放手让对方投入参与。如果你想激励同事,让团队干出一番大事,或是邀请朋友一起做事,你需要做的就是给予他们主控权。

　　人们欣赏直率和诚实。最好的废话便是实话,因为它完全卸下了敌意的威胁。

——马克·戈登

情感的主控权

　　1977 年,哈佛大学的心理学家阿隆·朗格做了一个著名的"复印机实验"。实验内容即是请求复印机前排队的人们让她插队。

　　朗格让助理们插队时,使用 3 种不同的请求方式:

　　请求 1:"对不起,我要复印 5 页纸。可以先给我使用复印机吗?"(请求)

　　请求 2:"对不起,我要复印 5 页纸。可以先给我复印吗? 因为我赶时间。"(请求 + 逻辑原因)

　　请求 3:"对不起,我有 5 页纸。可以先给我使用复印机吗? 因为我想复印。"(请求 + 毫无逻辑的理由)

请求 2 是唯一合情合理的请求；请求 1 毫无意义，因为人们排队显然是为了按顺序使用复印机；请求 3 也很奇怪，人人都想复印。

第一个请求结果奏效——60% 的人允许插队。第二个请求效果也非常好。有逻辑性的请求让 94% 的人把复印机让了出来。但毫无逻辑的理由竟也有 93% 的人同意插队！

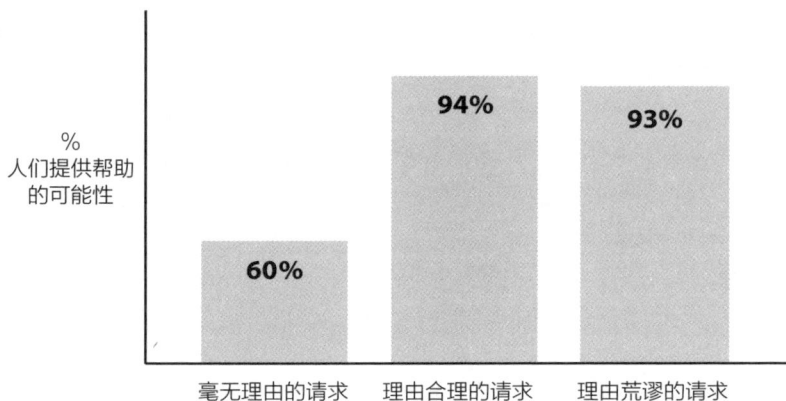

为什么理由具有如此强大的力量，甚至是荒谬的理由也如此奏效？人类是目的导向的生物。我们相信人们做的每件事背后都有原因。在领导者激励行动之前，他们必须在情感上得到认同。

当解释为什么要达到这个目标的时候，你能让听者感受到对于这个目标，他们也有主控权。你试过在慈善机构捐款吗？你一开始是不是就被他们富有感染力的请求打动了？募款机构通常会做一场演讲，把他们的使命告诉你。比如我最看好的慈善组织基瓦，他们网页的自我介绍第一段是这样的：

我们是一个非营利性组织，我们的使命是通过贷款来帮助人们减轻贫穷压力。目前，基瓦利用互联网和世界范围内的小额信贷机构网络，让个人只需放贷 25 美元，就能为世界各地需要用钱的人创造机会。

基瓦组织告诉你他们的行动背后有一个理由，并希望他们的理由也能成为你捐款的理由。

如果你觉得向人们获取情感认同不容易的话，我有一个简单方法：

当你请求别人的时候，记得加上"因为"一词。

"因为"一词蕴含目的和理由。无论是做推销，还是争取约会，抑或说服朋友去你最爱的餐厅吃饭，你都必须准备好这个请求的理由。

虽然复印机实验告诉我们，荒谬的理由也能奏效，但我希望你能找到更好的理由。比如马克·戈登所追求的"想做出改变世界的教育"或基瓦组织的"减轻贫穷压力"。接下来我会说明，怎样才能让你的理由更具影响力。

- 与他们产生联系：最好的请求理由是提及对方的受益点。回报是什么？结果是什么？有什么好处？巴黎欧莱雅的标语就是"你值得拥有"，这直接诉诸用户的需求。
- 与你自己产生联系：如果某件事对你来说很重要，或这件事让你非常幸福快乐，那就把它包装成强大有力的理由吧。戈登在争取平等和社会多元化事业中找到激情与动力，同时他也希望两个女儿能得到最好的教育。即便这目标与你无关，听他陈述的这些理由你也会被打动。再看美国海军陆战队的口号："我们是少数的精英，我们是骄傲的士兵，我们是海军陆战队。"这很好地展现了他们的中坚使命。
- 与"我们"产生联系：你也可以突出强调双方共同的利益，或展现对整个社群有意义的理由。在推广他的世界公民特许学校项目时，戈登强调培养未来世界领袖的全民性意义。当然，学校建立最直接的好处就是帮助学生和其家庭，这一批受教育的孩子长大成人，就能发挥出他们所学让世界变得更美好。苹果公司的口号"非同凡想"也不仅仅吸引其用户，还倡导所有人去挑战现状。

在请求他人时记得加上你的原因，并且让这个原因尽可能牵扯到更多的情感。所以在阐述理由的时候，你可以按着如上所写的分类，在每个类别中寻找合适的原因。比如我在为线上课程"快乐的力量"做宣传时，我为大家找到了 3 个理由——你能更加乐观坦然，我也获得足够的资金继续进行我关于快乐主题的调查，我们大家也能创造一个更加完满、人们更加富有自我意识的社会环境。

下面我来说说在日常生活中，怎样利用这一诀窍改善一般的请求方式。

一般请求：希望您能成为我们的客户。

技巧性请求：我们希望您能成为我们的客户，因为使用过后您会爱上我们的产品，而这款产品也能让您变得更强 / 更好 / 更加酷炫。

一般请求：我们去吃印度菜吧。

技巧性请求：我们去吃印度菜吧，真的很好吃。还有，你不是说想尝试新口味吗？

一般请求：能留个电话吗？

技巧性请求：能留个联系方式吗？我想下次我们还可以再做些好玩的事。

一般请求：我能选个靠走廊的座位吗？

技巧性请求：我能选个靠走廊的座位吗？因为我经常走动，我不想因此打扰到旁边的人。

一般请求：你能给我的简历提提意见吗？

技巧性请求：你能给我的简历提提意见吗？因为我一直想找个好工作，好搬出父母家。你若能帮忙，对我的意义实在是太大了！

要找到你做事的理由，你必须有使命导向思维。TED 演讲者西蒙·斯涅克把它叫作"从理由开始"。他还出了一本书，就叫作《从理由开始》。卓根聘用的老师皆认同世界公民特许学校使命；而戈登只做能创造伟大故事的项目。即便是在拍动作片，戈登也说："动作片也能至少表达些什么。这部电影有些大场面，可以说是爆米花电影，但它能拓展观众的思维和眼界。"

如果你想获得他人对你做的事的认同，不管他们来自哪个领域，你必须搞清楚做这件事的理由——使命驱使行动。

场景	为什么	使命
找新工作	为什么你想为这家公司服务？这不仅仅是为了赚钱。	为了践行公司使命和你的目标，你能做出什么贡献？
面试一位新人	为什么公司要找卓越的人才？因为寻人不只是为了填补职位空缺。	如何让这位新人更好地参与到公司使命的努力当中？你为什么收他作为团队一员？
让朋友为你所在的慈善机构捐钱	为什么这项事业对你来说非常重要？这不仅仅是筹钱的问题。	这项慈善事业如何影响社会？为什么朋友的捐款意义重大？
在初次约会中拉进关系	为什么你认为你能让对方开心？这不仅仅是为了摆脱单身问题。	你能为这段关系带来什么？你为什么要找个完美伴侣？
做电梯演讲	你为何选择这条路作为职业生涯？这不仅仅是因为你在做这份工作。	你为什么选择这份工作？你选择这条道路的目的是什么？

你的理由是激励他人的起点。假若你不知道驱使你做这件事的理由，你就不可能让他人来为你做事。因为这个理由，也是你驱使他人做事的理由。

所以：请在构想上、目标上和所做的事情上给予对方情感上的主控权。

技能主控权

马克·戈登在拍摄《清道夫》的时候，他找了艾美奖获奖编剧安·白德曼作为执行制片人。"我和白德曼密切合作，共同完成剧本。她有卓越的合作能力，同她合作，是我筹备素材时最愉快的一次合作经历。"戈登在一次《快公司》杂志的采访上如是说。

戈登非常了解，与人合作不仅要对自己的能力了如指掌，还要非常了解自己的合作者。戈登说："我只和我看重的人合作。这样一来，我们在一起做事的时候，他们才能具备和我一样做出正确判断的能力，我们才能做出伟大的事情来。"

到了选角和试播阶段，戈登知道自己是时候退居二线，让白德曼大显身手了。"一旦做事路径被疏通，我就不会再过多参与到日常执行上，因为她不需要我插手。我看过她的作品，只分享一些我的看法，项目进展还是十分顺利的。"戈登所说也意味着：让合适的人在合适的机会施展自己的才能，你要做的只是退居二线。

我把这个过程称为"技能主控权"，每当人们利用自己的才能完成目标的一部分，他们就对这个目标产生更多主控权，这能使他们更卖力地向目标前进。

假设你在好朋友的婚前派对上，这对新人（暂且叫他们瑞秋和布莱恩）请你帮忙做婚礼的筹备和后勤工作。婚礼策划人交给你一条长长的待办事项单，包括为婚礼彩排晚宴准备冰块，以及在婚礼前把鲜花插进水里。

第一步首先要做的就是帮每个人找到情感主控权。你在酒店套房里把大家聚集起来并介绍自己："终于和大家见面了！刚刚婚礼策划人把待办事项都告诉我了，我们可以帮帮忙，因为瑞秋和布莱恩有点忙坏了。我们的目标是让婚礼尽可能顺利进行，让新娘新郎有个美满的婚礼，我们也能在这里狂欢。"

这样，我们就把目标（让婚礼顺利进行）与帮助新婚夫妇和大家开心地参加婚礼这两件事联系起来了。这时候，人们开始点头并相互自我介绍。太好了，这样你就能让大家都进入状态了。

接下来，你要把人们的情感认同进一步变为行动。大多数人是这样做的，效果并不好：

- 来个人把桌上的名片写好吧，谁来？有谁来？
- 有谁能把彩排时晚宴的冰块运过来？麻烦来个人？
- 谁愿意把这些设施组装好挂起来？拜托！你们快动起来啊！

这样分配任务并不能有效地让大家动起来。大家可能会不情愿地答应了，但你不推进，他们就不会继续下一步。相比随机挑人或者希望人们自告奋勇，按照人们擅长的领域来分配任务会更好。这种做法强调了参与者的能力，于是他们不会觉得这项任务是个负担，而是施展能力的机会。这种分配任务的方法我把它叫作技能分配。让人们通过自己的长处来进行自我认知。

- 有谁擅长_____的？
- 你了解_____吗？
- 我需要擅长_____的人。

在婚礼准备的场景下，可能就会这样：

- 有没有人写字很好看？太好了！苏茜，你能把桌上的卡片写好吗？
- 谁有车子？好！史蒂夫，你能把彩排时晚宴的冰块运过来吗？
- 我还需要一个动手能力强的人，有谁擅长修东西？太谢谢你了格雷格。你能把这堆画框组好，然后挂起来吗？

这不仅能快速分配任务，更重要的是这样让这些任务变为技能导向而不是责任导向。把这个策略运用在合作团队里、运动比赛里、给小孩子或朋友或家人分配任务，都可以使用。另外，直接点名分配工作比开放式提问更有效。比如，戈登知道卓根具备合适能力，所以他直接找上她，请她在这件事情上施展自己的能力。举些例子：

- 吉姆叔叔，你很会调鸡尾酒，今晚你驻守派对酒吧好吗？
- 雷内，我知道你很擅长打推销电话，你能打电话给这些名单上的人吗？
- 朱莉，你挑的餐厅都很棒，你来安排生日当天的晚餐吧？

发现了没？这种方法还运用了秘诀 4：强调他人的优点。技能分配能强调某人所擅长的技能，并让这个技能同大家的目标结合起来。

所以，把重点放在别人的技能上，就能轻易地把情感认同转化成行动。

定制化主控权

我桌上有张明信片，上面写着：

嘿，你怎么又来插手我的事了。

　　细枝末节的控制能置领导力于死地。优秀的领导知道什么时候不该插手。他们还知道，给予人们越多的控制权，他们越能达成目标。在这点上，马克·戈登做得最好了。

　　戈登说："对我来说，最难的就是区分完全参与和完全不参与。我仍在学习着如何出现在需要我的地方。"

　　领导并非事无巨细全局把控，而是把控关键事务。戈登说："在管理中我最大的收获即是什么时候该参与，什么时候把事情留给他们自己做。"

　　"在拍《实习医生格蕾》的时候，制片人珊达·莱梅斯并不需要我每天看着她。你不需要整天泡在片场里忙着细碎琐事，尽管你懂，或你觉得不陪在她身边就感到内疚，或别人觉得你该待在那里。"

　　这种合作方式在戈登和莱梅斯身上非常奏效。电视剧《实习医生格蕾》在播出后大受欢迎，获得 174 项提名和 63 项大奖，包括金球奖和艾美奖。莱梅斯则获得了制片人工会奖、同志媒体奖、两项编剧协会奖和五项全国有色人种协进会（美国一黑人人权组织）颁布的奖项。她还成为《私人诊所》和《丑闻》的剧集总监以及《逍遥法外》的监制。当放弃你的控制欲，你就能让执行者获得控制权，这是一种双赢的做法。

　　请不要误以为我是让你放弃所有控制权。相反，我是让你思考如何让人们在做事时更好地运用该才华。有研究者发现，人们愿意接受个性化产品的溢价。

　　基瓦组织在这点上做得很好。正如之前所谈到的，基瓦组织组织人们对世界各地的企业进行无息贷款。但他们不仅仅是向你伸手借钱再借给他们觉得合适的人，而是为你提供一个数据库。你在数据库里选择你想借给的企业，因此你很清楚这些钱借给了谁、被用来干什么。

　　我每年生日的时候都会向基瓦组织做善事，而且我也很喜欢挑选我的借贷方。基瓦利用 3 个步骤来给捐款者赋予所有权。他们的捐赠模式是这样的：

- 首先在浏览网页的时候，我看到一串需求名单。借款人都讲出了他们借款的理由，以获得大家的情感认同。我看到在危地马拉的一家书店欲贷款买一台电脑来改善销售工作，而黎巴嫩的个体户法蒂玛将用贷款为她的店铺购进更多商品。

- 接下来，他们就给我机会施展我的技能和价值观了。我十分注重女性创业议题，而做生意也是我所擅长的，所以我一般会选择女性企业家进行贷款。我喜欢在里面浏览各种商业模式，并向我认为有坚实商业计划的女性贷款。

- 最后，我可以选择贷款的多少。你看，多个性化的模式啊！

你在制定做事流程方式和施行策略时放权越多，人们就越积极参与。克里斯汀·黛伊是露露柠檬瑜伽运动商店总裁，直到公司运营陷入困难时才发现这一点。她说："我是一个聪明干练的执行官，但我会非常在意把事情做对这一点。"她发现"把事情做对"并不是一种激励团队的好方法。

因此黛伊为员工放权，让他们进行头脑风暴得出自己的解决办法，而不是听命于上级领导。她说："当我给予下属控制权，让他们参与其中的时候，重点不在于告诉他们应该怎么做，而是让他们参与构想，依据目标做事。"

黛伊让职位上的人能最大化运用他们的技能，并在促成公司业绩的工作上获得更多自我控制权。这是她领导方式转变的关键。她说："当我把重点从'解决问题和把事情做好'转移到'做好领导工作'这件事以后，事情得到了很大改善。"

在黛伊领导下，露露柠檬从 71 家门店增加到 174 家，并将其收入额从 2.97 亿美元提升至 1,000 亿美元。当一个好领导并非做微观管理，而是让他们主控自己的工作，从而增强团队的能力。

在此之前，我们提出过将一些请求加以提升的建议，接下来我们应该怎样让这些请求变得更灵活自主？

一般请求：希望您能成为我们的客户。

技巧性请求：我们希望您能成为我们的客户，因为使用过后您会爱上我们的产品，而这款产品也能让您变得更强 / 更好 / 更加酷炫。

自定义化：我们为您提供一套自选套餐，您看……

一般请求：我们去吃印度菜吧。

技巧性请求：我们去吃印度菜吧，真的很好吃。还有，你不是说想尝试新口味吗？

自定义化：到时候你来挑选餐前小吃吧！

一般请求：能留个电话吗？

技巧性请求：能留个联系方式吗？我想下次我们还可以再做些好玩的事。

自定义化：你是想读给我听呢，还是在我手机上直接打呢？

一般请求：我能选个靠走廊的座位吗？

技巧性请求：我能选个靠走廊的座位吗？因为我经常走动，我不想因此打扰到旁边的人。

自定义化：或者你也可以帮我挑个好位置，只要做到不打扰别人就好。

一般请求：你能给我的简历提提意见吗？

技巧性请求：你能给我的简历提提意见吗？因为我一直想找个好工作，好搬出父母家。你若能帮忙，对我的意义实在是太大了！

自定义化：或者你可以给个你认为好的模板，我可以根据你的行业经验重组我的简历。

可以把这个秘诀用在每次请求里，让他们和你一起拥有结果掌控权。因此，激励他人的方式是给予他们主控权。

小事实盒子

超过 80% 的受访者认为，领导者是后天养成而不是天生的。
我同意这个观点。任何人都可以通过正确的方式成为领导者。

Vanessa Van Edwards
@vvanedwards

[投票] 我认为好领导是天生而非后天促成的。

A.20% 同意

B.80% 不同意

152 个有效投票

附加秘诀：激情的主控权

戈登制作《雷霆救兵》是因为他喜欢这个故事，而不是为了赚钱。

"我为《雷霆救兵》这部电影，和编剧鲍勃·罗达特准备了多年，这部电影完全出自我心底。我们很幸运有史蒂文·斯皮尔伯格和汤姆·汉克斯的加入。我不是为了拍商业大片。但如果你能做成一件有意义的事，这件事还能赚钱，那就最好不过了。"戈登如是说。

戈登一直希望自己的出品能火，但这不是必须达成的目标。"像是刚刚在圣丹斯电影节首映的电影《乱斗夫妻》以及其他作品，都是出于热爱，或最近我迷恋的爱好。它们跟赚钱无关，都是我想表达的心声。能做自己热衷的事情感觉是非常好的，很少有人能像我一样做到这件事，对此我非常感激。"

戈登的成功之处在于他把精力放在关心的项目上。当坐下来写剧本的时候，他就能在所爱的领域沉迷探索。

他在接受《好莱坞记者报》采访时说："我对'投入'这件事看得比较重。我能倾情投入到这个构想里吗？它有什么特别之处值得我做下去？这能不能发挥我的想象力？因此我所做的都是能给我启发的事情。"

当你觉得这件事情能激发你的创造力、你的激情和能量，这件事才能激发起别人的创造力、激情和能量。这不正是你我现在正做的事情吗？我相信，每个人都可以成为某个领域的领袖。

你不但能解决人们的问题，你也能赋予他人力量，让他人一同去解决问题。

尝试这些挑战 ☑

01	请认识清楚，你为什么要领导别人？	
02	想出一件你应该委派他人的事，找个有能力的人，不加干预地委托他完成。	
03	额外挑战：请在你的请求里加上"因为"二字，后面的理由毫无逻辑也没关系，看看人们的反应如何。	

章节回顾

当你需要领导他人的时候，请给予他人或你的团队激励。

- 把你的使命说出来，并把你们双方共同的利益提出来，越多越好。
- 为每个人的能力量身打造适合的空缺。
- 退居二线，让受委派之人控制整个过程。

我在这个章节里最大的收获是：＿＿＿＿＿＿＿＿

第十二章

暴露你的脆弱

如何建立持久的关系

　　弗兰克·沃伦是个秘密的守护者。每周都会有许多人给他写信自白。到现在为止，沃伦已经收到不下 100 万个人的秘密。每周还有更多的人向沃伦寄出秘密信，以每周上千封的速度增长。秘密的来信量一直稳定，从未间断，沃伦家里现在已被这些信件塞满了。

　　有些秘密信件挺有意思，就像这封信，你一定也会有同感。

书本让我性欲高涨。

　　有些秘密是甜的，让你不禁扬起嘴角。

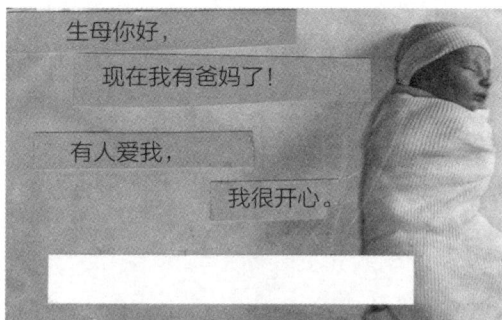

生母你好，

现在我有爸妈了！

有人爱我，

我很开心。

有些秘密极为悲伤，却发人深省。

监狱完全不像

电影演的那样。

有些是令人担忧的自白。

我是一名救火队员。

我怕将来有一天，

我不能再像

大家所期待的

那样勇敢。

有些秘密是忍俊不禁的尴尬。

沃伦收到了许多秘密，有关于出轨的、抑郁的、教养方式的、办公室政治的、被压抑的幻想和友情问题的。

他从没想过自己会收到这么多秘密。这要从 2004 年说起，沃伦回忆道："当时我做了 3,000 张写有我家地址的明信片，我在明信片上说，欢迎大家与我匿名分享自己的秘密。"他把明信片分发给路人、贴在咖啡馆公告牌上、藏在公共图书馆的书里，还试过放在浴室隔间里。

当我问到他的预想时，他其实自己并不看好这件事。他说："我不觉得有人会真正寄信给我。当时我还在想，如果一年后我能收到 365 封信，我就觉得很开心了。"事实上，仅过了一周，他就收到上百封信。这些信件让他惊叹人们竟对陌生人能如此敞开胸怀。于是他把这些秘密做成了展览，最终放在自己的博客上，称作"秘密明信片"。在放出积累了数年的秘密以后，这个博客迅速走红。

当我第一次看到"秘密明信片"网站时，我花了几小时浏览人们的秘密。这个网站吸引人的地方就在于人人都喜欢看别人的自白。但另一方面，为何有人愿意说出自己的秘密呢？

于是我向沃伦寄出我自己的秘密。这很正常，说出藏在心里的秘密，就等于释放了自己脆弱的情绪。当我们分享秘密的时候，即使面对陌生人，我们也会得到解脱。当秘密有人分享，自己就不再感到孤独。

"每天我们都会抉择哪些事可以坦白而哪些需要保密。"沃伦说道，"这些抉择能决定我们说出的话，以及说给谁听——这会给我们带来沉重的压力。"

在运营"秘密明信片"数年以后，沃伦开展了一次线下交流活动，鼓励读者会员们相互分享秘密——而且是当面分享自己的秘密。"我当时担心这样的活动办不下去，毕竟网上的匿名性保证了我们的隐私。"但事实告诉他，是他多虑了。

在一次大学活动中，一位教授走到麦克风前承认："这个学期我每节课都是吸了大麻才来上的。"听众们都感到震惊，纷纷上台与她拥抱。沃伦说："此时听众的心情也和秘密分享者一同起伏，每个人都愿意给予支持。即使不能解决秘密本身的问题，我们也会给予对方说出秘密的勇气。"

现场分享活动吸引了成百上千人前来忏悔与倾听。"在这里，人们的心紧紧地连在一起。一直以来人们都在寻找人与人联结的方式，而秘密就像是一扇建立联结的门，直达内心。"当他在签售自己的书时，他欣慰地看到排队的人们在相互留下联系方式，成了朋友。秘密就像联结人与人内心的催化剂，让陌生人迅速成为朋友。

沃伦的举动恰好是我想说的概念：脆弱效应。正如沃伦所说："分享让自己脆弱的秘密是勇敢的，它能迅速敲开人们的心房，建立起亲密持久的友谊。"

自我暴露的对立面是自我隐藏。自我暴露不仅让我们自己释放，也能让听秘密的人释放。"当人们把秘密说出来以后，都会觉得自己没必要保守这个秘密这么长时间，更像是秘密束缚了他们的手脚。"我们常会因自己的局限性和失败而陷入自我困境。为此我们把秘密封存于心，也拒绝了与人的深度交往与联结。这样别人就不会看到我们丑陋的一面，我们也不会面临评判。但我们都没意识到的是，我们没必要因为秘密而拒绝与人的联结——相反它能促进人们的关系。

作为秘密的收集者，沃伦以独特的视角来观察大众埋藏在心里的焦虑。你知道他最常收到的秘密是什么吗？"目前收到最多的来信是：我在淋浴时小便。"沃伦说道，"第二大秘密与归属感有关，有些人想融入他的社区，有人则想要回避。看来人们都想找到无须隐藏真实自我的地方。"

看了这么多陌生人吐露的心声以后，沃伦看到了其中的相似性：我们想得到归属感，希望大家能接受真实的自己。然而有趣的是，我们常常担心自己的秘密会导致对方的排斥，然而分享秘密才是拉进双方距离最快的方法。

在继续之前我需要在这里说明，我并不是让你把秘密告诉任何人，那样多奇怪啊。相反，我是想让你在互动中不要对秘密心存压力。这个技巧能让你利用自己的弱点迅速提升你的人际关系。

秘密背后的科学

想想你上次长痘痘的时候。你是不是希望没人发现你下巴上红肿的"小火山"？和人说话的时候，你是不是觉得别人的注意力都集中在这颗痘痘上？你会不会认为人们都在谈论你的痘痘？

我们总是觉得弱点是显而易见的，别人每时每刻都在审视着我们，这些瑕疵决定了我们的声誉。但其实别人并不会在意——我在说情况最好的可能性。

我们的缺点并不像想象的那样严重。这种认知偏差被称为聚光灯效应。在一项研究中，康奈尔大学心理学家托马斯·吉洛维奇和维多利亚·麦维琪以科学之名让自己的学生出出丑。

首先，研究人员让学生穿上贝瑞·曼尼洛（早期时代歌王）的紧身 T 恤，在美国当代文化下，穿上这种 T 恤非常让人难为情。研究人员让穿上衣服的学生预测有多少人会在教室里注意到他穿这款衣服，学生猜大多数人都会注意到（还会取笑自己）。然后让他走进教室与别人交谈。结果如何？穿 T 恤的人高估了其他人的注意力，预测的人数比实际注意到的人数高出两倍之多。

研究人员得出结论：

我们大多数人都从自我角度出发观察事物。我们每个人都将自我视为宇宙中心。由于专注在自我行为上，对于他人多大程度上会留意我们，我们很难做到真实客观的判断。仔细观察后发现，我们看待自己的方式（以及预想他人看待自己的方式）与实际中他人看待自己的方式相差甚远。

我们害怕的事——在马路上摔跤、在社交场合说错话、在课堂上读错课文——其实根本没被放在心上。即使被人注意到了，也会过目即忘。

这可是个好消息啊！这就说明如果你搞砸了什么事情或暴露了什么缺点，大多数人基本不会留意。现在我知道你在想什么，你肯定在想：即使大多数人会忽略，那剩下一小部分留意到我的人该怎么面对呢？

这个问题问得太好了。

你的脆弱更具吸引力

大部分人并不在意你出的糗，但那些在意的人呢？

心理学家埃利奥特·阿伦森、本·魏勒曼和乔安妮·弗洛伊德就做过这个研究。他们研究看到有人犯错时，周围的人在想什么。在一项研究中，受试者要看一段学生阐述自己小测成绩的录像。这个学生简要地说了一下背景，再谦虚地报出自己 90 分的成绩。

研究者观察的是：这个学生在录像快结束的时候不小心把咖啡弄洒了，还弄脏了衣服。而另一组组员没有看到倒洒咖啡的片段。然后有研究人员问他们：你喜欢这个学生吗？

你猜结果如何？看到倒洒咖啡片段的受试者给他打了更高的好感分。他们觉得倒洒咖啡的学生更讨喜、更具吸引力。

为什么呢？错误让我们更具人性。我们知道人都会犯错，我们也更喜欢和我们一样会犯错的人。（还记得秘诀 5：线索理论吗？）即便拥有超凡的技能，也并不代表人类就能达到完美，不再犯愚蠢的错误。相反，拥有社交智慧的人能很好地利用他脆弱的一面。

如果脆弱面不是一件好事的话，"秘密明信片"就不会成为现象级事件了。弗兰克·沃伦也不会成为出版 5 本书的成功人士，他还因此建立了这个秘密帝国。

所以，让我们做更真实的自己吧：努力成为完美的人难于登天，还很无聊。你太过用力的样子看起来更像是绝望，每日总要遮遮掩掩，想必你会很累吧。

脆弱的样子很性感，它带来的是相近、坦诚和真实，这就是吸引人的地方。科学也为之正名："愚蠢的行径让人更具人性，也因此更具吸引力。"

　　脆弱听起来更真实，也更勇敢。

　　　　　　　　　　——畅销书《不完美的礼物》作者布芮尼·布朗

如何暴露自己脆弱的一面

我踮起脚走在一条黑暗又恶臭的走道里。脚上穿着"恨天高"的高跟鞋，脚快疼死我了，而我倚着的墙壁背后是震耳欲聋的蹦迪音乐厅。我在等着狭小肮脏的洗手间，而且前面还有 4 个人在等候。

但说起来你可能不信，我宁愿躲在这条黑暗狭窄的走道上，因为我不用再坐在舞厅的高脚桌旁对着一帮我不认识的人大喊大叫了。这是我朋友

13 岁的生日派对，她非要办一个"21 岁年轻人该有的派对"。总之，这种社交环境对我来说就是地狱。

我正在手包里翻止痛药，一个在派对上见过面的女孩排在我后面抱怨道："啊，不会吧！这队要排到多久！"

此时此刻我有两种选择，我可以富有同情心地点点头并继续等待，也可以说实话，说些让自己显得有点脆弱的实话："是啊，但我不知道哪样更糟，踩着高跟鞋在这里排队呢，还是坐在舞厅里面呢？"

她看着我，低头看着我的高跟鞋，然后突然大笑起来说："至少你没有穿塑身裤啊。我现在脚也疼，塑身裤弄得我根本不能深呼吸呢。"

太好了！我们是一类人。于是我回应道："你真想在这里深呼吸吗？这里一股臭啤酒味。"

她说："说得好，我刚刚还在想念我家的沙发和浴袍来着。"

我承认道："我想我到家的时候应该会感动到哭，我要立马换上拖鞋打开网飞来看。"

等轮到我去洗手间的时候，我们已经交换好联系方式，约好了下周末一起去吃早午餐。当晚我就在想，如果我当时没有冒险说出实话，今晚的事和下周的早午餐都不会发生。今晚我很不舒服，不仅在生理上而且在社交上，其实不止我一个人这么想，我要做的只是通过自我暴露来找到他们。

拥抱脆弱、活出自己并不意味着你走在街上跟一个陌生人说："你好，我叫瓦妮莎，我是一个正在康复当中的社交焦虑患者。"也许这样也会管点用，但你可以用更微妙（也没那么可怕）的方式利用你的脆弱，让它发挥神奇的人际力量。

帮帮忙好吗？

我这里有一个关于本杰明·富兰克林的故事——无关他的电学研究。

这个故事没那么戏剧化，但也很有趣。

18 世纪，富兰克林是一位十分有影响力的作家和政治家。在宾夕法尼亚州的立法机关工作时，富兰克林必须赢得一个政治家的支持，但这位政治家不是富兰克林所提倡政策的支持者。富兰克林可以遵循典型的路线，为他的喜好而卑躬屈膝，或反其道而行之。

富兰克林是个书迷，他知道这位政治家在他的大型家庭图书馆里有一本珍贵的书。富兰克林给他写了一封信，问他是否可以借这本书，然后他答应了。过了几天，富兰克林在归还的书里附上一封感谢信。在随后的会议上，这位政治家比以往更加友好而且对富兰克林说的话更加专注。富兰克林偶然发现了一个有趣的现象：当对方帮了你一个忙，他会更喜欢你。这被后人称为"富兰克林现象"。

一个多世纪以后，行为研究学家琼·杰克和大卫·兰迪决定看看这个传说中的古老技巧是否真的管用。在实验中，实验参与者可以通过一系列调查来获得金钱报酬。这些调查员实际上是演员。在参与者做测试的时候，他们尽可能粗鲁地对待参与者。完成后，参与者能收到少量现金作为感谢。

然而，实验有趣的地方在这里：在第一次实验中，调查员跟随参与者走出实验室，请求他们的帮助。调查员跟他们说："你能把现金还给我吗？我们在用自己的钱资助这项研究，现在资金快用完了。"

在第二次实验里，一个假扮的秘书跟在参与者后面，对参与者提出了同样的请求。

第三次实验，参与者把钱全部拿走，没有人跑来要回他们的钱。

几天后，研究人员要求这三次实验的参与者对调查员的好感程度打分。结果第一个实验的参与者觉得调查员是最可爱的。

让我们来想想这个问题：假设你是一名学生，参与调查只为得到一些钱。这个调查员在调查过程中非常不友好，还粗鲁地打发你走。在你花了这么多时间完成调查以后，调查员又斗胆问你要回这些奖金。你会认为他讨人喜欢吗？我可不这么想。但实验证明了这个事实，请人帮助的确奏效。

富兰克林效应是反直觉的——这也是它如此奏效的原因。因此我们下一个秘诀就是：

秘诀 12 **富兰克林 效应**	不要害怕向人寻求建议，去分享你脆弱的一面，或者承认你的弱点——这能让你和他人走得更近。

当调查员向参与者请求帮助，并承认自己的脆弱面后，他变得更具人性，更容易产生共鸣。那么在现实生活中如何运用富兰克林效应，而不是单纯地寻找他人帮助呢？我的答案是 4 个字：寻求建议。

寻求建议

寻求建议是与人相处并建立持久关系的最佳途径之一。原因有这些：

● 向人寻求建议是一种承认脆弱的温柔方式。当你寻求建议的时候，你是在承认知识上的不足，或承认自己需要帮助。这是一种真实的方式。

● 征求建议鼓励人们说话。还记得上文提到人们有多喜欢谈论自己吗？还记得有多少人喜欢谈论自己吗？与其成为自己的负担，不如寻求建议，那样还能激发人们快乐的多巴胺（秘诀 3：制造聊天火花）和强调别人的长处（秘诀 4：强调他人的优点）。被邀请发表意见证明有人看重我说的话。

● 征求建议能帮你破解对方的矩阵。当对方给你建议的时候，你就能了解到对方很多东西。你能了解到他们看问题的视角（秘诀 7：快速阅人）以及得知他们看重何种价值（秘诀 9：主要价值观）。

征求意见并不一定需要非常正式的流程。事实上，这是刺激有趣对话的最简单方法之一。你可以听人们讲述自己的故事，然后在这些领域寻求建议。如果面试官提到阅读的兴趣，你可以请他们推荐一些图书；如果约会对象说她在附近长大，那就去询问有没有藏在深巷的咖啡馆；如果有人提到喜欢做菜，那就问一些烹饪的小窍门。

或者你也可以用一个征询请求作为开场白。下面这些打开话匣子的问题都挺有效的：

● 这儿有没有你喜欢的餐馆？
● 我打算在年底休假，你最近去过什么好地方吗？
● 今年夏天我打算读一本新书，你有什么好的推荐吗？
● 今年纪念日，你觉得我该送女朋友什么好呢？
● 我加入了一个新的梦幻足球联盟——你预测这个赛季结果如何？
● 我在考虑买辆新汽车，你的车好用吗？
● 我的亲戚们要来吃晚饭，有什么好菜推荐？
● 我想在下周的演讲开头讲一个笑话，你有没有那种让所有人都笑的笑话？
● 你觉得我该为生日准备点什么呢？
● 最近有什么有趣的视频吗？
● 我的大学朋友要过来看我，有什么必去的、鲜为人知的景点推荐吗？

如果你担心在对话或会议里双方没有话题，大可以转向询问建议的话题，来试试这些无缝衔接的话题吧。

1. 所以啊，我想请教你一些事情：＿＿＿＿＿＿＿
2. 嘿，你能和我一起做一下我项目的头脑风暴吗？
3. 说到这里，你有什么修正／改变／解决＿＿＿＿＿＿事的想法吗？

你会发现这类问题能让对方重新振作起来。这时候，他们会眉毛上扬，身体前倾，嘴上说着："是吗？很高兴能帮到你。"我们希望成为有用的人，也希望被拉去帮忙，同时也希望这些建议能派上用场。

请记住：永远不要问你不需要的建议。脆弱建立在诚实的基础上，而不是一个虚伪的诡计。

寻求建议的机会

不要错过任何获取建议的机会，这种机会比你想象的要多。

不要错过任何接受他人帮助的机会。当我去别人家的时候，我总会接受别人递过来的水；人们经常在推特上转给我一些人类行为的研究，我总会回复他们，并感谢他们的推荐；每隔几周，我都会在领英上接受人们给我的非常好的建议和支持；演讲结束后，如果他们很喜欢我的演讲，我会请听众或活动策划人为我写推荐信。

可以请你帮个忙吗？如果你喜欢这本书，请在亚马逊上写下书评。我会非常感激的！也非常欢迎你使用 emoji 表情（笑脸）。

请不要害怕寻求建议。你可以在电子邮件中或社交媒体上以非正式的方式寻求建议。我经常在社交媒体上向追随者们公开提问。比如"你们喜欢这件衬衫吗？"，或者"有好的平面设计师推荐吗？"，甚至是"如何煮茄子？"。

我还经常在推特上发布建议或投票。像这样：

Vanessa Van Edwards @vvanedwards · Apr 6
[POLL] Do you have something you did NOT do in your life that you greatly regret NOT doing?

你会不会有一些从没做过,但庆幸自己没做的事情?

74% 有
26% 没有

93 个有效投票

不要低估未经请求的建议。富兰克林效应不仅仅是寻求建议,而且是在别人给你帮助时,接受这些建议、帮忙和支持。我们在别人主动提出建议的时候第一反应是抗拒的。但这就是一个机会!当别人主动给你建议的时候,你使用的富兰克林效应就奏效了。

心存感激

若要让富兰克林效应更具影响力,请在别人给你建议之后向对方表示感谢,并要给人一种你很重视他的建议的感觉。这样,你会让对方感受到认可、帮助和归属感。

教会我这一点的,是我的奶奶。迪伊奶奶喜欢自己做衣服。有一天,她给我留了一封语音邮件,让我量量自己身材的尺寸。"从头到脚都要量,从你的脖子到脚趾,从肩膀到手腕。"我不知道她在给我做什么,但出于任务我还是乖乖把尺寸量好打电话报给她。几周后,她把做好的夏威夷穆穆袍带来了。衣服是用她客厅的旧窗帘做的,非常合我身。"不用担心,"她跟我说,"我在你膝盖处留了条缝,因为你比我年轻。"她甚至还用剩下的材料给我做了个发带。

我拥抱了她,并对她表示感谢。她非常高兴,毕竟她花了几周时间缝制这件衣服。我在想,如果我能穿上它的话,奶奶应该会更开心,所以那天我就穿上了这件衣服。可以想象，她高兴极了，一定要为我拍照并拿去给她朋友炫耀了好久。

而现在，每次见她的时候我都会穿上这条穆穆袍，至少也会戴上发带。

所以，请在表示感谢时，不要吝啬你的创造力！我送人感谢信的时候，第一页总会写满表达感谢的各种话语。我常会给人寄去三叶草种子，以表示感谢和好运祝福。当我问别人要推荐信的时候，我会把推荐信放在网站上，截图与感谢信一起发给对方。我家族的朋友为我和老公的意大利蜜月之行提了很多建议，我们按照她的建议，拍了很多照片，并做成迷你相册送给了她。

请不要小看了感谢的基本礼仪：感谢信不能少。

额外诀窍：远离完美

完美主义是一种奇怪的野兽。我们努力做到完美，这样别人就会喜欢我们，但又不喜欢竭尽全力为了完美的人。追求完美这件事不仅让我们变得难以接近，还让我们顿失吸引力。想要迅速和人熟悉起来吗？可以试着接受这些脆弱的表现：

- 承认你的错误。
- 不懂的时候不要装懂。
- 请求他人原谅。
- 如果有个字不会读，直接询问别人。
- 说对不起。
- 轻松地说出"我不知道"。

遵循这些规则可以帮助你与人建立关系。

当我在那家糟糕的夜总会排队上洗手间时，我用真诚打开了一段对话，并获得了一个朋友。当我开始写这本书的时候，我也用了一段不堪的往事作为开头。希望我得到了你们的心，我的读者们。

我最大的个人成就和职业成就都与让我脆弱的瞬间有关。例如，在一次会议上，我曾经向坐在我旁边的女士承认，我不知道台上的人在说什么。她由衷同意，并一起分享那些听过的糟糕演讲。后来在谈话中，我才发现她是 CNN 的首席制作人。几个月后，她为我创作了一个片段，用于展示我在电视或专栏上放出的研究。

　　事实上，当我在文章中分享一个尴尬的故事时，会得到更多人的阅读、评论和转发。就好像我对自身弱点的承认能让人更容易接受自己的弱点——然后更愿意去接受帮助。好在为了我的读者，我总是乐于牺牲自己的尊严。

　　你需要特别注意：有些人很坏，他们不会善待你的脆弱。甚至还会有人利用你的脆弱加害于你。但我相信，这个险值得一冒。你只要展露自己的真实一面，他人的反应便能立刻告诉你：他是不是接下来值得你交往的人。

　　如果有人因为我不够优雅的行径而感到不适，那他们取消关注我是对的，因为我的社交建议对他们来说没有用处。

　　如果那位在夜总会相遇的女孩对我的评论翻白眼的话，我大可以继续翻找我的止痛药来吃。

　　如果一个人读完这本书，还不能对社交有困难的人有所同情，那么这本书就不适合他。

　　所以，我们都有弱点。该喜欢你的人，始终会喜欢你。

这和唱得好不好无关

　　每当唱歌的时候，我的声音就像慢慢死去的猫咪一样松软无力。（这个比喻并不代表现实中有小动物受到伤害。）

　　所以，在我最好的朋友在婚礼晚宴彩排选择了卡拉 OK 形式的时候，我作为她的"荣誉宝贝"，立马开始去找那些"最简单的卡拉 OK 歌曲"，在淋浴的时候不断练习，而且内心十分抓狂。

　　这天晚上终于来了，我在卡拉 OK 机上翻找了一轮，惊恐地跟我丈夫说："这里没有我那首歌！"

　　我丈夫以从未有过的平静和安定的表情说："没关系，你可以跟我一起唱我选的歌。"

　　你猜他在婚礼上点了什么歌？说唱歌手埃米纳姆的《超级大痞子》。你点唱过饶舌歌曲吗？我可以告诉你非常难唱。你的舌头会打结、口水会喷到观众席上。更多时候，你会呆呆地看着飞快闪过的歌词。

　　其中有两段我几乎失声了，当时感觉很丢脸。但一位坐在舞台边的年长的女士靠过来说了一句话，让我至今难忘："别想着要当最好的歌手，承认就是了，这和你唱得好不好没关系。"

　　不知怎么了，我脸上呆头呆脑的表情消失了，我举起双手，即兴地带领大家做出挥手的动作。我甩出了几个我认为是爆炸般的手势，然后试着跳霹雳舞。

　　观众都好喜欢。他们嘲笑我笨拙的舞姿，为我的摇滚步高声喝彩，就好像我跳得很好似的。他们还吵着要我继续跳。我可怕的歌喉和笨拙的舞姿非常有娱乐性。为什么呢？因为我承认了这一点。

　　如果你能会心一笑，我相信这就是生活的隐喻。卡拉 OK 与唱得好不好无关，这是以你自己的方式演绎的歌。生活与是否完美无关，你仅仅以你自己的方式在过活。

　　正如沃伦所说的那样，"释放你的秘密，做真正的自己"。

尝试这些挑战 ☑

01	你需要什么意见或建议呢？直接向人请教吧。	
02	你能从你的提升者那里得到什么建议？	
03	额外挑战：你内心最深处最黑暗的秘密是什么？试着把它们分享出来吧。你可以把它寄给"秘密明信片"，地址是：13345 Copper Ridge Rd, Germantown, Maryland 20874, USA。	

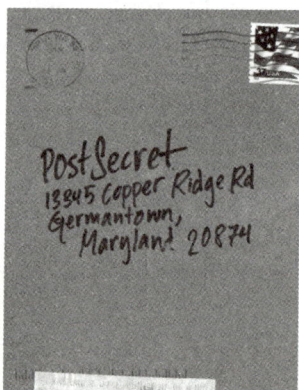

章节回顾

　　试图用虚假的完美来给人留下深刻的印象，这难于登天，也让你筋疲力尽。脆弱才是真正提升关系的东西。

- 人们不会像你一样注意自己的弱点。
- 即使他们注意到了，你的弱点也是促进关系的亮点。
- 利用富兰克林效应的力量，向别人讨教建议吧。

　　我在这章最大的收获是：＿＿＿＿＿＿＿＿＿

第十三章

建立保护防线

如何应对难搞的人

泽奇特尔·冈萨雷斯是一名婚礼策划师，她策划的婚礼是世界上最独特、难忘和精彩的。但她也对我说，自己虽是一名婚礼策划师，但常常被逼成了家庭关系咨询顾问。"他们会对我叫喊、咒骂、抓狂，这种情况我已经数不清有多少次了。但毕竟，这是我工作的一部分……我挺喜欢的。"作为婚礼策划师，要应付难搞的人，冈萨雷斯最适合做我们的老师。为什么呢？婚礼筹备涉及爱情、资金问题、错综复杂的家庭关系以及意料之外的支出，婚礼策划需要面对如此棘手的人际问题，而冈萨雷斯在这个工作中得到了锻炼。

在筹办了几千场婚礼之后，冈萨雷斯发现了一套人际关系模式。她的观察很有趣。自尊心低下的新娘通常有一个什么都包办的妈妈；一个自信的父亲的女儿通常会嫁给一个胆小的丈夫——冈萨雷斯的猜测："难道是因为她在生活中已经拥有了一个有支配欲的男性角色了吗？"性格温和的新郎通常有一个固执己见的未婚妻或母亲——如果两者他都有的话，冈萨雷斯知道这将会是一个棘手的婚礼。

"有位被婚礼小礼物困扰的新娘让我至今难忘。当她最终挑选的巧克力豪华礼盒并不合她心意的时候，她一下变得非常非常烦躁。"冈萨雷斯回忆当时新娘对着宴会筹办人嘶吼，最后目光诡异地盯着晚宴中的丝带。

冈萨雷斯知道，这位新娘肯定还有别的事情扰乱心思。她知道还在筹备婚礼的过程中，新娘就得接受未婚夫的孩子、辞去工作、搬到郊区成为全职太太。"我知道她正烦恼着很多事情。巧克力的挑剔只是一个情绪出口。所以我对她说：'真的是巧克力的错吗？'"

冈萨雷斯猜对了。巧克力只是她生活失控的导火索。幸好冈萨雷斯知道这种种难以理解的情绪的根源。她建议新娘必须好好和未婚夫谈谈，避免困难的处境变得越来越困难。

社交恐惧

冈萨雷斯对付难搞的人有两种对策：

第一，避免让和善的人变得难以对付。
第二，避免让难搞的人变得不可理喻。

这两种行为都源于一件事：恐惧。当新娘因为婚纱而抓狂、丈母娘对着晚宴策划人大骂时，通常根本不是衣服或食物的关系。这只不过是一种恐惧，对不能取悦别人而恐惧，对金钱恐惧，甚至对婚姻恐惧。当我们害怕的时候，我们的阴暗面就会浮出水面。

在社交场合中，恐惧的感受会加剧。当我们和别人在一起时，我们会害怕：

- 被评判。
- 不被喜欢。
- 没见到任何我们喜欢的人。
- 被拒绝。
- 被忽略。
- 被嘲笑。
- 冷场的尴尬。

- 被批评。
- 被认为很无聊。
- 被认为很奇怪。
- 事态不受控制。
- 被误解。
- 不被记起。
- 形同异类。

你对以上哪一项最能产生共鸣呢？和人交往的时候，你在害怕什么？它们就像是小妖怪一样一直缠绕在你脑海里。

小妖怪：名词。一个臆想出来的爱捣蛋的小妖怪，被视为离谱行为或错误背后的原因。

小妖怪使我们产生了社交焦虑，让我们处于尴尬的境地，魅力尽失。不仅如此，我们很难觉察到它的存在，很少人会说："现在我心情很不好，因为我害怕被你拒绝。"或是："我对你大喊大叫都是因为我害怕遭到质疑。"

恐惧非常善于伪装，它能化作不同形态。恐惧可能会让我们变成这样：

- 讨好别人。
- 专横无理。
- 非常戒备。
- 变得八卦。
- 想逃避。
- 变得刻薄小气。
- 笨拙。

- 变得无聊。
- 爱挑剔。
- 自恋。
- 否认事实。
- 依赖他人。
- 寻求赞美。
- 自私。
- 言行夸张。

以上哪一种像是你面对恐惧时的反应？你的恐惧会伪装成什么样子？

我们每个人都会有恐惧的时候，它就像小妖怪一样出现在最糟糕的时候，搅乱我们的生活和良好状态。我可以告诉你我最大的恐惧就是被排斥，被认为是个怪人，和正常人不一样。它随时随地都会因为不同原因而出现。在极度紧张的环境下，我的手臂和腿上还会长荨麻疹。所以在让我尴尬的社交环境中，我还得担心地四处寻找身上的荨麻疹。我不喜欢喝酒，所以每次参加活动我都害怕因为拒酒而成为扫兴无趣的人，因此我常自愿做大家的代驾司机。我很怕喧闹的环境，因此很多时候我都是在派对上迟到早退的人物。

许多时候，我害怕我的为人会让谁不高兴，我的恐惧会变成尴尬。当我处于求生状态时，我要不沉默不语，要不就会讲出过分冒犯的笑话，说起话就停不下来，真的闭不了嘴。猜猜照这样下去会发生什么？是的，我越害怕什么它就越能实现。人们会认为我很古怪，不像正常人，然后将我排除在外。我们的恐惧让心中那个讨厌的小妖怪变成现实。

我发现，让人害怕的小妖怪总是有规律地给我们设置困难，它们可被分为 4 类：

类型	描述	困难	小妖怪类型
悲观主义者，比如《头脑特工队》里的悲伤角色。	非常负面，爱抱怨，极度消极。	几乎不可能会高兴起来。	害怕被拒绝，所以干脆自己先拒绝所有事物。
爱炫耀，比如《绯闻女孩》里的布莱尔。	自吹自擂，好像自己比所有人都厉害，什么都知道，高人一等。	自恋。	害怕被人遗忘，或自己的价值不被承认，所以他们常常要证明自己有多好。
消极被动，比如《爆笑办公室》里的陶比·弗兰德森。	非常沉默，从来不会提问题，没有欲望做出贡献或推动某件事的进程。	存在感低 / 毫无贡献。	害怕遭到质疑或评判，于是自己尽量少参与做事，这样他们就没有什么东西被批评的了。
暴躁，比如《金装律师》里的路易斯·利特。	经常爆发、霸道、戏剧化人格、过于情绪化。	言行夸张 / 反应过度。	害怕失控，所以他们非常想把控局面。他们也会害怕被人遗忘，所以利用夸张言行来吸引注意力。

在我们状态最差的日子里，大家都会中了上述 4 类小妖怪的圈套。你可以好好想一想，哪类小妖怪最符合状态最差的你？

不过别担心，许多人也和你一样。这不是我们的错，让我用神经系统知识来解答这个问题。

恐惧背后的科学

约瑟夫·勒杜克斯是纽约大学的心理学家和神经系统学家。他的研究领域是恐惧学习，这是我们大脑应对外部威胁时学会的反抗和应激方式。

恐惧的感觉是大脑杏仁体的运作结果，这也是快乐和多巴胺的来源之地。勒杜克斯发现，由杏仁体发出的恐惧反应可通过两种途径传播：一是从丘脑出发至杏仁体之间快速的"低层路径"，另外一种反应较慢，也是从丘脑出发，但先绕去了大脑皮层，然后再到达杏仁体。

低层路径：快速、自动化，这是面对原始恐惧就能迅速做出的反应。低层路径能维持我们的生存。

高层路径：是一种更慢的反应，这种反应是经过逻辑思考的应对，它让我们能做出自我审查。高层路径能促进我们发展。

假设你在街上开车，你面前发生了一场事故。就在你看到的那一瞬间，低层路径开始起作用——约 12 毫秒里，你立刻做出了反应，踩紧急刹车、心跳加速、倒吸一口凉气、眼睛睁得老大，这也是为了能放大视野，看清楚周围发生了什么。

30 ~ 40 毫秒，你的高层路径开始发挥作用。它分析了你刚才看到的一切，然后做出判断——打报警电话了吗？车祸现场是否需要帮助？你要不要在路边停车？

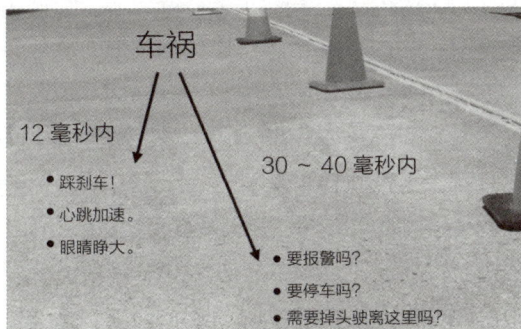

车祸

12 毫秒内
- 踩刹车！
- 心跳加速。
- 眼睛睁大。

30 ~ 40 毫秒内
- 要报警吗？
- 要停车吗？
- 需要掉头驶离这里吗？

　　恐惧处理机制在发生真正威胁时非常奏效，但低层路径和高层路径的目标稍微有点不一样。

　　低层路径保证我们远离威胁、受到保护、安然无恙。它的目标是让我们皮肉无伤地生存下去。

　　高层路径确保我们做出正确选择，以得到发展。它的目标是让我们与集体产生联结、产下后代、幸福生活。

　　两种路径目标并非时时刻刻都保持一致。勒杜克斯教授解释道："低层路径和高层路径最后到达的结果有时候会不一样。"举个例子，如果你害怕被拒绝，低层路径会让你切换至应对威胁模式。所以在交谈时你会手心出汗、脸上通红、随时都想逃走。在低层路径的控制下，你没办法以平常心交谈，你没办法好好说话，因此没办法和人搞好关系。

　　因此，心理学家丹尼尔·高曼将之称为：情绪劫持。

　　情绪劫持：当低层路径主导应对恐惧时，你没办法切换到高层路径上，高层路径才能让你做出具有逻辑的判断、做出对你最有利的社交行为。

　　他认为情绪劫持才是社交困难的原因——也是难搞之人交往起来这么困难的原因。

　　你的小妖怪不仅让你无法专注，还强迫你切换到求生模式。你可曾想在口干舌燥的时候与人进行对谈？或者是感到窘迫的时候尝试表现得幽默风趣？这是不可能的。你的低层路径在拖慢你的高层路径。

　　勒杜克斯解释："情绪应对机制会占据脑部资源。因此更容易出现的情况是情绪控制思想，而非思想控制情绪。"

　　触发过去失败经历的事物也会影响你，因此即便现在面临非常小的事，也会让你做出与当年相似的恐惧反应。比如在八年级时，你邀约心爱的女孩在年级舞会上跳舞，结果遭到当众嘲笑。你深刻记得她周围的朋友都指着你哈哈大笑，于是开始满头冒汗、呼吸紧促（进入低层路径）。你不知所措，只好逃离现场，躲在卫生间里。你决定要是舞会不结束，你一辈子都躲在里面不出来（高层路径）。

你成年后，每当你身处灯光昏暗的夜店，面对震耳欲聋的音乐声或要邀请女孩子跳舞的时候，你的低层路径都会起作用。低层路径认出了这些似曾相识的场景，也记得当时你不愉快的经历。于是你又会开始冒汗、脸色通红、呼吸困难，可明明还没开始跟女孩子说话呢。低层路径一直在一旁跟你说："还不快跑！""快躲进厕所里！""跟她说话你就死定了！"即便高层路径早就劝你应该主动跟女孩子搭讪，即便八年级那场失败已成为陈年旧事，低层路径还是紧紧抓住你不放，对你进行情绪劫持。

这就是为什么我在第一章的"社交作战计划"中告诉你，要细分你的社交环境：这里的环境是你社交精力旺盛的地方，还是让你保守求生的地方。在受低层路径控制的时候，你处于维持生存的模式，这样是不可能很好地施展人际技巧的。我希望你能在合适的环境里练习，在低层路径能乖乖地让位给高层路径的时候，顺利地做最好的自己。而难搞之人并没有处理好这一点……

我不相信那些不好相处的人都是坏人，我觉得是因为他们在大多数时间里都被情绪劫持了。恐惧让他们困在维持生存的模式当中。他们脑海中的小妖怪也让与人交往和理性妥协变得不再可能。

"我们知道很多人都有他们意识不到的恐惧心理。"勒杜克斯解释道。情绪的力量完全有可能压倒理性。问题是：我们怎样才能帮助难以相处的人克服他们心中的恐惧，在社交上变得更加聪明得体呢？

直击难搞之人的内心

有时候，那些古怪难搞的人会把我逼疯。有时候控制他们的小妖怪超过了我的应对能力，我就会使用这项简单的秘诀：

| 秘诀 13
**直击难搞之人的
内心** | 面对难搞的人，请说出他们的心情，
理解他们的感受，让恐惧转化为有
益的结果。 |

直击内心既能预防一场发疯行为，也能让失控的事态平静下来。

这个秘诀其实是精神病专家马克·古尔斯顿解救人质方法的一个简化版本——和难以对付的人打交道，就像跟绑架者打交道一样，让我们用成年人的方式来解决问题吧！

步骤 1：说出你觉察到的感受

许多小妖怪的产生是被人忽略、不被接受或聆听的结果。假如你能让对方知道你能觉察、你能接受、你也会聆听这些小妖怪的来头，这段因恐惧而起的混乱就能平息大半。这就是第 1 步：说出你对此人情绪的觉察。在对方的情绪被你觉察以后，你就能去寻找下一个问题。

他在害怕什么？

一旦你说出对方的心情，你就为他们的焦虑打开了一个释放的窗口。听起来很容易吧？这很简单，大多数人没有这样做。一般情况下，在对方非常情绪化的时候，我们会想用自己的冷静来与之保持平衡，但这不奏效。事实上，你的冷静只会给暴怒的人火上加油。

以下就是男女之间常见的情形：

人物	对话	感受
女生	"领导没给我升职，我真的好生气！得到晋升的理应是我，太不公平了。"	向男生获取情感认同。
一般性回答		
人物	对话	感受
男生	"是的，但至少 3 个月以后你还可再次申请，希望你下次成功！"	试图让其冷静下来。
女生	"3 个月！不会吧？我来公司已经 5 年了。早知道这样就早点离开这儿，我没必要等，这很明显就是不重视我！"	她听不到她想听的，也变得焦躁起来。
男生	"怎么可能！这只是一次意外，你领导升她的职而没升你，我不觉得是因为你出过什么问题才不选你的。"	求求你冷静下来好不好。
女生	"那你的意思是他们根本没有把我放在考虑范围以内？你说得对，我根本进不了他们的视线！如果这样的话，那我还不如直接辞职呢！你也是，一点忙都帮不上！"	真正放开胆子生气，开始胡思乱想了。

可以看到，对话的火药味迅速升级。这位男生只想帮她冷静思考问题，可惜女生并不是想得到解决方案，而是希望自己的不满能被倾听。

这位男生只需要倾听并留意关于情绪的词汇：一些能反映内在恐惧的词语。然后男生可在对话中说出这些情绪用词，以确认和女生的关注点一致，然后鼓励她把更多想说的事情说出来。对话就变成这样：

人物	对话	感受
女生	"领导没给我升职，我真的好生气！得到晋升的理应是我，太不公平了。"	向男生获取情感认同。
技巧性回答		
男生	"不会吧，太不公平了。怪不得你这么生气。"	重复情绪词汇。
女生	"我知道我现在是比较受挫的。我工作那么多年了，就好像他们对我视而不见似的。真怕有一天，我被公司解雇了。"	感觉到有人倾听，愿意挖掘更深的恐惧。
男生	"我理解的，感觉到受挫。而且在担心被解雇的情况下是很难保持快乐心情做好工作的。"	向女生确认害怕的事物。
女生	"是的，我就是不明白为什么不让我升职。"	感觉不被公司理解，但还好有男生理解她。
男生	他们可曾给出更多理由来帮助你弄明白为何升职的不是你吗？	直达第2步：理解。

在这个版本中，我们注意到男生只是简单地重复了女生的情绪词汇，试图从中找到她恐惧的端倪。这能帮助他理解为什么女生会如此生气如此感到受挫，也帮助女生好好分辨她此时的情绪。当她感觉到倾听和认可时，就能自然过渡到直击内心的第2步了：理解。

我最喜欢的察觉说法是：

- 你看起来_____
- 你是不是感觉_____
- 现在你是什么感受？能跟我说说吗？

需要注意的是，识别对方的微表情同样能帮上大忙，特别是当他们没有口头说出自己的感受时，你可以通过微表情猜测。他们面部展现的表情同样有效。

步骤 2：理解价值观

当自己的感受得到倾听和认同时，他们脑袋里活跃的低层路径开始慢慢让位于高层路径。于是，这个时候你面对的就是一个讲道理、更加理性的人了。此时他更以双方关系为中心，而非以自我为中心去处理你们的社交关系。

第 2 步的目标是解码对方语言背后的情绪。在这个过程中，你需要：

● 尽可能了解更多信息。
● 帮助他们处理更多情绪。
● 从中发现他们在这个场景下的主要价值观。

因此你在这一步需要找到的答案是：

他在找寻什么？

让我们重新看回第 1 步的例子。我已经把有关价值观的提示词重点标示出来了。如果你需要复习价值观识别的知识，可以在电子附录里找到人格测试表重新回顾。来看看这个女生的主要价值观是什么吧。

人物	对话	感受
女生	"是的，我就是不明白为什么不让我升职。"	感觉不被公司理解，但还好有男生理解她。
男生	他们可曾给出更多理由来帮助你弄明白为何升职的不是你吗？	直达第2步：理解。
女生	"他们没有事先通知，在会议上直接公布。还是在那么多人的场合下，我能感觉到会议有一半人都转头看着我，因为这是我一直想得到的升职机会。"	回顾当时情形，也就是小妖怪出现的时候。
男生	你觉得他们以后会跟你解释清楚吗？或至少同整个团队解释为什么得到升职的是她吗？	找寻小妖怪和她的恐惧分别是什么。
女生	"我的意思是，我不是现在立马就要得到那个职位。只是我觉得自己什么都不知道。如果我知道自己处在升职排序的哪个位置，那样就好多了。但现在我对此毫不知情。"	识别到自己真正害怕的是什么。

　　根据她的回答，听起来好像她的价值观是信息或地位。于是男生继续向她发问，最后把价值观定位在信息上。这就是关键！想立马得到升职是一回事，但仅仅想知道自己是否能得到升职，或得知自己是否走在晋升的轨道上，那又是另一回事了。于是这就到了直击内心的第3步：转化。

　　关于理解价值观，我最喜欢表达是：

- 发生了什么事情让你这样想的？
- 你这么_____是因为什么？
- 是什么造成的？

步骤3：把问题转化成解决办法

当人们处在高层路径上时，他们就已脱离了恐惧的控制，开始直面需要解决的问题。这样，你就能把他们面对的问题转化成解决方案。

在完成第 1 步说出觉察到的情绪之前，不要直接跳到第 3 步。如果对方仍在大喊大叫，泪流满面或满脸涨红，那就是说第 1 步还未完成。

当对方放松地叹了口气，音量恢复正常，看起来也恢复了正常状态时，你就能往下一步走了。在转化阶段，你有两种选择：使用快速阅人技巧或使用他的赏识语言。如果你还能回答他的疑问或为他提供解决办法，那就更好不过了！

有时候，不是所有问题都能得到完全"解决"的。在这个时候，你最好选择使用他们偏爱的赏识语言。至少这样你能对他表现出重视，让对方感到没那么孤独。

在这个步骤里，你需要寻找的问题是：

他的需要是什么？

再次回到先前的例子，接下来应该这么做：

人物	对话	感受
女生	"我的意思是，我不是现在立马就要得到那个职位。只是我觉得自己什么都不知道。如果我知道自己处在升职排序的哪个位置，那样就好多了。但现在我对此毫不知情。"	识别到自己真正害怕的是什么。
男生	"你觉得发邮件请老板在下周开会前解释一下此次的人事调动事宜如何？"	转向步骤 3：把问题转化成解决办法。
女生	"也许可以，我也可以和她来一次下个季度的绩效目标面谈。"	考虑着如何满足她的主要价值观。

男生	"是啊，你也可以把手头正在做的工作整理出来，也许她就会给你解释她那边发生了什么情况。"	帮助她满足她的主要价值观。
女生	"这个方法不错。"	感觉到事情是可以解决的。
男生	"那当然！这件事对你来说太不公平了。我觉得他们没有认识到你的工作能力简直是有病。我们周末出去玩吧，做些什么事能让你开心一点呢？"	一举成功！他让她恢复平静，并考虑好了下一步该怎么做。

在这个例子里，这位男生不仅让对方从极度焦虑中冷静下来，还成为她的支持者。当你说出对方的感觉、了解到对方的价值观，并让对方从问题的被动接受者转化为问题的解决者，这个时候，你就成了他的盟友。

我最喜欢的转换用语：

● 有什么需要我帮忙的吗？

● 你知道怎样才能让你感觉更好吗？

● 如果想让现状有点起色，我能发挥一些什么作用吗？你可以做些什么？

这里的关键不在于改变他人，那样只会让他们变得更加疯狂。关键在于让他们感觉到重视，并深入理解他们面临的问题。你不能和情绪争论，但你可以识别情绪。

如果你能重视他们，难搞的人就会变得不那么冷血、气愤和恐慌，变得富有同情心、善解人意和开放。但是不排除对有些人多么有同理心的对待策略都无效。他们的恐惧太过根深蒂固了，处理起来非常棘手。我把这些人称为毒药，不是指吸毒，而是指这些人的影响力极具放射性，让周围的人也深受其害。

小事实盒子

非常不幸，大多数人身边都会有毒药型人物。在推特的民意调查中，有 73% 的人这样说。

Vanessa Van Edwards ✔
@vvanedwards

[调查] 你的生活中是否存在毒药型人物？

`73%　是`

`27%　不是`

139 个有效投票

额外诀窍：学会拒绝

毒药型人物非常擅长把你牵进低层路径，让你处在维持生存的状态。他们给你设限、质疑你的价值，甚至会唤起你心中的小妖怪，让你从原本的高层路径跌回低层路径里。毒药型人物根本不值得你花时间在他们身上。

但许多时候我们在处理拒绝的时候走的是低层路径。我们会出于习惯而不自觉地接受了他们的侵蚀，或者我们因为害怕而没有及时跟他们划好界限。又或者，我可以这样说，当时我们不觉得应该站起来为自己说话。

你应该是时候和那些试图榨干你的人说再见了。你理应按你喜欢的方式互动，和你喜欢的人互动。当你拒绝了一段错误的关系，也意味着腾出空间留给一段正确的关系。下面我来告诉你如何说不。

步骤 1：不要忍气吞声

你的拒绝并不意味着你忘恩负义。你完全可以和对方划清界限，这并没有冒犯任何人。

- "非常感谢你的邀请。"
- "你为我做得实在太好了。"
- "这是个好主意。"

步骤 2：不要犹豫不决

别拐弯抹角了。如果出现犹豫和迟疑，毒药型人物就会抓住你的软弱并乘虚而入试图改变你的想法。请务必清晰而简明地拒绝。

"我很抱歉，我不能参加了。"

"我不能参加聚会了。"

"我去不了。"

步骤 3：不必为你的选择找理由

这一步最为重要！你没必要为自己的感受辩护，和对方争辩或解释任何事。没错，你不需要给出理由。事实上，如果你给出了一个理由，即便这个理由非常合理，最后听起来也会像一个借口。只要你给出理由，毒药型人物就有机会跟你争论，他们一定会的。他们最不喜欢的就是他人和他划清界限了。要是你说出理由，下面的事情就会发生：

"你另有约？没事，你可以抽空过来这边露个脸嘛。"

"你忙？我也忙啊，只需要 20 分钟，你一定会去买咖啡的对吧，我就到时候迅速跟你见个面即可。"

"我这里有很多能量饮料，绝对不会累的。"

如果你觉得当面拒绝很困难，不妨跟对方说你要考虑一下。你可以说你需要查看自己的行程，稍后回复。你也可以用短信或邮件回复，这样你就能字字斟酌好再发给他了——这在当面的情况下很难做到。多练习几次，你就习惯了。

可选步骤：转为主动

如果你对邀约不太感兴趣，有时你也可以反过来提供建议。比如我一个朋友约我在她生日那天去桌球室相见，我知道我不喜欢去桌球室，那里也不是我们好好聊天的场所。所以我建议改去吃早午餐，结果对我们两个都好，因为我们在餐厅聊得不想离开。你可以说：

"我不能吃晚饭，但我们可以去喝杯咖啡。"
"开会解决不了事情，我们还是电话聊吧。"
"对不起，我不能参加聚会，要不我明天带你去吃早午餐吧？"

我知道说"不"很难，但这会让你成长。

农民会烧掉一部分作物，腾出土地空间供更好的谷物生长。因此火是维持生态平衡的天然组成部分。"你想帮助所有人，但不是所有人都有救。"婚礼策划人冈萨雷斯说道，"我在这份工作中学到的就是如何避免成为一个老好人。我不会陷入他人的恭维或请求当中。对于怎样做到最好，我有自己的方法和标准，我有我的立场。如果我怀疑对方做不好，我就不会同他合作。"

你有权决定影响你生活的人是谁，请你慎重地选择。

尝试这些挑战 ☑

01	请找出对你影响最大的 5 个人，看看他们心中的小妖怪是什么。	
02	好好做一次内省：你的小妖怪是什么？它们会披着什么外衣出现？	
03	额外挑战：你身边有没有需要摆脱的毒药型人物？	

章节回顾

每个人都有自己的社交恐惧。当你识别出他人的恐惧，并深入理解，你就能把一个问题转化为解决方案。这种方式能让你应付大多数难搞的人。

- 试图了解你的社交恐惧会以什么方式呈现。
- 说出对方所害怕的，理解情绪背后的价值取向，再尝试做出改变。
- 对于毒药型人物，直接说"不"就好了。

我在这章最大的收获是：_____

受欢迎的奥秘

如何让他人开心

"我的偶像要来我们家啦！"我对丈夫说道。当时我正手忙脚乱地打扫卫生和准备晚餐，好让家中最好的一面呈现给即将来到的客人：《纽约时报》畅销榜书籍《怪诞行为学》作者、行为科学偶像、TED 演讲明星丹·艾瑞利，还有 30 分钟就要到了……我当时正面临一团混乱。

几个月前，艾瑞利找到了我的联系方式并给我发了一封邮件，说他喜欢我的视频。我高兴地大叫起来，有一段时间我是晕过去的，还因为过度兴奋而长时间打嗝。最后我终于能够有条理地回复他了，还提到了几个正在做的新研究。于是，我们就因为专业而成了朋友。最近艾瑞利因为和妻子来波特兰，就顺便到我家来见面。

从艾瑞利和他可爱的妻子苏米走进门那刻开始，我就被他身上的魅力所折服。但我意识到艾瑞利此行并不是为了展现自己的偶像风范，而是为了向各种人学习。在我们享用开胃菜、主菜和红酒时，艾瑞利向我们问了许多问题。他没有一直在说自己的研究有何突破，而是用自然而好奇的眼光把聚光灯转向周围每个人：我丈夫的工作、他太太的见解和我的目标。整场晚餐下来，我都有点飘飘然了，甚至感觉到自己的地位被他抬高了。然而这一切都跟艾瑞利的名气和专业嘉奖无关，只与他待人处事的独特方式有关。

丹·艾瑞利的好奇心特别强。不仅表现在他的作品中（他出了 4 本书，做了 5 场共计超过 1,300 万人次播放量的 TED 演讲），而且表现在他的日常互动里。他身上那种真诚的好奇心是他的吸引力所在。

艾瑞利这种好奇的天性不仅让他充满魅力，还是他克服自身困境，大获成功的原因，至少是部分原因。他在 17 岁那年，不幸遭遇爆炸，全身70% 都被烧伤了。他经历了几个月痛苦的皮肤移植手术。对他来说，最痛苦的莫过于拆除绷带了。

你试过从身上撕下止血贴吗？要是有过，你可选择采用速战速决的办法，这样虽然会很疼，但持续时间短；你也可以慢慢撕下来，这样没那么疼，但得忍受撕下来那段较长的时间。艾瑞利说："医院的护士选择的是速战速决的方法，所以我被死死按住，好让绷带迅速撕下来。但毕竟我身上有 70% 的皮肤都是烧伤的，所以这种速战速决的方式也持续了 1 小时。"

艾瑞利刚出院的时候，他就被特拉维夫大学录取了。在那里，他开始做关于疼痛、耐受力和减轻痛苦的实验。"随后我才发现，护士们的做法是错误的。"艾瑞利说道。

事实证明，最大限度地减少病人痛苦的方法不是迅速撕开绷带，而是减轻病人的疼痛，慢慢地来。"但护士们没有这个意识。"艾瑞利说。他们对自己的做法有点盲目自信——明明病人痛苦的事实摆在他们面前了。

这项简单有力的发现对艾瑞利影响很大，他开始预测看似不合理的行为，并因此建立起自己的事业。他利用自己独特的好奇心来吸引他人，这种求知欲给他带来巨大的成功。我们能从他的待人方式中学到什么呢？让我们来看看最后一个秘诀。

受欢迎背后的科学

为什么有些人很受欢迎？哥伦比亚大学的研究者发现，受欢迎程度与外表、运动能力、智力和幽默感都无明显相关，却和特定的脑部模式相关。具体来说，受欢迎的人更能接受别人也很讨喜这件事。

在这项研究中，实验参与者来自两个不同的学生群体，研究人员诺阿姆·祖鲁巴维尔请他们给对方在受欢迎程度上打分，随后进行脑部扫描和观看刚才评分对象的照片。他们得知这堆照片里有些不是刚才他们评过分的人。在看到一张照片时，他们必须迅速按下按钮做出判断：这个人是否在评分里出现过。

最后他们发现，每个人，无论自己的受欢迎程度如何，在看到受欢迎的人的照片时，脑部的奖励中枢会更活跃。简单来说，看到受欢迎的人，我们确实会感觉良好。这也是我们这么喜欢在电视上看到名人的原因。

但受不受欢迎的区别就在大脑的反应上：对于受欢迎的学生，他们在看到受欢迎的人时，脑部神经反应程度最大，特别是脑部处理"社会认知"的部分最为活跃。换句话说，广受欢迎的人更能适应社交信号、社会等级以及人际活动，他们对这些信息也更加重视。

受欢迎的学生更了解自己的社会地位，更准确地猜测别人对自己的好感程度。研究者认为，人们之所以受欢迎，是因为他们愿意去了解他们周围的人的想法和感受，是因为他们喜欢去了解周围的人的想法和感受。他们称为强化社交协调。

现在我知道艾瑞利当天在我家吃晚餐时的行为原理了。他在餐桌上不断地配合我。他就是有这种能力，让人心动。他的思考方式改变了我的感觉。首先，说实话，见到大名鼎鼎的艾瑞利，我的奖励中枢自然活跃起来。随后得知大名鼎鼎的他竟对我做的事情感兴趣，这时我的社会认知系统就更加兴奋了。

这就是取悦他人的方法。你的荣誉和成就并不能吸引人，让人印象深刻的原因是你让他们想起了自己的成就。

好消息是，不管你现在是否受欢迎，每个人都能学会配合他人的技巧。

社交协调

我小时候最怕上体育课。体育课对前青春期笨拙的我来说就是痛苦的根源。每当走进充斥着麝香气味的更衣室，我的小心脏就开始怦怦地跳。我得神不知鬼不觉地换好衣服，生怕我的裸体被人看见。（有时为了保险，我还会多穿一件文胸。）我会竭尽全力找借口逃避每天的训练和躲避球类游戏。逃课的理由有：被纸割伤、被头发扎伤、世界末日……只要能想到的理由，我都试遍了。

现在回想，我其实挺喜欢户外活动的，我真正害怕的是老师说"现在开始组队！"的时候。

每次都是这样，班上两个运动细胞最发达的孩子被选为队长，随后几分钟就是我的痛苦时刻。我看着他们挑选完整个班里的同学，最后剩下我和另外一个没有运动细胞的可怜虫马修。直到这天发生了一件事，改变了我小学时期的社交状态。老师决定让新来的女生做队长。由于她是插班生，和我们并不熟悉。于是我体育课生涯的奇迹发生了——她居然第一个就选了我！

我兴奋至极，跑过去拉着她的手，和她一起挑选我们队剩下的成员。我记得那天我们输了，却是我最高兴的一天。比赛结束后我问她为什么要选我，她说的话让我体验到了从未感受过的舒心："因为我想了解你。"

我们都非常想被认识与了解。我们总想有人来认识我们，总想被集体接纳，希望他们支持我们。而让他人感受到这种快乐的做法，叫作配合——这是被人们严重忽略的社交技巧。

当我们配合他人的时候，我们更容易把注意力放在周围的人身上，更能接受他人。配合他人也是维持良好和谐人际关系的关键。这就是我们要学的最后一个秘诀：

秘诀 14 **配合**	让他人感到被需要、被喜欢、被了解， 让他们感觉良好。

我们常常沉浸在自己的想法和事情里，而忘记了关注他人的情感需求和价值观。

但请注意，这是唯一一个你应该选择性应用的社交技巧。这种方法能有效建立深厚的关系，所以你应该把它应用在你真心想维持关系的人身上。

配合是这样起作用的：

世界上到处都是显而易见却被忽视的东西。

——夏洛克·福尔摩斯

步骤 1：互惠互助

斯坦福大学的研究人员凡·索隆在北加州地区来自不同国家的 2,437 名高中生中做了一场研究，他想看看哪种社交技巧能最准确地预测其在同龄人中的受欢迎程度。

首先，他得到了一些人们预料之中的结论，比如受欢迎的学生更加积极向上，自我感觉更幸福。但随后的发现更有意思：最受欢迎的学生也会喜欢很多人。受欢迎的学生通过友善的态度和笑容对他人表现出更多的喜爱。索隆说："对女性来说，常露出笑容对自身的吸引力影响巨大，笑容是自身外貌影响力的 2 倍。"对他人展现的笑容越多，他人就越能报以笑容。我们更喜欢和看起来喜欢和我们在一起的人做朋友。

在社会学里，这种现象叫作互惠效应。对于喜欢我们的人，我们也喜欢他，对于他人对自己的好，我们也觉得应该回报他人。因此如果有人对我们笑，我们也会报以微笑；有人向我们请教问题，我们也想请教他们作为回报；如果对方主动向我们展现他们脆弱的一面，我们也想与他们分享自己的脆弱面。这本书里所有的社交技巧都适用于互惠效应。

- 秘诀 1：社交作战计划。当你有意选择适合自己发挥的社交地点，你也能影响他人去找到适合自己的社交方式。
- 秘诀 2：三重攻势。当你对别人展露可靠自信的肢体语言时，就会让对方也变得可靠自信。
- 秘诀 3：制造聊天火花。当你用聊天火花取代社交套话时，对方就会觉得自己也应该拿出点有意思的事与你分享。
- 秘诀 4：强调他人的优点。当你强调了他人的优点，你不仅让他们表现得更好，也让他们有意识地寻找你身上的优点。
- 秘诀 5：线索理论。当你寻找与对方相似的联系时，对方也会去寻找你们的共同之处。
- 秘诀 6：解码微表情。当你深入挖掘他人的微妙情绪并给予回应，你就在变相鼓励对方坦诚表达，并让他们学着留意你的感受。
- 秘诀 7：快速阅人。当你尊重他人最真实的一面，你也希望真实的自己被人所接受。
- 秘诀 8：赏识语言矩阵。用他人偏爱的方式表达你的关心，会让对方意识到如何向他人表达自己的关心——这样他们也会更好地待你。
- 秘诀 9：主要价值观。让他们知道你很重视他们，那么他们也会尊重你所在意的事情。
- 秘诀 10：故事堆叠。你越愿意给他人分享妙趣横生、富有哲思的故事，他们就越愿意与你分享他们的故事。
- 秘诀 11：让别人拥有它！你越愿意放权给他人，他人就越视你为领导。

- 秘诀 12：富兰克林效应。你越有勇气坦诚展示脆弱，他人就越能接受你的脆弱并也展示他们的脆弱。
- 秘诀 13：直击难搞之人的内心。你冷静与直接的表达态度不仅能让对方冷静下来，还能引导他们对你进行直接的表达。
- 秘诀 14：配合。你对他人越感兴趣，他人也会对你越感兴趣。

做一个受欢迎的人，关键在于对他人产生更多的兴趣。当和喜欢的人在一起时，请你尽可能地使用互惠效应。

- 打电话的时候说："你能打给我，我很高兴！"
- 发邮件的时候说："能收到你的邮件，我真开心！"
- 交谈的时候说："跟你在一起我很开心。"
- 吃午餐时、在派对或研讨会的时候，邀请别人和你坐在一起。
- 当有新人加入，尽量让他感受到你们的欢迎。
- 当有人离开，跟他们说谢谢，告诉他们你很珍视你们在一起的时光。

请容我再啰唆一句，请只对你珍视的人做这些事，你的友善与配合必须发自内心。

步骤 2：归属感

电视大亨兼企业家欧普拉在她做主持人的那几年采访了许多人。这段经历给她留下了什么呢？她说：

我们都有想被重视的愿望。不管你是边远乡村的务农老母亲，还是身处费城的商务精英，每一个人，在内心深处，都渴望被爱、被需要、被理解、被友善对待，与人产生亲密的关系能让我们更有活力和人情味。

我们能给周围人最好的礼物就是帮助他们接受本真的自己。当那位插班生选择我当她的队友的时候，我第一次感到自己被人接受了；当她说她想了解我的时候，我才感觉到有人愿意听我说话；最后我们成了好朋友，每天午饭都在一起吃。在她那里，我终于得到了归属感。

　　为什么归属感如此重要呢？说到人这个问题，我必须搬出心理学家马斯洛的需求层次理论。需求层次理论认为，我们有 5 种层次的基本需要，

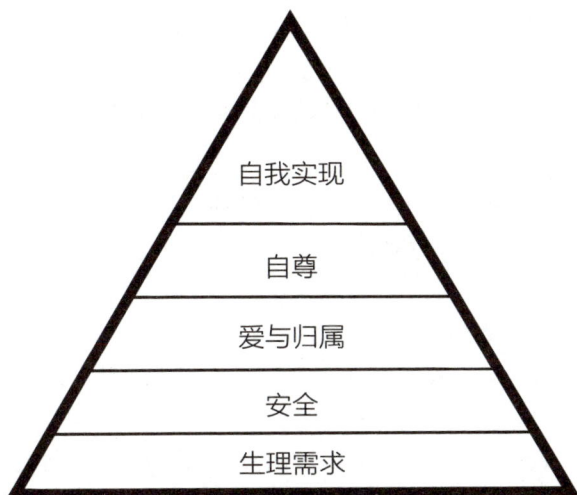

```
            自我实现

             自尊

           爱与归属

            安全

          生理需求
```

当这些需求得到满足，我们才得以发展。

　　在满足基本食物和住房需求以后，我们的需求转向人际关系。假如真心在意某个人，你可以通过这几个领域的帮助来达到配合他们的目的：

提供爱与归属感

- 找寻并突出你们的共性，让他意识到你们是盟友关系。（秘诀 5：线索理论）
- 深入了解他们的个性，尊重他们与人互动的方式。（秘诀 7：快速阅人）

- 发现他们的赏识语言偏好，并用这种偏好与他们互动。（秘诀 8：赏识语言矩阵）

让其感受到自尊

- 向他们询问富有意义的问题作为聊天火花，比如他们是谁、他们所追求的事情是什么。（秘诀 3：制造聊天火花）
- 对他人寄予美好希望，从人们身上寻找优点。（秘诀 4：强调他人的优点）
- 挖掘他们的真实情感，鼓励他们建立真诚的互动关系。（秘诀 6：解码微表情）
- 与他们分享自己的脆弱，并鼓励他们坦诚面对自己的焦虑和恐惧。（秘诀 12：富兰克林效应）

帮助对方实现自我

- 找到他们的主要价值观，并帮助他们实现自己的追求（秘诀 9：主要价值观）
- 放权让他们组织自己的想法和行动，让他们了解做这件事的原因。（秘诀 11：让别人拥有它！）
- 找到无理行为的源头，帮他们解决问题而不是单纯地评判。（秘诀 13：直击难搞之人的内心）

当你在提高社交技能时，你也在帮助他们满足自身需求。

需要留意的是，你是否有归属感？你身边有没有一位让你觉得自己被重视、被倾听和接受你的对象？如果没有的话，那是你还没遇到好人。自建立起人际科学这项研究开始，我就结交到许多一辈子的好友，我们一同研究人际科学，尝试不同的社交实验，在每年一次的"沉默运动"中体验社交窘困的积极面。你完全可以去结交同城的读者！在本书的电子附录里，我们会附上脸书小组、座谈会资讯和各种线下活动的链接。

步骤 3：好奇心

丹·艾瑞利把自己的一段痛苦挫折的经历转变成学习的机会。被撕去绷带的经历并没有成为他恐怖的阴影，而是成了好奇心的入口。他的求知欲让他在痛苦研究中取得重大突破，研究成果帮助了成千上万的医生和患者。从这个角度来说，好奇心真是一剂良药。

如果你像我一样，你可能也会有痛苦的社交经历，比如在学校被欺凌，甚至直到今天，你也会感到被同龄人排斥。

加州大学洛杉矶分校的研究发现，人际互动上受到排斥时与生理疼痛发生时，刺激着大脑同一个部分。换句话说，当被拒绝的时候，我们就感觉自己仿佛身体受到了伤害一样。

我们在推特上做了一个调查，问大家遇到哪种情况感觉更受伤：摔断手，还是被分手？只有 24% 的答案是摔断手，其余 76% 的人回答被分手的感觉更受伤。我们该如何保护自己，免受被拒绝的痛苦呢？我觉得好奇心是万能的良药，也是帮助我们参与到互动中的好方法。

- 当你对身边的人感到好奇时，你很容易想出聊天火花。
- 当你对某人的动机感到好奇时，更容易解读他们的人格矩阵。
- 当你对自己的人际互动感到好奇时，你发现自己一直在遵循固定模式，这有助于改善你日后的人际互动。

每一次互动都是一个认识自己和他人的机会。对人感到好奇，是表达好感的绝佳方法。

而怎样以好奇的眼光去看待自己和他人呢？我最喜欢的方式就是在自己身上设计一些小实验，比如下面这些方式：

- 你常用的聊天火花是什么？在接下来几周时间，尝试各种刺激聊天火花的方式，挑选一个你最喜欢的方式，日后照着用就好了。
- 在社交游戏计划里，你最喜欢的"社交甜点"在哪儿？尝试多在聚会的"社交甜点"中走动，看看哪个地方让你发挥得最好。
- 你最喜欢的故事是什么？就在这个周末，从你自己的故事堆叠库里找几个故事分享给朋友，看看哪一个故事能得到最好的回应。

上面的实验只是抛砖引玉。你最喜欢的社交秘诀是哪个？你可以在其中选出最喜欢的 3 个秘诀，并设计出自己的小实验：

秘诀：＿＿＿＿＿＿＿＿＿＿＿＿＿＿＿＿＿＿＿＿

小实验：＿＿＿＿＿＿＿＿＿＿＿＿＿＿＿＿＿＿＿＿

秘诀：＿＿＿＿＿＿＿＿＿＿＿＿＿＿＿＿＿＿＿＿

小实验：＿＿＿＿＿＿＿＿＿＿＿＿＿＿＿＿＿＿＿＿

秘诀：＿＿＿＿＿＿＿＿＿＿＿＿＿＿＿＿＿＿＿＿

小实验：＿＿＿＿＿＿＿＿＿＿＿＿＿＿＿＿＿＿＿＿

如果你想得到更多小实验的灵感，可以回看每个章节的挑战和总结，看每章末尾你写下的最大收获，有哪些是你很想去尝试的挑战呢？

你也可以对身边的人进行这场小实验，比如：

- 你的提升者：使用什么技巧能让你的提升者感觉良好？尝试用一种方法去跟他互动联结，或者更好地了解他。
- 你的搭档：你的搭档有没有勇气和你一起做社交实验？你们能猜出对方偏好的赏识语言吗？又或者去探寻新的聊天话题？尝试找到一项你们一起做的小实验吧。

● 我：想和我一起做实验吗？如果想的话，我会非常愿意！我们会在网站上开展各种社交技能测试和小实验，你完全可以加入进来。在电子附录里，我们会放上最新的实验活动。

这些实验能促使你以好奇的态度对待自己和他人。与此同时，他人在你的好奇心下很自然地为你提供了机会，让你运用各种学到的社交技巧。

我希望你在看这本书的过程中不断思考：这种方法对我有效吗？我有没有勇气去做这个挑战？并要把这些思考转化为更具建设性的探寻：怎样才能让这些技巧在我身上发挥作用？

我把好奇心放在最后，是因为好奇心是你使用任何社交技巧的驱动力。

深化关系，由我做主

我在采访中询问艾瑞利：对于在社交互动中提升吸引力，你给大家的建议是什么？他回答：

在飞机上或座谈会上，坐在我身边的人都非常善谈。即便在我没有心情互动的时候，我也会告诉自己，如果我想有段难忘的交谈，这一切在于我自己的行动。我们不能怪罪他人对交谈不感兴趣，在这点上，我们要负起责任。面对与自己截然不同的人，我尝试向他们学习；面对我不感兴趣的事，我尝试用另一种角度参与其中。在谈话中、在人际互动中、在各种关系中，负起责任做好自己，这是非常重要的。

你想得到什么样的互动，由你自己的行动决定。你有权利决定自己是不是一个有魅力的人。在一段互动中，能深化关系的人只有我们自己，所以，行动起来吧！

尝试这些挑战 ☑

01	在这本书中挑出你最喜欢的 3 个秘诀，并在本周为其设计一些小实验。	
02	告诉某人，和他在一起你很享受。	
03	找个时间，和你的搭档一起做人际技巧的探索。	

章节回顾

　　不要总想着自己能惊艳他人，跟他们表达你正深受他们的吸引，让他们心花怒放。给予配合，鼓励他们以本真的面目与你相处。我们越真心喜欢他人，他们也会越真心喜欢我们。

- 用互惠效应向他人表达：与他们相处非常开心。
- 让他人拥有归属感。
- 让好奇心来驱动你的社交吧。

　　我在这章最大的收获是：_____

后记
| POSTSCRIPT |

恭喜你！到目前为止，我们在一起已经做了很多事：

在第 1 部分：最初 5 分钟，我们谈到如何吸引陌生人的目光，成为相识者；如何快速建立信任；如何给人留下深刻的第一印象。

在第 2 部分：最初 5 小时，我教你如何快速判断人的性格、赏识语言和需求，以便更好地预测对方的需求和行为。

在第 3 部分：最初 5 天，我们继续深究人的关系，把他们转变为维持一生的朋友。利用你的故事、你的脆弱点，把主导权下放给他人，如果你在互动中能谨记这几点，你们的关系将会得到深化。

爱因斯坦曾说："信息不是知识，知识的来源只有经历。"把这本书读完很不容易，但我更希望你能体验从书中所学的东西。现在你可以重做前面的人际智商测试，甚至把它当作一年一次的自测，作为学到知识的巩固。另外，我们还有一个"7 天挑战"值得你一试。

7 天挑战

这本书的完结只是你的挑战的开始。在你不断提升人际互动能力过程中，我希望能一直给你帮助。我设立了一个为期 7 天的免费跟进补充包，在你读完此书后为你提供点子、挑战和社交成长故事，让你更好地把书中的内容付诸行动。请你在电子附录里登记注册，随后你就能得到这份补充礼包了。电子附录的网站是：www.scienceofpeople.com/toolbox。

　　请不要忘了，我一直在背后支持着你。如果你对本书有任何疑问，可以发邮件给我，我的邮件地址是：Vanessa@scienceofpeople.com。你大可以告诉我你喜欢的社交技巧是哪个，分享你的故事，或直接跟我打个招呼，我非常乐意听到你的消息。

　　非常感谢能带领你探索人际技巧，并且有机会与你分享我的故事。人际技巧改变了我的生活，接下来，就该让它改变你的生活了！

　　祝好！

瓦妮莎

附录

微表情卡片

　　以下是可以剪下来的微表情识别卡片，当你在观看电视节目或和朋友聊天的时候，拿着卡片不断对比识别他人的微表情，这是一个很好的练习方法。另外，我们网站的电子附录里也有更多微表情识别卡片供你下载。

愤怒

- 皱眉
- 下眼睑绷紧
- 嘴唇紧闭或嘴角向后拉

鄙视

- 一边嘴角上扬
- 眯起眼睛注视对方
- 身体转向一旁

快乐

- 嘴角向后上方张开
- 脸颊上扬
- 眼角附近有鱼尾纹

恐惧

- 眉毛上升呈一条水平线
- 上眼睑抬起
- 嘴巴张开，嘴角向后下方拉扯

惊讶

- 眉毛上升呈圆弧形
- 眼睛睁大，眼白露出
- 下巴向下使嘴巴张开

厌恶

- 皱起鼻子
- 脸颊上提
- 下嘴唇上抬

悲伤

- 眉毛上升并凑在一起
- 嘴角向后下方低垂
- 下巴抬升

更多电子附录

除了书中提到的各种电子附录资源以外，我们还提供了以下几类资源：

- 活动前的准备事项：我们为你拟定了参与或举办活动的准备事项清单，让你面对即将来到的活动时更从容。
- 人格参考表：人格种类繁多，是不是记起来比较困难？不用担心，这里有一份能打印出来的人格参考表。
- 矩阵分析练习：如你需要在人格矩阵分析上多多练习，你可以用我们提供的练习分析电视剧角色。

总之，你想要的，都可以尝试在 scienceofpeople.com/toolbox 中寻找。

企业工作坊

　　你了解同事的人格矩阵吗？你知道在工作环境下你的赏识语言偏好是什么吗？一切尽在企业工作坊里！

　　我喜欢帮助企业团队进行人员重组，提供至关重要的建议。我们的研究团队针对组织活动建立了一套人际分析报告，希望能给你帮助，在scienceofpeople.com/Speaking 里能够找到这些资源。

图书在版编目（CIP）数据

吸引：与人成功交流的科学 /（美）瓦妮莎·范·爱德华兹著；李佳蔚译.
—长沙：湖南文艺出版社，2018.5
书名原文：CAPTIVATE:The Science of Succeeding with People
ISBN 978-7-5404-8594-8

Ⅰ .①吸… Ⅱ .①瓦… ②李… Ⅲ .①人际关系学—通俗读物 Ⅳ .① C912.11-49

中国版本图书馆 CIP 数据核字（2018）第 045904 号

著作权合同登记号：18-2017-330

上架建议：商业·成功励志

XIYIN:YU REN CHENGGONG JIAOLIU DE KEXUE
吸引：与人成功交流的科学

作　　者：［美］瓦妮莎·范·爱德华兹
译　　者：李佳蔚
出 版 人：曾赛丰
责任编辑：薛　健　刘诗哲
监　　制：蔡明菲　邢越超
策划编辑：李彩萍
特约编辑：朱冰芝
校译支持：柯　晗
版权支持：文赛峰
营销支持：李　群　张锦涵
版式设计：梁秋晨
封面设计：刘红刚
内文排版：百朗文化
出版发行：湖南文艺出版社
　　　　　（长沙市雨花区东二环一段 508 号　邮编：410014）
网　　址：www.hnwy.net
印　　刷：三河市中晟雅豪印务有限公司
经　　销：新华书店
开　　本：880mm×1230mm　1/32
字　　数：286 千字
印　　张：10.5
版　　次：2018 年 5 月第 1 版
印　　次：2018 年 5 月第 1 次印刷
书　　号：ISBN 978-7-5404-8594-8
定　　价：45.00 元

若有质量问题，请致电质量监督电话：010-59096394
团购电话：010-59320018

The Science
of
Succeeding with People

吸
CAPTIVATE

引

赢得人心
×
与任何人都能愉快相处的行为密技

每个社交场合都有可预测的模式，所有交谈内容都可以事前计划。

你将在本书中学到的互动实战技巧：

☑ **最初5分钟：** 把控社交场所，抓住他人眼球，擦出聊天火花，提亮他人优点，通过相似引发兴趣。

☑ **最初5小时：** 解译微表情的奥秘，破解性格问题，赏识激发他人更好的一面，利用主要价值观捕获人心。

☑ **最初5天：** 用故事创造联结，给予他人主控权以领导他人，暴露你的脆弱以便建立持久的关系，建立保护防线以应对难搞的人。

这些技巧简单却强而有力，助你获得更佳的影响力，让事业升级、人际关系改善、收入增加！